精品课程新形态教材
21世纪应用型人才培养系列教材
新时代创新型人才培养精品教材

U0728218

旅游客源国（地区）概况

LÜYOU KEYUANGUO (DIQU) GAIKUANG

主编◎王毅品

中国海洋大学出版社
CHINA OCEAN UNIVERSITY PRESS

·青岛·

图书在版编目（CIP）数据

旅游客源国（地区）概况 / 王毅品主编 . —青岛：中国海洋大学出版社，2024.4
ISBN 978-7-5670-3781-6

Ⅰ.①旅… Ⅱ.①王… Ⅲ.①旅游客源–概况–世界 Ⅳ.①F591

中国国家版本馆 CIP 数据核字（2024）第035640号

出版发行	中国海洋大学出版社		
社　　址	青岛市香港东路 23 号	**邮政编码**	266071
出 版 人	刘文菁		
网　　址	http：// pub. ouc. edu. cn		
电子信箱	58327282 @qq.com		
订购电话	010-82477073（传真）	**电　　话**	0532-85902349
责任编辑	王积庆		
印　　制	涿州汇美亿浓印刷有限公司		
版　　次	2024 年 4 月第 1 版		
印　　次	2024 年 4 月第 1 次印刷		
成品尺寸	185 mm×260 mm		
印　　张	16.5		
字　　数	377 千		
印　　数	1—10000		
定　　价	48.00 元		

《旅游客源国（地区）概况）》编委会

主　编：王毅品

副主编：李得发　聂湘益　李建涛　王香玉　黄丽丽

　　　　　马春梅　刘华清　魏秋霞　李一卉

前　言

作为现代教育的重要组成部分，高等教育与经济建设、劳动就业联系紧密、直接，为高新技术转化、传统产业升级提供智力支持。近年来，我国高等教育有了很大的发展，为生产、管理、服务一线培养了大批技术型、应用型专门人才，为我国经济发展和社会进步起到了重要的推动作用。

党的二十大报告提出："全面贯彻党的教育方针，落实立德树人根本任务，培养德智体美劳全面发展的社会主义建设者和接班人"。本课程作为旅游类专业的一门专业基础课，对于提高旅游服务岗位职业技能，拓展旅游服务从业人员知识，增强旅游服务的国际竞争能力具有重要作用。本书主要阐述了世界旅游客源市场的基本格局与前景。详细介绍了多个对中国国际旅游发展具有重要意义的客源国，以及中国港澳台地区的概况和特色景区（景点）。旨在为全面分析、研究和预测中国的国际入境旅游客源市场提供参考和帮助。总体来看，本书有如下两个特点。

1. 通俗易懂，覆盖面广

本书内容丰富、适用，贴近工作实际，贴近市场需求。覆盖面广，文字通顺，图片丰富，突出实际训练，力求使内容紧密结合旅游行业人才培养的实际需要。

2. 资料丰富，配套完善

书中穿插安排知识链接，扩展了教材知识面，方便学生学习理解；还有配套的多媒体教学课件，让教师对课程的讲授更加得心应手。

本书适用于成人高校旅游、对外贸易、空中乘务等专业学生使用，也适合涉外企业员工培训使用，亦可供相关行业管理人员学习和参考，还可作为旅游爱好者的旅游指南。

本教材在编写过程中，虽尽力保证内容的全面性、可读性，但难免有考虑不周之处，敬请广大读者不吝赐教，以臻完善。

编　者

CONTENTS 目录

目录 | CONTENTS

第一章

导　论

知识目标： 了解世界旅游业的发展趋势，熟悉世界旅游区的划分，掌握中国重要的入境客源市场，了解中国出境市场的发展。

技能目标： 能够根据中国出、入境客源市场的发展特点，分析判断中国出、入境旅游客源市场的发展趋势。

素质目标： 能运用所学相关知识，分析相关客源市场的基本情况，为了解和分析入境市场打下基础。

思政目标： 通过对世界旅游发展特征、世界旅游区划分以及中国旅游市场的学习，激发学生的爱国热情，感受祖国的发展和强大，增强民族自信心。

第一节　世界旅游业概况

一、世界旅游发展史

旅游业是一个新兴的产业，被人们称之为"朝阳产业"。但旅游活动并不是现在才有，无论中外，它都是古已有之。在距今 4000 多年前的甲骨文中，已有"游"字出现。在古代典籍《易经》的"观卦"一节，亦有："观国之光，利用宾于王。"意思是了解一个国家的风俗民情，有利于君王统治的借鉴。这也是至今海外的华人和我国港澳台地区把旅游叫作"观光"的由来。在埃及法老的墓碑上有记载王朝旅行游乐活动的雕刻。古埃及每年的宗教活动，吸引了大批善男信女长途跋涉前去朝圣。波斯帝国、古希腊和古罗马为各种目的而兴起的旅行也十分发达，旅游活动伴随着人类社会的诞生、发展而产生、发展。

从历史的角度看人类旅游活动的演变，世界旅游业从形成到发展大致经历了 3 个历史阶段，即古代旅游、近代旅游和现代旅游。

（一）古代旅游（19 世纪 40 年代以前）

旅游和旅行首先是在世界最早进入文明时代的中国、埃及、巴比伦、印度和古代的希腊、罗马发展起来的。社会分工的发展使不同产品交换的地域范围不断扩大，正是由于这一发展，人们需要了解其他地区的生产和需求情况，需要到其他地区去交换自己的产品或货物，由此产生旅行外出的需要。所以，人类最初的外出旅行实际上远非消闲和度假活动，而是人们出于现实的产品交换或经商的需要而产生的一种积极活动。所以，联合国与世界旅游组织在很多研究报告中都曾指出，在古代，主要是由商人开了旅行的先河。

🔗 知识链接

古代旅游的主要形式和特点

一、古代旅游的主要形式

1. 帝王巡游

古代帝王的巡游是一种重要的旅游形式。帝王的巡游往往伴随着宏大的仪式和壮观的场面，是其统治权威的展示和对地方官员的监督。帝王在巡视或封禅的同时也会游览名山大川，这不仅有助于巩固政权，还能满足其个人的享乐欲望。例如，周穆王、秦始皇、汉武帝、隋炀帝、康熙、乾隆等都是历史上著名的巡游帝王。

2. 宦游

官吏的宦游也是古代旅游的一种形式。官员因公出差，出使各地，进行各种宦游活动。这种类型的旅游既有公务性质，也有一定的休闲成分。例如，西汉的张骞和明代的郑和都是历史上著名的宦游者。

3. 商人旅行

古代商人的旅行也是一种重要的旅游形式。商人在经商的过程中，不仅能够饱览各地的山水风光，还能结识各个社会阶层的朋友，使其得到了精神和心理上的愉快感受。例如，"丝绸之路""海上丝绸之路""茶马古道"等都是古代商人的旅行路线。

4. 文人游学

古代文人的游学也是一种特殊的旅游形式。他们通过游学来增长见识，实现自己远大的理想和抱负，还可以很好地推销自己，为日后仕途埋下伏笔。许多著名的文人都有丰富的游学经历，如司马迁、李白、杜甫、苏轼等。

5. 宗教云游

古代的宗教人士也会进行云游，这是一种寻求宗教启示和传播宗教信仰的旅行。不同的宗教如佛教、道教等有不同的云游传统。

6. 节庆聚游

古代人们会在特定的节日进行聚游，如春节期间的庙会、元宵灯市等。这些活动不仅是娱乐，也是人们交流感情、增进社会联系的重要机会。

二、古代旅游的特点

1. 社会等级明显

古代旅游的形式和特点在很大程度上受到社会等级制度的影响。帝王、官吏、商人都有各自的旅游方式和目的，而普通百姓则更多地局限于近游。

2. 文化内涵丰富

古代旅游不仅仅是地理上的移动，更是一种文化体验的过程。文人墨客在旅行中留下了丰富的文化遗产，赋予大自然更多的文化内涵和文化底蕴。

3. 与自然亲近

古代旅游强调与自然的亲近和融合。无论是帝王的巡游还是文人的游学，都少不了对自然山水的欣赏和对田园生活的向往。

4. 学习与探索

古代旅游往往与学习和探索紧密相连。无论是为了求仙问道还是拜谒名师，或是为了结交挚友，旅行都是一个学习和探索的过程。

5. 文化交流

古代旅游也是文化交流的重要途径。例如，马可·波罗的《马可·波罗游记》和张骞的开通西域之行，都促进了东西方文化的交流和发展。

（资料来源：百度百科，2024-3-20，经整理．）

（二）近代旅游（19世纪到第二次世界大战结束）

19世纪中期，由于受到世界产业革命的影响，旅游业才真正作为一个产业开始出现。1811年英国出版的《牛津词典》，首先出现了"旅游者"（tourist）这个词。1845年，英国人托马斯·库克成立了全球第一家旅行社——库克旅行社，把世界旅游业推到了一个崭新阶段，这也标志着近代旅游的开始。此后，各种旅游组织纷纷在世界各地成立。1850

年，美国运通公司兼营旅行代理业务；1857 年，美国成立"登山俱乐部"；1893 年，日本成立专门接待外宾的"喜宾会"用来招揽外国游客和代办旅游业务。

（三）现代旅游（第二次世界大战结束到现在）

第二次世界大战后，世界经济普遍恢复和持续发展，个人收入急剧上升，飞机、汽车等交通工具在旅游业广泛运用，这些都推动旅游业稳步向前发展。旅游队伍由社会的上层人士逐步扩大到平常百姓人家，旅游活动真正开始成为一种大众化的活动，成为人们生活中不可缺少的一部分。据世界旅游组织统计，1950 年全世界国际旅游人数为 2528.2 万人次，国际旅游收入为 23 亿美元；截至 2023 年年底，全球国际旅游人数总数约 13 亿人次。（数据来自 WTM，世界旅游交易会）

🔗 知识链接

现代旅游新趋势

一、旅游新业态

现代旅游的新趋势之一是旅游新业态的不断涌现。这些新业态是旅游市场中涌现出的新的组织形式，如会展旅游集团、景观房产企业、旅游装备制造业等。此外，还有网络技术与旅游融合形成的新组织形态，如在线旅游运营商以及新开发的特色组织形态，如家庭旅馆、主题餐厅等。这些新业态的出现，反映了旅游市场的发展和消费需求的变化以及与其他行业的不断融合创造。

二、旅游新体验

现代旅游的新趋势之二是旅游新体验的重视。随着人们生活水平的提高，旅游已经不再是简单的观光，而是成为一种注重个性化、多元化、互动性和体验性的旅游方式。新旅游注重个性化，旅游产品更加精细化，能够满足不同客户的需求。同时，新旅游的旅游产品更加多元化，不仅包括传统的旅游产品，还包括一些新颖的旅游产品，如文化旅游、生态旅游、主题旅游等。

三、旅游新方式

现代旅游的新趋势之三是旅游新方式的流行。例如，旅修作为一种新兴的旅行方式，近两年在国内兴起，它不同于传统"特种兵打卡式"的旅游方式，更强调把旅行当成一次心灵冒险的机会。旅修的核心理念是希望所有到来的人在短暂地休憩后，从身体到心灵都能得到滋养，再回到步履匆忙的生活中更坦然地面对纷杂的日常大小事。

四、旅游新理念

现代旅游的新趋势之四是旅游新理念的倡导。例如，全域旅游模式的推广，强调打破传统景区的界限，将旅游与当地居民的生活融为一体，让游客更加深入地体验当地的文化和生活方式。此外，绿色旅游和可持续旅游的理念也受到越来越多的关注，鼓励人们在享受旅游的同时，尊重和保护自然环境。

综上所述，现代旅游的新趋势包括旅游新业态的涌现、旅游新体验的重视、旅游新方式的流行以及旅游新理念的倡导几个方面。这些新趋势反映了旅游市场的不断发展和变化，以及人们对于旅游需求的不断增长和变化。

（资料来源：百度百科，2024-3-20，经整理．）

二、世界旅游组织

世界旅游组织是一个政府间的国际性旅游专业组织。2024 年 1 月，世界旅游组织更名为联合国旅游组织。1975 年 1 月成立，总部设在西班牙马德里。它的前身是 1925 年在荷兰海牙成立的官方旅游宣传组织国际联盟（IUOTPO），当时是一个非政府间的技术机构。"二战"期间停止了活动。1946 年在伦敦重建。1947 年更名为国际官方旅游组织联盟（IUOTO），总部迁至日内瓦，当时仍为非政府间组织，直至 1975 年 1 月才成为世界唯一全面涉及旅游事务的全球性政府机构。2003 年世界旅游组织正式纳入联合国系统，作为联合国系统领导全球旅游业的政府间国际旅游组织。

（一）宗旨

世界旅游组织的宗旨是：促进和发展旅游事业，使之有利于经济发展，使国家相互了解，和平和繁荣以及不分种族、性别、语言或宗教信仰，尊重人权和人的基本自由。并强调注意发展中国家在旅游事业方面的利益。

（二）组织成员

世界旅游组织成员分为正式成员（主权国家政府旅游部门）、联系成员（无外交实权的领地）和附属成员（直接从事旅游业或与旅游业有关的组织、企业和机构）。联系成员和附属成员对世界旅游组织事务无决策权。2019 年底，世界旅游组织（UNWTO）共有 160 个正式成员国，6 个联系成员和 500 多个附属成员。

世界旅游组织的成员分为三个主要类别：正式成员、联系成员和附属成员。正式成员通常是主权国家的旅游部门，联系成员包括无外交实权的领地，而附属成员则直接涉及旅游业或与旅游业有关的组织、企业和机构。后两类成员对世界旅游组织事务无决策权。具体介绍如下：

正式成员：到 2019 年底，世界旅游组织拥有 160 个正式成员国。这些成员国代表着全球各地的国家，从美洲的阿根廷到亚洲的日本，再到非洲的南非，覆盖了世界各地的旅游部门。

联系成员：世界旅游组织的联系成员数量为 6 个。这些联系成员主要是一些特殊旅游地区，如法罗群岛、格陵兰等，它们在国际旅游领域中扮演着独特的角色，并得到主权国家授权加入。

附属成员：附属成员数量超过 500 个，包括从事旅游服务的各类企业、协会及教育研究机构等。这些成员虽不参与世界旅游组织的决策过程，但它们对于支持组织的活动和推广旅游发展具有重要作用。

世界旅游组织的成员国分布广泛，涵盖了各种地理和发展水平的国家，这有助于组织在全球旅游议题上采取全面和平衡的视角。该组织通过定期举行大会来审议旅游相关议题，制定政策，并推动国际合作，以实现旅游业的可持续发展。

总的来说，世界旅游组织在2019年底拥有160个正式成员国、6个联系成员和500多个附属成员，这一广泛的成员构成确保了其能够有效地在全球范围内促进旅游事业的发展。

（三）组织机构

世界旅游组织的组织机构包括全体大会、执行委员会、秘书处及地区委员会。

全体大会，是世界旅游组织的最高权力机构，一般每两年召开一次。全体大会的主要任务是审议和批准世界旅游组织的工作总纲和预算，并讨论和决定有关世界旅游业发展的重大事宜。

执行委员会，是世界旅游组织的理事机构，下设五个委员会和一个中心，即计划委员会、预算与财务委员会、统计与分析委员会、环境保护委员会、旅游质量指导委员会和旅游教育中心。每年至少召开两次会议，主要负责世界旅游组织的工作总纲和预算的实施。

秘书处，世界旅游组织总部设在西班牙首都马德里，日常工作由秘书处负责。秘书处共有80多名正式工作人员，主要负责世界旅游组织各项工作计划的具体实施，处理日常事务及根据各成员要求而提供服务。秘书长由执行委员会推荐，并经执行委员会选举而产生，任期一般为4年。

地区委员会系世界旅游组织非常设机构，共有欧洲委员会、美洲委员会、东亚太委员会、非洲委员会、中东委员会和南亚委员会6个地区委员会。各地区委员会每年至少召开一次会议。各地区委员会根据不同时期世界旅游组织的工作总纲和要求，具体负责组织和协调本地区的旅游活动、工作内容及组织各种主题研讨会。

（四）世界旅游日

1979年9月世界旅游组织第三次代表大会正式决定9月27日为世界旅游日。世界旅游日，是由世界旅游组织确定的旅游工作者和旅游者的节日。为了阐明旅游的作用和意义，加深世界各国人民对旅游的认识和理解，促进旅游业的发展，世界旅游组织从1980年起每年都为世界旅游日确定一个主题口号，各国旅游组织根据主题和要求开展一系列庆祝活动。世界旅游组织选择主题旨在通过宣传推动旅游业的发展；从而让更多的人了解旅游，有利于推动地区和国家经济的繁荣发展；增进旅游目的地、旅游业界与当地媒体和国际媒体的合作；把单独的旅游实体与国际旅游的大环境结合起来。

🔗 **知识链接**

2010年以来世界旅游日主题口号

2010年：旅游与生物多样性。

2011年：旅游：连接不同文化的纽带。

2012年：旅游业与可持续能源：为可持续发展提供动力。

2013年：促进旅游业在保护水资源上的作用。

2014 年：快乐旅游，公益惠民。

2015 年：十亿名游客，十亿个机会。

2016 年：旅游促进发展，旅游促进扶贫，旅游促进和平。

2017 年：可持续旅游业如何促进发展。

2018 年：旅游数字化发展。

2019 年：旅游业和工作：人人享有美好未来。

2020 年：旅游与乡村发展。

2021 年：旅游促进包容性增长。

2022 年：重新思考旅游业。

2023 年：投资人才、投资地球、投资繁荣。

（资料来源：世界旅游组织官方网站）

三、世界旅游区划分

世界旅游组织把全球划分为六个旅游区，即欧洲地区、美洲地区、非洲地区、东亚及太平洋地区、南亚地区、中东地区，并且依据旅游区域的划分设立了 6 个地区委员会。

长期以来，欧美是现代旅游业的发源地，加之北美及西欧国家经济发达、交通便捷、入境手续简化，因而欧美地区无论在入境旅游还是出境旅游方面，都高居世界榜首。从 20 世纪末开始，情况发生了很大变化。1997 年，欧洲接待量占世界的份额由 1960 年的 72.6% 下降到 58.9%，美洲接待量占世界的份额由 1960 年的 24.1% 下降到 19.9%，东亚及太平洋地区接待量占世界的份额猛增到 18.4%。2002 年，进入新世纪之后，这种趋势进一步发展，东亚及太平洋地区的接待量第一次超过美洲而跃居世界第二位。

世界旅游业发展的格局除了呈现出彼（欧美）消我（东亚及太平洋地区、中国）长之外，目前还朝着多元格局的方向发展。从区域发展情况看上，欧美的份额在下降，东亚及太平洋地区、非洲地区、南亚地区、中东地区的份额都在不同程度地增长。

（一）欧洲旅游区

欧洲旅游区包括北欧旅游大区（挪威、瑞典、芬兰、冰岛及丹麦五国及其属地）、原苏联东欧旅游大区（原苏联、匈牙利、捷克、斯洛伐克、波兰、保加利亚、罗马尼亚、德国）、西欧旅游大区（除上述国家外的所有欧洲国家）。从东部的白令海峡向西一直延伸到大西洋沿岸，是沿纬线方向延伸距离最长的旅游大区。纬度位置较高，东、南、西三面多山地、高原，内部是平原和低地，以温带森林和亚热带常绿硬叶林、灌丛为主的自然景观。按照柯达尔对世界文化区的划分，本大区属西方文化区。绝大多数居民为欧罗巴人种（白种人），操印欧语系的日耳曼语、拉西语和斯拉夫语，信仰天主教和基督教。

欧洲历史悠久，经济基础雄厚，交通、通信发达，文化绚丽多彩，旅游资源特色显著，其中人文景观中的"欧洲三绝"——王宫、教堂和古城堡，几乎每个国家都有，这已经成为欧洲旅游资源的共同特点。欧洲是资本主义经济的发祥地，人文旅游资源异常丰富,是世界旅游业最发达之区,有"旅游王国"之称的西班牙,欧洲文明古国希腊和意大利,"世界公园"的瑞士,旅游业发展较早的英国、法国等都在本区。地中海沿岸是世界开发最早、最发达的海滨旅游地。"二战"后的半个世纪当中,尽管欧洲接待国际旅游人数和旅游创汇在世界总份额中的比例在逐渐减少,但迄今为止一直独占鳌头并占世界之半。

(二)美洲旅游区

美洲旅游区包括北美旅游地区(美国和加拿大)、中美旅游地区(中美洲及西印度群岛的所有国家)、南美旅游地区(南美洲所有国家)。该地区是世界上第二大世界旅游市场。这里气候多样,风光绮丽。从北极的冰天雪地,到亚马孙河流域的热带雨林;从洛杉矶的高山滑雪胜地,到加勒比海阳光明媚的海滨浴场;从玛雅人生活遗址阐释着的美洲古老文化,到印第安人的部落习俗散发出的先民生活气息;从拉斯维加斯的豪赌与拳击,到巴西狂欢节的迷乱与狂野……这一切无不让游人大开眼界。另外美洲还拥有当今世界头号强国——美国,和当今世界最具影响力的国际组织——北美自由贸易区,这无疑是美洲旅游业发展的一个极大优势。

美洲的国际游客中,70%以上是本地区内的居民,这是美洲国际旅游最突出的特点。在美洲,旅游最发达的是北美地区,其中美国是世界头号旅游大国。自20世纪90年代以来,拉美各国的旅游业也取得了长足的发展,每年以25%的速度增长。广袤的土地、漫长的海岸线、良好的环境,加上哥伦布发现新大陆之前的文化遗迹和殖民时期的特色建筑,吸引着众多旅游者。在拉美各国中,墨西哥和阿根廷是旅游最为发达的国家,尤其是墨西哥,历史上曾是世界十大旅游国之一。

(三)东亚及太平洋旅游区

东亚及太平洋旅游区包括东亚旅游地区(中国、日本、韩国、朝鲜和蒙古国)、东南亚旅游地区(新加坡、泰国、马来西亚、菲律宾、印度尼西亚、文莱、越南、老挝、柬埔寨、缅甸等)、大洋洲旅游地区(澳大利亚、新西兰)。东亚及太平洋旅游区简称东亚太旅游区,按经济发展水平可以分为三类:一类是经济发达国家,如日本、澳大利亚、新西兰;二类是新兴工业国家如新加坡、韩国等;三类是发展中国家。

东亚太地区在20世纪60年代还主要是接待欧美游客,以发展入境旅游、赚取外汇收入为主要目的。至1991年,该地区出境旅游人数超过百万人次的国家和地区有日本、中国香港及台湾地区、中国、韩国、马来西亚及泰国。今天的东亚太地区正在并已经成为全球继欧洲、北美之后又一重要的、富有潜力的旅游客源产出地。近30年来,东亚及太平洋地区一直是世界上经济发展最迅速的地区之一,旅游业的发展也超过世界旅游业的平均发展速度,居世界首位。

(四)中东旅游区

中东旅游区包括西亚的伊朗、巴勒斯坦、以色列、叙利亚、伊拉克、约旦、沙特阿拉伯、阿拉伯联合酋长国、科威特和北非的埃及等国家。这里曾经是世界文明的发祥之地，由于位于欧、亚、非三大洲的接合部，地理位置十分重要，因地处地中海、黑海、里海、阿拉伯海和红海之间，素有"五海三洲之地"的称谓。

中东是基督教、伊斯兰教和犹太教的发源地和圣地，丰富独特的民族风情和宗教文化以及奇特的自然景观，使这片土地上充满了梦幻般的色彩和强烈的吸引力。但是由于石油问题、民族纠纷、宗教矛盾等原因导致该地区长期受到战争和恐怖活动的侵扰，严重制约了这里的经济以及旅游业的发展。自20世纪80年代以来，中东地区接待的国际游客以及其国际旅游收入在世界总份额中的比例均在1%~3%之间。相比而言，中东地区旅游业较为发达的国家是埃及、以色列和土耳其。

（五）非洲旅游区

非洲旅游区（非洲所有国家），是以高原为主的热带干燥大陆，自然景观以赤道为中轴南北对称分布，此外，东非大裂谷也是非洲自然地理上的一大特色。非洲有世界上面积最大、最典型的热带稀树草原和热带荒漠、半荒漠，热带雨林范围也不小，多天然动物园，使非洲有"世界自然资源博览会"之称。属非洲文化区，居民的种族构成复杂，兼有世界上黑、白、黄三大人种的成分，其中大多数属于黑种人——尼格罗人种，为世界黑种人的故乡。语言复杂，以昆日尔——刚果语系和科伊桑语系为主，宗教多样化，信仰伊斯兰教和基督教的各约1亿人，信仰原始宗教的约有2万人。尼罗河流域是世界文明的发祥地之一，闻名世界的金字塔显示了古埃及人民惊人的创造力。

非洲土地辽阔，自然资源十分丰富，有着发展生产的良好条件。但长期的殖民统治，却使它成为世界上经济水平最低的一个地区。经济的发展直接制约着非洲旅游业的发展，致使其旅游业起步晚、基础差、发展缓慢。20世纪50—90年代，旅非的游客人次仅占世界份额的2%~3%，国际旅游收入占世界总份额长期徘徊在3%以下，客源分布也比较集中在欧洲（约占45%），本地区间的游客高达30%。然而，丰富的历史文化遗迹，迷人的自然风光，奇异的野生动植物，使非洲旅游业发展具有巨大的潜力。

（六）南亚旅游区

南亚旅游区主要包括南亚次大陆的印度、巴基斯坦、孟加拉国、尼泊尔等国以及印度洋上的岛国斯里兰卡和马尔代夫。高耸的喜马拉雅山脉位居本大区北部，使南亚成为一个相对独立、特征明显的旅游区域。地形上分为北部山地、中部印度河—恒河平原和南部德干高原三部分，典型的热带季风气候及热带季风林景观。属印度文化区，是世界上人口最多、最稠密地区之一，居民兼有三大人种的血缘，而以白种人和黑种人的混合型为主。本大区是婆罗门教和佛教的发源地，婆罗门教后演化为印度教。印度河—恒河流域是世界古文明发祥地之一。

南亚是世界文明的发源地之一，是佛教和印度教的发源地。这里有悠久的历史文化、众多的名胜古迹、独特的民俗风情、奇特的高原雪域风光和别致的热带海岛风情，该地区是目前世界上排名第三的旅游市场。由于受经济发展水平的制约和一些国家政局动荡、民族和宗教纷争迭起的影响，本地区的旅游业起步晚、发展慢、起伏大，多年来，该地区接待的外国旅游者占世界总份额的比例始终很小。

四、世界旅游业发展特点与趋势

（一）世界旅游业发展特点

自 1950 年以来，世界旅游业发展一直长盛不衰，其间虽然也有波动，但总体上呈现高速增长态势，纵观几十年来世界旅游业的发展，呈现以下突出特点：

1. 高速稳定的增长

自 20 世纪 60 年代起，全球经济的蓬勃发展与人民生活水平的持续提高为旅游业的高速增长奠定了坚实基础。尤其是近几十年来，旅游业呈现出了强劲的发展势头。国际旅游人数和旅游收入的增长率远超全球经济的平均增长率，这一成就可谓举世瞩目。旅游业的繁荣不仅为各国带来了丰厚的外汇收入，还促进了就业和经济增长。同时，旅游业的快速发展也带动了相关产业的崛起，如酒店、餐饮、交通等，形成了一个庞大的产业链，为社会创造了大量的就业机会。这一产业链的发展进一步推动了经济的多元化和全面增长，为各国经济的持续发展注入了新的活力。

2. 多元化与个性化

随着时代的变迁和消费者需求的多样化，旅游形式和产品也呈现出日益多元化的趋势。从传统的观光旅游到文化体验、生态旅游、冒险旅游、健康旅游等，各种新型旅游形式层出不穷，满足了不同消费者的需求。此外，个性化旅游体验也逐渐成为主流。游客不再满足于传统的、标准化的旅游服务，而是更加注重旅游过程中的个人感受和体验。定制旅游、主题旅游等新型旅游方式应运而生，为游客提供了更加个性化、差异化的服务。这种趋势不仅反映了消费者对于高品质、高附加值旅游体验的追求，也推动了旅游业不断创新和发展，以适应市场的变化。

3. 全球化与区域化

旅游业的发展呈现出全球化与区域化并存的格局。一方面，随着国际交流的加强和全球化的推进，国际旅游市场不断扩大，跨国旅游成为常态。各国纷纷开放旅游市场，加强国际合作，推动旅游业的全球化发展。另一方面，各区域也在努力挖掘自身旅游资源，发展具有地方特色的旅游产品。这些旅游产品往往融合了当地的文化、历史和自然风光，具有独特的吸引力和竞争力。这种区域化的发展趋势不仅丰富了旅游市场的多样性，也促进了各地旅游业的特色化和差异化发展。

4. 科技与旅游的深度融合

近年来，互联网、大数据、人工智能等技术在旅游业的应用越来越广泛，极大地改变了旅游业的运营模式和服务方式。在线预订、智能导游、虚拟现实体验等创新应用为游客提供了更加便捷、丰富的旅游体验。游客可以通过手机或电脑轻松预订机票、酒店和景点门票，避免了烦琐的排队和等待。智能导游系统则可以根据游客的兴趣和需求提供个性化的导览服务，让游客在旅行中更加深入了解当地的文化和历史。此外，科技还推动了旅游业的智能化发展。智能酒店通过运用物联网、人工智能等技术实现客房的自动化控制和个性化服务；智能交通则通过大数据分析优化交通路线和车辆调度，提高了旅游交通的效率和安全性。这些智能化应用不仅提高了旅游服务的效率和质量，也提升了游客的旅游体验。

（二）世界旅游业发展趋势

1. 旅游市场进一步细化分化

未来旅游者的旅游目的将更加个性化，旅游机构也将更加重视从更深层次开发人们的旅游消费需求，旅游市场进一步细分化，旅游产品更加丰富。除了传统的观光旅游、度假旅游和商务旅游这三大主导项目和产品外，特殊旅游、专题旅游更有发展潜力，如宗教旅游、探险旅游、考古旅游、修学旅游、民族风俗旅游等，将会形成特色突出的旅游细分化市场。而且，观光、度假、商务三大传统旅游项目也将进一步升级。观光旅游在中低收入国家仍将占据第一主导地位，并逐步普及化、大众化；在高收入国家的市场则会逐步萎缩。度假旅游方面，彰显区域文化特色和以生态、绿色、低碳的自然资源环境为支撑的这两类度假胜地，将成为旅游市场的主流产品。商务旅游方面，则会随着世界经济多极化和经济增长中心、商务热点转移而出现多极化、多元化，欧洲、北美、日本等传统商务旅游重点目的地的地位一时还难以撼动，但也会增加东亚、中东以及新兴经济体等新的商务旅游热点地区。

2. 旅游方式更为灵活多变

旅游方式将会朝个性化、自由化的方向发展，各种新颖独特的旅游方式将应运而生。在追求个性化的浪潮下，未来散客旅游特别是中短距离区域内的家庭旅游份额将逐步增加。旅游者在旅游中追求更多的参与性和娱乐性，那些富有情趣活力、具有鲜明特点的旅游场所，那些轻松活泼、寓游于乐、游娱结合的旅游方式，将受到越来越多旅游者的追捧。民族风情、地方特色、游娱结合将成为未来旅游产品设计开发的重要方向。

3. "银发市场" 不断扩大

按照联合国现行标准，一个国家 60 岁以上老年人口占总人口的比例超过 10%（或 65 岁以上老年人口占总人口比例超过 7%）即进入老龄化社会。老龄化是全球性问题，发达国家老年人口占比通常在 20% 以上，发展中国家的状况稍好但老龄化势头迅猛。在当今社会，老年人是一个有钱、有闲、活跃的阶层，对休闲度假和异国古老传统文化比年轻人更感兴趣，必然会是旅游者队伍的一支重要力量。近些年来，欧美等高收入国家出现了老人携儿孙辈一起出游的现象。"银发市场" 越来越被各旅游接待国所重视，将来会成为世界旅游业异军突起的一个重要市场。

4. "绿色旅游" 成为一个新动向

各国越来越重视旅游业的可持续发展，日益重视对自然资源、人文资源和生态环境的保护，加强旅游目的地的环境建设；同时引导旅游企业和旅游者积极履行社会责任、环境责任，关注和应对全球变暖问题，努力减少旅游活动对自然、人文和生态环境的负面影响。比如，1983 年世界自然保护联盟（IUCN）首先提出 "生态旅游" 这一术语，将其定义为"具有保护自然环境和维护当地人民生活双重责任的旅游活动"。也有将其定义为"回归大自然旅游"和"绿色旅游"。目前生态旅游发展较好的西方发达国家首推美国、加拿大、澳大利亚等国家，它们在生态旅游开发中，避免大兴土木等有损自然景观的做法，旅游交通以步行为主，旅游接待设施小巧玲珑，并与自然融为一体，住宿多为帐篷露营，尽一切可能将旅游对旅游环境的影响降至最低。

第二节　中国旅游业发展概况

中国旅游业正处于快速发展阶段，其作为旅游大国的地位和作用受到了国际社会的广泛关注。随着对中国旅游业的兴趣和期望日益增长，2016年5月19日在北京举办的首届世界旅游发展大会高峰论坛上指出："全球对中国的关注度在提升，同时中国也在更加积极地参与和影响世界。"国际旅游界普遍认为中国是未来发展潜力巨大的旅游目的地。这些观点表明，中国在全球旅游业中的影响力正在增强。

一、中国旅游业发展现状

中国是目前世界上出境游客最多的国家，连续多年保持世界出境旅游客源国第一。中国也是世界上游客快速增加和潜在游客最多的国家。随着中国经济的持续发展，工资收入不断提高，旅游有益于健康、旅游是一种最佳休闲方式等观念深入人心以及随之而来生活方式的剧变，即旅游成为中国人的生活时尚，加之中国人口基数大，目前人口已14亿，有旅游条件和旅游欲求的退休人员高居世界第一，所有这些都会使中国游客在未来出现快速增长，成为世界上潜在游客最多的国家，这客观上为世界旅游"中国时代"到来，奠定了坚实的出入境客源基础。

中国还是世界上非常重视旅游业的国家。从2009年出台的《国务院关于加快发展旅游业的意见》，到2013年出台的第一部旅游法——《中华人民共和国旅游法》，再到2014年颁布的《国务院关于促进旅游业改革发展的若干意见》，充分体现了中国已经将旅游业上升到战略发展高度的层面。近几年来，中国推进旅游业发展的举措不断，一方面内练内功，努力打造"智慧旅游"国家，全方位推进"旅游供给侧结构性改革"，大力促进旅游转型升级，以吸引更多的入境游客；另一方面外借"一带一路"平台，系统阐述中国政府"一带一路"建设和发展旅游业的政策主张，与东盟及其"一带一路"国家联手打造跨国界旅游圈，并取得相当的成效，相互间游客来往的数量，每年都以两位数增长。这些都将会大大改变中国入境游客世界排名（排名第四）相对滞后的现状，在短时间内跃居世界排名前三，从而成为真正意义上的旅游强国。

中国旅游业正迎来黄金发展期，旅游大国的地位和作用受到各国重视，各方面对中国旅游业的关注与期待也在不断上升。诚如2016年5月19日在北京举行的首届世界旅游发展大会高峰论坛上专家所言："世界从未像今天这样关注中国、在意中国、审视中国。中国也从未像今天这样关注世界、融入世界、影响世界。"国际旅游界普遍认为：中国是

"未来最有发展前景的旅游目的地"。我们有理由相信，世界旅游迈向"中国时代"已经指日可待。

🔗 **知识链接**

中国旅游业发展阶段及特征

一、起步阶段（1978年至1989年）

在改革开放初期，中国旅游业的发展以"积极发展入境游，适度兼顾发展国内游"为方针。这一阶段，中国旅游业主要依赖于入境旅游，通过吸引外国游客来推动外汇收入的增加和区域经济的发展。入境旅游成为外汇创收的有效手段，支持了中央和地方改革开放的发展。

二、高速成长阶段（1990年至2000年）

进入20世纪90年代，中国旅游业获得了全方位的发展，在国民经济中的地位进一步凸现。这一时期，旅游业经历了从产业地位确立到培育新的增长点的过程，强调了旅游业在经济、社会发展中的重要性。同时，随着旅游消费者结构的优化，旅游业的结构也日趋合理，文化遗产旅游、户外探险等旅游品类受到了更多关注。

三、全面发展与创新阶段（2001年至2010年）

进入新世纪以来，中国旅游业进入了一个全面发展与创新的阶段。旅游市场规模持续扩大，国内旅游、入境旅游、出境旅游三大市场全面发展。旅游服务水平不断提高，包括交通、餐饮、住宿等方面。同时，旅游业也呈现出创新发展的态势，出现了许多新型旅游模式和新产品，如自驾游、户外运动等新兴旅游形式，以及深度游、乡村旅游等旅游玩法。

四、国际化与合作阶段（2011年至今）

近年来，中国旅游业在国际化与合作方面取得了显著进展。中国持续快速增长的出境旅游需求为全球及亚大地区国际旅游增长提供了主要动力，成为全球最大的出境旅游消费国。同时，中国旅游业积极与世界各国开展旅游合作，推动旅游市场的共同发展，成为国际旅游合作的重要参与者和推动者。

（资料来源：百度百科，2024-3-22，经整理．）

二、中国旅游业发展趋势

（一）旅游的多样化趋势

旅游目的的不同，将使目前占统治地位的观光型旅游向多样化发展，如休闲娱乐型、运动探险型等。旅游者多样的个性化需求对旅游基础设施的多样化提出了更高的要求，如进入老龄社会后针对老年人出游增多进行的特色旅游服务。

（二）旅游空间扩展的趋势

科技的进步，旅游的空间活动范围更加广阔，不但可以轻易地进行环球旅行，而且可以向深海、月球或更远的宇宙太空发展，出现革命化的新的旅游方式。

（三）远程旅游迅速发展

在未来 20 年间，世界旅游业发展最显著的特点是远程旅游的增加，到 2020 年区域内旅游和洲际游的比例将从目前的 82：18 上升为 76：24，未来 20 年洲际旅游平均增长速度将达到 5.4%，高于世界旅游平均增长速度一个百分点。

（四）旅游大众化趋势

旅游不再是高消费活动而是作为日常生活进入了千家万户。旅游有广泛的群众基础，人们的工作、生活都可能是远距离的长途旅行方式，形成空前广泛而庞大的人群交流和迁移，传统的地域观念、民族观念被进一步打破，旅游的淡旺季不再明显。

（五）文化性是旅游业发展的新亮点

就旅游业的市场运作而言，第一个层次的竞争是价格竞争，这是最低层次的也是最普遍的竞争方式；进一步是质量竞争；而最高层次则是文化的竞争。旅游本身的文化功能是内在的。旅游企业是生产文化、经营文化和销售文化的企业，旅游者进行旅游，本质上也是购买文化、消费文化、享受文化。

（六）形式与内容的多元化是旅游业发展的主旋律

在旅游发展的初级阶段，人们主要以游览名胜古迹和自然景观为目标。但随着经济、文化和教育的发展，人们不再满足于单纯的"观山看水"，而更多的是要求在旅游的过程中获取知识和体验生活。人们旅游需求的多层次发展势必迫使旅游业无论在形式上还是在内容上均呈现出多元化的特点。从形式上讲，自助游等旅游形式将越来越普遍；从内容上讲，工业旅游、农业旅游、会展旅游等将会成为新的热点。所谓工业旅游，是指以工业企业的生产线、生产工具、产品和厂区等为对象的专项参观活动。

（七）旅游业将日益走向规范和法治之路

我国旅游业自改革开放以来，经营管理水平有了很大的提高。但从市场经济发展的要求来看，还显得不够成熟。特别是许多旅游企业还缺乏行业自律的自觉性，只考虑本企业的眼前利益，不考虑整个行业的长远发展。

（八）旅游服务逐渐向人性化和社会化方向发展

随着旅游业从经验管理走向科学管理，标准化服务的实施使服务质量有了很大提高。然而由于旅游需求的多样性、多变性等特点，标准化服务的弊端逐渐显露。因此，未来旅游服务将通过人性化的服务满足不同游客的需要，努力使所有的游客满意。近几年，我国旅游业的服务范围在不断拓宽，但是和发达国家相比，还做得很不够。

（九）旅游业科技化趋势日益突出

高科技在旅游业中的应用始于 20 世纪 70 年代，而且迅速得到了推广普及。高科技在旅游业中的应用范围十分广泛：一是旅游资源开发的高科技化，高科技主题公园的建设让游客能够身临其境地体验奇幻场景，与虚拟角色互动；而无人机、智能穿戴设备等技术的运用，则实现了极端旅游方式，让游客的探险梦想成真。二是旅游服务的高科技化，智能导游系统可以根据游客的兴趣和需求，提供个性化的行程规划和推荐；智能酒店管理系统可以实现自助入住、智能客房控制等功能，提升游客的住宿体验。三是旅游企业营销管理的高科技化，旅游企业利用大数据技术对游客的行为、偏好和需求进行深入分析，从而制定更加精准的营销策略。

三、中国旅游市场发展特征

（一）国内旅游市场

近年来，国内旅游市场持续繁荣，成了中国经济增长的重要引擎。随着国民生活水平的提高和消费升级，人们越来越注重旅游体验的品质和个性化。国内旅游市场的特点主要表现在以下几个方面：

首先，市场规模庞大。中国人口众多，旅游需求基数大，使得国内旅游市场规模极为庞大。无论是长假、小长假还是周末，人们都会选择出游，这使得国内旅游市场呈现出高度的活跃性。

其次，旅游消费结构升级。随着人们收入水平的提高，旅游消费逐渐从简单的观光游览转向深度体验和文化消费。游客更加注重住宿、餐饮、交通等服务的品质，同时也更愿意为特色文化活动和旅游产品买单。

再者，旅游目的地多样化。中国地域辽阔，旅游资源丰富多样，既有自然风光，也有历史人文景观。这使得游客可以根据自己的兴趣和需求选择不同的旅游目的地，从而满足多样化的旅游需求。

最后，旅游市场竞争激烈。随着旅游市场的不断发展，越来越多的旅游企业进入市场，加剧了市场竞争。为了在市场中获得一席之地，旅游企业需要不断创新产品和服务，提升服务质量，以满足游客的需求。

（二）出境旅游市场

出境旅游市场作为中国旅游市场的重要组成部分，近年来呈现出快速发展的态势。随着国民收入的提高和签证政策的放宽，越来越多的中国游客选择走出国门，体验不同的文化和风情。出境旅游市场的特点主要表现在以下几个方面。

首先，出境旅游人次持续增长。中国游客的出境旅游意愿强烈，尤其是年轻一代对出境旅游的兴趣更加浓厚。这使得出境旅游市场呈现出强劲的增长势头。

其次，出境旅游目的地多元化。除了传统的欧洲、美洲、东南亚等热门目的地外，中国游客的出境旅游目的地还在不断拓宽，包括非洲、南美洲等一些新兴市场也逐渐受到关注。

再者，出境旅游消费结构升级。与早期以购物为主不同，现在的中国游客在出境旅游中更加注重体验和文化消费，如参加当地的文化活动、品尝当地美食等。

最后，出境旅游市场规范化程度提高。随着政府对出境旅游市场的监管力度加大，市场秩序逐渐规范，游客的权益得到更好的保障。

（三）入境旅游市场

入境旅游市场是中国旅游市场的重要组成部分，对于提升国家形象、促进国际交流具有重要意义。入境旅游市场的特点主要表现在以下几个方面：

首先，入境游客来源多元化。中国入境游客来源广泛，包括亚洲、欧洲、美洲等多个国家和地区。不同国家和地区的游客有不同的旅游需求和消费习惯，这为入境旅游市场提供了广阔的发展空间。

其次，入境旅游市场受政策影响大。政府的签证政策、旅游推广政策等都会对入境旅游市场产生重要影响。政策的放宽或收紧都会直接影响到入境游客的数量和构成。

再者，入境旅游市场竞争激烈。为了吸引更多的入境游客，各国都在努力提升旅游服务质量和旅游产品的吸引力。这使得入境旅游市场竞争异常激烈，旅游企业需要不断创新和提升服务质量才能在市场中立足。

最后，入境旅游市场与文化交流相互促进。入境旅游不仅是经济活动，更是文化交流的重要平台。通过入境旅游，外国游客可以更好地了解中国的历史、文化和社会风貌，同时也有助于推动中国文化的国际化传播。

综上所述，中国旅游市场在国内旅游、出境旅游和入境旅游三大板块都呈现出蓬勃发展的态势。市场规模持续扩大，消费结构升级，市场竞争激烈，同时也面临着新的挑战和机遇。未来，随着旅游产业的不断发展和政策的持续优化，中国旅游市场将迎来更加广阔的发展前景。

课后练习

一、知识练习

（一）选择题

1. 世界旅游组织的总部设在（　　　）。

    A. 德国　　　　　B. 西班牙　　　　　C. 英国　　　　　D. 美国

2. 世界旅游组织作为联合国系统领导全球旅游业的时间是（　　　）。

    A. 1925 年　　　　B. 1947 年　　　　C. 1975 年　　　　D. 2003 年

3. 下列属于世界旅游组织宗旨的是（　　　）。

    A. 促进和发展旅游事业，使之有利于经济发展

    B. 使国家间相互了解，和平和繁荣

    C. 尊重人权和人的基本自由

    D. 强调注意发展中国家在旅游事业方面的利益

4. 下列关于世界旅游组织成员的说法错误的是（　　　）。

    A. 世界旅游组织成员分为正式成员、联系成员和附属成员

    B. 正式成员为主权国家政府旅游部门

    C. 联系成员为直接从事旅游业或与旅游业有关的组织、企业和机构

    D. 联系成员和附属成员对世界旅游组织事务无决策权

5. 以下属于世界旅游组织的组织机构的是（　　　）。

    A. 全体大会   B. 执行委员会

    C. 秘书处   D. 地区委员会

6. 属于世界旅游业发展特点的是（　　　）。

    A. 旅游业成为全球经济发展的支柱产业之一

    B. 世界旅游市场呈现"三足鼎立"的新格局

    C. 全球"大众旅游消费"时代已经悄然而至

    D. 旅游跨领域、跨行业融合发展成为新常态

（二）判断题

1. 在古代主要是由诗人开了旅行的先河。 （　　　）

2. 世界旅游组织成立标志着近代旅游的开始。 （　　　）

3. 世界旅游日是 9 月 27 日。 （　　　）

4. 世界旅游组织是一个非政府间的国际性旅游专业组织。 （　　　）

（三）填空题

1. 世界旅游业经历了＿＿＿＿＿＿、＿＿＿＿＿＿和＿＿＿＿＿＿3 个历史阶段。

2. 1845 年全球第一家旅行社＿＿＿＿＿＿成立标志着近代旅游的开始。

3. 近代旅游业之父是＿＿＿＿＿＿。

4. 世界旅游组织的总部设在＿＿＿＿＿＿。

5. 世界旅游组织把全球划分为＿＿＿＿＿、＿＿＿＿＿、＿＿＿＿＿、＿＿＿＿＿、＿＿＿＿＿、＿＿＿＿＿六个旅游区。

（四）简答题

1. 大众旅游时代的主要特征有哪些？

2. 世界旅游业发展趋势有哪些？

3. 中国旅游业发展趋势有哪些？

二、职业技能训练

    通过查询资料，对比分析近 5 年中国出境旅游和入境旅游的相关数据，撰写一份中国出入境旅游市场研究报告。

第二章

东亚及太平洋地区

学习目标 》》

知识目标：了解东亚及太平洋旅游区主要客源国的地理位置，自然环境、人口、语言及宗教、国旗、国徽、国歌等概况，掌握各国的人文地理、民俗、旅游资源的基本知识。

技能目标：能够对东亚及太平洋地区各主要客源国概况做出简要分析，能够正确运用民俗知识接待亚洲主要客源国游客，能够设计符合客源国游客需求的国内旅游线路，能够根据客源地区的旅游资源设计简单可行的旅游线路。

素质目标：能够运用所学相关知识，分析相关客源国的基本情况，为了解和分析客源市场打下基础，提高人文素养。

思政目标：通过对东亚及太平洋客源国的景区（点）学习，培养学生发现美、描述美、展示美的能力。通过了解东亚及太平洋客源国的民俗文化，让学生感受我国与东亚及太平洋地区各国的差异，培养学生"四个自信"。

第一节　韩国

一、地理概况

（一）自然地理

韩国位于亚洲大陆东北部的朝鲜半岛南部，三面环海。东临日本海，西濒黄海，南隔朝鲜海峡与日本相望，北部以临时军事分界线为界与朝鲜为邻。韩国除与大陆相连的半岛之外，还拥有3200个大小岛屿，面积较大的岛屿有济州岛、巨济岛等。

全国总面积近10万平方千米，海岸线长5259千米。地势东北高、西南低，多丘陵和平原，山地约占总面积的70%。丘陵大多位于南部和西部，西海岸河流沿岸有辽阔的平原。最高山是位于济州岛中部的汉拿山。较大的河流有汉江、洛东江等。韩国湖泊较少，最大的天然湖是位于济州岛汉拿山顶火山口的白鹿潭。

韩国属温带季风气候，年均气温13℃～14℃，年均降水量1300～1500毫米。四季分明，春、秋两季较短，冬季漫长寒冷，夏季炎热潮湿。

（二）人文地理

1. 人口与民族

韩国总人口约5155万（2023年，联合国统计司，http：//data.un.org）是世界上人口密度最高的国家之一。人口大多居住在城市，城市化率为82.5%。为单一民族国家，主要民族为韩民族，属黄色人种东亚类型，占全国总人口的96.25%。

2. 语言与宗教

使用单一语言韩语。韩国人主要信奉佛教、基督教、天主教，儒学在社会上也有较大影响。

3. 国旗、国徽、国歌、国花等

韩国的国旗，又称太极旗。呈长方形，白底代表土地，中间为太极两仪，四角有黑色四卦。太极的圆代表人民，圆内上下弯鱼形两仪，上红下蓝，分别代表阳和阴，象征宇宙。整体图案意味着一切都在一个无限的范围内永恒运动、均衡和协调，象征东方思想、哲理和神秘。

韩国的国徽为圆形。圆面为五瓣的木槿花，中间为阴阳图案。木槿花的白色象征着和平与纯洁，黄色象征着繁荣与昌盛。一条白色饰带环绕着木槿花，饰带上有国名"大韩民国"。

国歌：韩国的国歌是《爱国歌》。

国花：韩国的国花是木槿花。花开时节，木槿树枝会生出许多花苞，一朵花凋零后，其他的花苞会连续不断开放，开得春意盎然、春光灿烂。因此，韩国人也叫它"无穷花"。见图2-1。

图 2-1　韩国国花木槿花

国树：韩国的国树是松树。

国兽：韩国的国兽是虎。

国鸟：韩国的国鸟是喜鹊。

二、简史

考古发现，早在 60 万年前的旧石器时代，在朝鲜半岛就有人类居住。公元前 2000 年左右，韩民族的传奇创始人檀君统一了众多部落，形成了古朝鲜。1 世纪后，朝鲜半岛一带形成了高句丽、百济、新罗 3 个政权形式和所属关系不同的国家，被称为韩国史上的"三国时期"。7 世纪新罗统一了朝鲜半岛，10 世纪被高句丽取代，韩国现在英文名"Korea"即来源于此。高丽王朝大力仿效唐朝体制，佛教文化盛行。14 世纪末，李氏朝鲜王朝建立，简称"李朝"，国号为朝鲜。李氏王朝以儒学立国，经济文化进入封建社会的鼎盛时期。19 世纪李氏王朝结束，改国名为"大韩帝国"。1910 年，朝鲜半岛沦为日本殖民地，第二次世界大战后日本投降，美、苏军队以北纬 38° 为界，分别进驻朝鲜半岛南北部，形成南北分治的局面，从此"三八线"成为分裂朝鲜半岛的界限。1948 年 8 月 15 日，南部宣布成立大韩民国；同年 9 月 9 日，北部宣布成立朝鲜民主主义人民共和国。

三、政治和经济

(一) 政治

韩国目前实行总统制共和政体。1987 年全民投票通过的新宪法规定，韩国实行立法、行政、司法三权分立的原则，立法权属于国会，行政权属于以总统为首的政府，司法权属于大法院和大检查厅。

总统是国家元首、政府首脑和武装部队的最高司令，在政府系统和对外关系中代表整个国家。由全民直接选举，总统任期 5 年，不得连任。主持由国务总理和各内阁部长组成的国务会议，有任命和罢免国务总理和内阁长官、次官、驻外大使、宣布大赦权力，但无权解散国会。国会可启动弹劾程序对总统进行制约，使其最终对国家宪法负责。

国会是国家立法机构。包括 299 个议席，包括议长 1 人，副议长 2 人及各专门委员会。宪法赋予国会的职能除制定法律外，还包括批准国家预算、外交政策、对外宣战等国家事务，以及弹劾总统的权力。

大法院拥有终审权，是最高法庭，负责审理对下级法院和军事法定作出裁定不服的上诉案件。大法官由总统任命，国会批准，任期 6 年，不得连任，年满 70 岁必须退位。监察机构有大检察厅、高等监察厅和地方检察厅。大检察厅是最高监察机关。大检察厅厅长由总统任命，无须国会同意。

韩国行政区划分道（直辖市）、郡（市）、面（邑）、里（洞）4 级。目前全国设一个特别市：首尔市（原"汉城"）；9 个道：京畿道、江原道、忠清北道、忠清南道、全罗北道、全罗南道、庆尚北道、庆尚南道、济州岛；6 个广域市：釜山、大邱、仁川、光州、大田、蔚山。

（二）经济

韩国是新兴工业化国家，工业是国民经济的主导部门，韩国是市场经济模式，拥有完善的市场经济制度。自 20 世纪 60 年代以来，韩国政府实行了出口主导型开发经济战略，推动了韩国经济的飞速发展，缔造了举世瞩目的"汉江奇迹"，跻身成为"亚洲四小龙"之一。20 世纪 90 年代韩国进入中等发达国家行列。大企业集团在韩国经济中占有十分重要的地位，三星、现代、SK、LG、KT（韩国电信）等大企业集团创造的产值，在其国民经济中所占的比重超过了 60%。除高速互联网服务闻名世界外，内存、液晶显示器及等离子显示屏等平面显示装置和移动电话都在世界市场中居领导地位。此外，韩国造船业、轮胎业、合成纤维生产及纺织业、汽车生产均居世界前列。

四、文化

（一）教育

韩国教育发达，政府对教育的重视程度高。韩国学制是小学 6 年，初中 3 年，高中 3 年，大学 2~4 年。20 世纪 80 年代后，韩国进行高等教育改革，兴办实验大学，创办开放大学，加强研究生教育。高等教育机构 80% 为私立。著名大学有国立首尔大学（为国立综合大学）、延世大学（基督教私立综合大学）、高丽大学（私立综合大学）和梨花女子大学等。

（二）科技

韩国政府为发展科学技术，从行政体制、法律规定、财政投资等方面采取了许多奖励措施和扶持政策，先后制定了《科学技术振兴法》《技术开发投资促进法》《国家技术人员资格法》等法律、法令。由于韩国积极引进国外先进技术，从而加快了经济发展速度，提高了科技水平，缩短了与发达国家之间的差距，提高了本国产品的国际竞争力。

（三）文学艺术

1. 文学

韩国早期文学，可以追溯到数千年前流传下来的神话、传说和叙事诗。现代韩国文学起源于 20 世纪初。韩国有各种各样的文学团体，如韩国文人协会、韩国随笔文学家协会、韩国诗人协会、韩国文学评论家协会，还设有"韩国文学奖""韩国随笔文学奖""诗文奖""现代文学奖""韩国文学作家奖""韩国小说家协会奖"各种文学奖，鼓励韩国作家创作出更多、更好的文学作品。

2. 音乐

韩国人素以喜爱音乐和舞蹈而著称。韩国现代音乐大致可分为"民族音乐"和"西洋音乐"两类。民族音乐内容丰富，形式多样，又分为"雅乐"和"民俗乐"两大类型。雅乐，即正雅之乐，是韩国历代封建王朝在宫廷举行祭礼、宴会或各种仪式时由专业乐队演奏的音乐，节奏通常比较缓慢、严肃而复杂，是一种旋律缠绵、细腻的音乐。民俗乐轻快活泼，是流行在韩国民间的各种音乐，包括散调、农乐、巫俗音乐、时调、各种歌剧调、杂歌、民谣以及各地流行的曲调等。

3. 舞蹈

韩国的传统舞蹈最早始于史前时代的宗教仪式，在神坛祭典时，常伴有集体歌舞，这样的舞蹈随时代的变迁逐渐演变成固定的形式。韩国舞蹈可分为宫廷舞、民俗舞、假面舞、仪式舞、新创作舞等。扇子舞是最能代表朝鲜民俗舞蹈风格的优美舞式，传统上，扇子舞的舞者通常为女性。动作舒展大方，舞动扇子与执扇造型有机地融为一体，在舒缓的节奏中给人以优美典雅的感受，在轻快的节奏中则显得欢快活泼。（图 2-2）

图 2-2　扇子舞

4. 跆拳道

跆拳道是东亚地区特别是朝鲜半岛古老的民间技击术，是一项运用手脚技术进行搏击格斗的体育运动。"跆"指脚的蹬踢、腾跃、踢击，"拳"是拳掌的打击、攻击和防御，

"道"是一种方法、一种结合。跆拳道是在引进与吸收中国的传统武术特别是少林武术及日本空手道的基础上，与韩国的民间武术相融合、创新发展起来的一门独特艺术，具有较高的防身自卫及强壮体魄的实用价值。（图2-3）

图2-3　韩国跆拳道

五、民俗风情

（一）服饰

韩国人在交际应酬中通常穿着西式服装。着装朴素整洁、庄重保守。在某些特定的场合，尤其是在逢年过节的时候，韩国人喜欢穿本民族的传统服饰——韩服。韩服的线条兼具曲线和直线之美，裙袄搭配的特点是：袄短小，紧紧贴在身上，裙子又肥又长，看上去丰满流畅。女服全身色彩鲜艳，鞋如船型，鞋尖向上翘起。男装有裤子、袄、坎肩和长袍，衣服必须上下同一色系，多用白色面料缝制。在农村仍可见到男子戴斗笠，老人戴宽边大帽。（图2-4）

图2-4　韩国传统服饰

（二）饮食

韩国人饮食的主要特点是酸和辣。主食主要有米饭和冷面。他们爱吃的菜肴主要有泡菜、烤牛肉、烤狗肉、人参鸡等。在日常生活中，大酱汤和泡菜是不可缺少的两道菜。韩国饮食以泡菜为特色，一日三餐都离不开泡菜。韩国传统名菜烤肉、泡菜、冷面已经成了世界名食（图2-5）。韩国人普遍喜欢饮酒，烧酒、啤酒、洋酒的消费量较大。传统的酒有米酒（用大米或糯米酿成）、药酒、烧酒、清酒。韩国人一起喝酒时，不能自己给自己倒酒，而必须由别人倒酒。拒绝别人的酒是不礼貌的表现，如果不胜酒力，可在杯中剩点酒。

图2-5　韩国饮食

（三）民居

传统的韩式住宅是平房，按房子的排列可分为单排房住宅、双排房住宅及四合院。韩国传统房屋叫韩屋。韩屋在设计上考虑到夏天乘凉和冬天的取暖设施，在房间里设置了暖炕设施：灶口烧水，烤热炕面，暖和全屋；在结构上采取宽敞过厅的形式，以便达到良好的通风效果。韩国的上流住宅用瓦做屋顶，因此也称为"瓦房"。（图2-6）

图2-6　韩式住宅

（四）礼节

韩国人注重礼仪是全社会的风俗。韩国人见面的传统礼节是鞠躬，晚辈或下级走路时遇到长辈或上级，应鞠躬、问候、站在一旁，让其先行，以示敬意。鞠躬的幅度越大，时间越长，越表示尊重。通常情况下，鞠躬要达到30°左右，并停顿2~3秒。

在正规交际场合，一般要采用握手礼，在不少场合有时也同时采用先鞠躬后握手的方式。在行握手礼时，讲究先用双手，或单独使用右手。当晚辈与长辈，下属与上级握手时，要尊者先伸手。先右手，然后左手握在对方的右手上。韩国人这种做法，是为了向对方表达特殊的尊重。韩国妇女一般情况下不与男子握手，代之以鞠躬或者点头示意。

在社会集体和宴会中，男女分开进行社交活动，甚至在家或者餐馆里都是如此。在韩国，去他人家里做客或者赴宴时，要携带小礼品，最好挑选包装好的食品。席间敬酒时，要用右手拿酒瓶，左手托瓶底，然后鞠躬致辞，最后再倒酒，且要一连三杯。敬酒人应把自己的酒杯举得低一些，用自己的杯沿去碰对方的杯身。敬完酒后再鞠躬才能离开。

（五）禁忌

韩国人对国旗、国歌和国花十分敬重，绝不可不敬。韩国人对"4"这个数字十分厌恶。通常说"4"时应以两双、两对、二加二等来表示。受西方习俗的影响，也有不少韩国人讨厌"13"这个数字，与韩国人交谈时，发音与"死"相似的"似""师""事"等几个词要避免使用。客人进门要脱鞋，鞋头向内。未征得同意，不能在上级、长辈面前抽烟，不能向其借火或接火。吃饭时不要随便发出声响，更不许交谈。进入家庭住宅或韩式饭店要脱鞋。照相在韩国受到严格限制，军事设施、机场、水库、地铁、国立博物馆以及娱乐场所都禁止拍照，在空中和高层建筑拍照也在被禁范围。

（六）节日

韩国主要节日有：元旦（1月1日）、春节（农历正月初一）、大望日（农历正月十五）、独立运动日（3月1日）、植树节（4月5日）、佛诞节（农历四月初八）、儿童节（5月5日）、端午节（农历五月初五）、显忠节（6月6日）、青椒节（6月16日）、制宪节（7月17日）、光复节（8月15日）、秋夕节（农历八月十五）、开天节（10月3日）等。

春节。春节是韩国最隆重的节日，韩国称春节为"旧正"，也就是农历新年。国家规定春节放假3天，是一年中假期最长的。韩国人讲究腊月三十前必须回家探亲，称为"归省"。韩国年夜饭讲究很多，最大的特点是饭菜一律为传统饮食，而且全部出自媳妇之手。全家要吃"五谷饭"，做"打糕"，包韩式"馒头"。大年初一，最郑重而庄严的礼仪是祭礼和岁拜。祭礼完毕后，一家人才能吃大年初一的第一餐，而这一餐必须是"米糕片汤"，要举行岁拜。家中晚辈向父母长辈拜年磕头，长辈要给晚辈压岁钱。

大望日。正月十五在韩国被称为"大望日"，这一天人们吃用五种以上食物煮的五谷饭，祈愿丰年。这一天还要吃花生、松子、栗子等坚硬的果实，吃的个数要与自己年龄相同，边吃边祈愿健康。在正月十五的民俗游戏中，最有代表性的是放风筝和放鼠火。

端午节。端午又称"重午""重五""端阳""五月节"。韩国人在端午节并不吃粽子，更没有龙舟比赛，而是男子摔跤，女子用菖蒲汤洗头和荡秋千。全家人会穿上韩国传统服饰聚集在一起吃饭聊天，传统的食物有车轮饼——艾子糕。现在韩国唯一完整保留端午习俗的是位于东海之滨的江陵。江陵端午祭祀已经被联合国教科文组织正式确定为"人类传说及无形资产著作"。

秋夕节。韩国的秋夕节在农历的八月十五，又称为中秋节。中秋节在韩国的受重视程度不亚于春节。秋夕节，除了是全家团聚之日，也是追忆祖先恩德的日子，更是祭祖和扫墓的日子。秋夕节当天，韩国人都喜欢穿着传统的服饰出游，去景福宫、韩国民俗村、国立民俗博物馆、南山韩屋村等进行踢毽子、打陀螺等各种秋夕节民俗活动。类似我国吃月饼的习俗，韩国秋夕节要吃松糕。

六、旅游业概况

（一）旅游业发展情况

韩国是中国的主要旅游客源国。韩国不但有迷人的自然景观，而且有众多保存完好的名胜古迹，拥有独特的文化和历史遗迹，包括山岳、湖泊、温泉、海滨、皇宫、寺庙、宝塔、古迹、民俗村及博物馆等，共有 2300 余处。被联合国教科文组织列为自然与文化遗产的有首尔宗庙、海印寺藏经版、佛国寺与石窟庵、水原华城、昌德宫、庆州历史遗迹区、江华支石墓遗址、朝鲜王陵 40 座、韩国的历史村落、济州火山岛和熔岩洞窟。

（二）著名旅游城市和景点

1. 首尔

首尔，韩国首都，国际化大都市，世界十大金融中心之一。首尔正式名称为首尔特别市，旧称为汉城。首尔位于朝鲜半岛中部，地处盆地，汉江迂回穿城而过，距西海岸约 30 千米，是世界上人口最多的城市之一。

首尔历史悠久，是一座群山围绕、高楼林立于古刹之间的千年古都，古老建筑和现代设施共存，它既是一座现代化城市，又是一座历史文化古城。2005 年 1 月，市长李明博在汉城市政府举行记者招待会，宣布把汉城市的中文名称改为"首尔"。这里名胜古迹颇多，素称"韩国瑰宝"，主要有景福宫、昌德宫、昌庆宫、德寿宫和秘苑（御花园）等。近代建筑有青瓦台（现总统府）、国立中央博物馆、国立民俗博物馆和世宗纪念馆等。近郊有首尔游乐场、爱宝乐园、韩国民俗村及板门店等观光游览地。63 大厦与 N 首尔塔是首尔著名的地标和景点。高 264 米的 63 大厦，是首尔市汉江旁最高的一个综合性观光景点，除展望台外，还备有大量娱乐设施。其外表全部是玻璃，在阳光下发出金黄色的光辉，因此又常被称为"金色塔"。N 首尔塔位于首尔市龙山区的南山，原称"首尔塔"或"汉城塔"，高 236.7 米，建于 1975 年（图 2-7）。

景福宫（图 2-8），李朝时期首尔的五大宫阙之一，也是李氏王朝的正宫，位于首尔钟路区世宗路。李朝始祖李成桂于 1394 年开始修建，具有 600 余年的历史。景福宫在韩

图 2-7 韩国首尔"N 首尔塔"

国五大宫阙中无论是规模还是建筑风格都堪称五宫之首。宫苑正殿为勤政殿，是景福宫的中心建筑，李朝的各代国王都曾在此处处理国事。此外，还有思政殿、乾清殿、康宁殿、交泰殿等。宫苑还建有一个 10 层高的敬天夺石塔，其造型典雅，是韩国的国宝之一。

图 2-8 韩国景福宫

昌德宫（图 2-9），又名乐宫，是韩国的"故宫"，位于首尔钟路区栗谷路，是李朝王宫保存最完整的一座宫殿。整座宫殿为中国式建筑，入正门后是处理朝政的仁政殿。殿后的东南部分为乐善斋等建筑为主，是王妃居住的地方。仁政殿后的秘苑建于 17 世纪，是一座依山而建的御花园。昌德宫的殿宇完全按照自然地形设计而成，是朝鲜王宫中最具自然风格的宫殿，1997 年被联合国教科文组织确定为世界文化遗产。

图 2-9　韩国昌德宫

　　宗庙，位于首尔钟路区勋井洞。宗庙供奉朝鲜时期历代王和王妃以及被推崇的王和王妃的神位的祠堂。宗庙为朝鲜时期的寺庙建筑，由正殿和永宁殿组成。1995 年 12 月宗庙被确立为世界文化遗产。

　　青瓦台（图 2-10），韩国总统官邸，位于首尔钟路区世宗路一号。青瓦台是高丽王朝的离宫，朝鲜王朝建都汉城后，把它作为景福宫后园，修建了隆武堂、庆农斋和练武场等建筑物，并开辟了一块国王的亲耕地。1927 年日本入侵后毁掉了五云阁以外的所有建筑，建立了朝鲜总督官邸，改名为景武台。1960 年尹普善当选总统入住景武台，为了同美国白宫相对应，给白墙蓝瓦的这群建筑起名为青瓦台，也称为"蓝宫"。

图 2-10　韩国青瓦台

　　韩国民俗村，位于京畿道首府水原市附近，占地 163 英亩，它将韩国各地的农家民宅、寺院、贵族宅邸及官府等各式建筑聚集在一起，再现了朝鲜半岛 500 多年前李朝时期的人文景观和地域风情。村内有 240 座传统的建筑物，有李朝时的衙门、监狱、达官显贵的宅邸、百姓的简陋房屋、店铺作坊、儿童乐园等。民俗村内的店铺和露天集市上的商品大多是当地传统手工品及风味食品，有木制雕刻、彩绘纸扇、民族服装、彩色瓷器等。露天场上每天定时都有精彩的节目表演，如民俗舞蹈、杂技和乡土鼓乐等，热闹非凡。

2. 釜山

釜山位于韩国东南端，东南濒临朝鲜海峡（韩国称"大韩海峡"），与日本对马岛相望，西北山地耸峙，因山势像釜而得名；是韩国第一大港口、第二历史悠久的城市，也是世界五大港湾城市之一，海外贸易活跃。釜山在旧石器时代就开始有人居住，是历史悠久的城市，釜山西部靠江，南部临海，冬暖夏凉，有很多海水浴场、温泉等，度假游客众多，著名旅游景点有梵鱼寺、太宗台、海云台浴场、松岛、东莱温泉、龙头山公园、忠烈祠等，是韩国最富魅力的观光地之一和最大的海鲜市场。

3. 庆州

庆州（图2-11）位于韩国东南庆州盆地中部，四面环山。有西川、南川、北川三水环绕城尧城邑，山河襟带，风景壮美。庆州是韩国古代文明的摇篮，朝鲜古代新罗王国于公元前57年在此建都，直到公元923年止。这里是整个朝鲜半岛历史文化及艺术文物最丰富的地方，被誉为一座"没有围墙的博物馆"，被联合国教科文组织选定为世界文化都市。庆州古城略微呈方形，东西南北各宽约1.5千米。

庆州最具代表性的佛教经典遗迹是佛国寺和石窟庵，这两处文化遗产在1995年成为韩国首次被载入联合国教科文组织世界文化遗产名录的遗迹。2000年，庆州市中心的五大地区整合在一起称为"庆州历史遗迹地区"，并被载入世界文化遗产名录。从此，庆州不仅是韩国的历史中心，也成为世界文化遗产的宝库。

图 2-11　韩国庆州

4. 济州岛

济州岛（图2-12）是韩国最大、最著名的岛屿，是一座典型的火山岛，面积1800多平方千米，位于韩国最南端的北太平洋上，北距南部海岸90多千米，东与日本的九州岛隔海相望，扼朝鲜海峡门户，地理位置极为重要。岛屿呈东西长、南北窄的椭圆形，形成于120万年前的火山活动，海岸平直，岛中央的汉拿山海拔1950米，是韩国的最高峰，山顶有巨大的火山口湖白鹿潭。以济州岛中央的汉拿山（死火山）为中心，四周分布着360多座休眠火山和海岸地带的瀑布、柱状节理。这里古为"耽罗国"，有其独特的风俗习惯、方言和文化,有着与众不同的景观。2007 年,包括汉拿山天然保护区、城山日出峰和拒文岳熔岩洞窟系在内的济州火山岛及熔岩洞窟被列入世界自然遗产名录。济州岛现被辟为国家公园,名字改为"济州国际自由城市",作为韩国唯一的特别自治道享受除国防和外交之外的所有行政自治权,已成为拥有神秘的自然景观及传统文化之美的世界旅游胜地和理想的垂钓胜地,有"韩国的夏威夷"之称。

图 2-12 韩国济州岛

第二节 日本

一、地理概况

(一)自然地理

日本是一个四面临海的岛国,自东北向西南呈弧状延伸。它位于亚洲东部太平洋上,东濒太平洋,北临鄂霍次克海,西隔东海、黄海、朝鲜海峡、日本海与中国、朝鲜、韩国、俄罗斯相望;同中国是一衣带水的近邻,九州北部的长崎同上海市相距 460 海里,南端的先岛群岛同中国台湾省相隔仅 60 海里。

日本领土面积约 37.8 万平方千米,由北海道、本州、九州、四国四个大岛及其附近数千个小岛组成。从日本的自然环境来看,其基本特征是崎岖多山、火山众多、地震频繁、温泉丰富、河湖众多、森林繁茂、矿产贫乏、海岸线漫长曲折、多港湾、近海鱼类丰富。山地丘陵占国土面积的 76%,火山有 200 多座,占世界火山总数的 10%,其中活火山有 77 座,素有"火山之国"之称。著名的富士山是一座典型的圆锥形活火山,海拔

3776 米，为日本第一高峰，是日本人心目中的"圣岳"。

日本又是典型的地震之国，每年可感觉到的地震多达 1500 多次，平均每天有三四次，历史上有记录的大地震就达 2000 多次。与此相关的是温泉丰富，全国温泉达 2 万多处，是世界最大的温泉国。日本森林种类不多，但覆盖率却高达 67%，主要树种有杉树、松树、柏树、山毛榉树等，南部多樱树。美丽的樱花是日本的国花，全国有 300 多个花品种，被称为"樱花之国"。日本属温带海洋性季风气候，冬无严寒，夏无酷暑，四季分明，南北温差较大，年降水量在 1000 毫米以上；6 月多梅雨，夏秋之交多台风。

（二）人文地理

1. 人口与民族

日本人口约 1.25 亿，（2022 年，联合国统计司，http：//data.un.org），人口密度高达 334 人/平方千米，是世界上人口密度最大的国家之一。人口分布极不平衡，约 80% 的人口分布在各岛沿海及河谷地区．尤其是大中城市人口稠密，以东京、大阪、名古屋为中心的三大都市圈集中了全国一半的人口，人口城市化水平为 76%。日本老龄化现象严重，65 岁以上老年人口约占总人口的 21%。日本民族构成单一，以大和民族为主，还生存和繁衍着别具民族特征的阿伊努人和琉球人。

2. 语言与宗教

日本民族语言为日本语，简称日语，是以东京语为基础而确定的标准语，全国通用，北海道地区有少量人用阿伊努语。日本是一个多宗教信仰的国家，有神道教、佛教、基督教等多种宗教。绝大多数居民信仰神道教和佛教。神道教起源于古代的神话和历史，是日本固有的民族宗教，崇拜诸神，祭祀场所为神社，目前有教徒约 1.1 亿。佛教是在 6 世纪由中国经朝鲜传入日本的，属大乘佛教，目前有教徒 9000 多万。基督教于 1514 年传入日本，目前有教徒 150 多万。事实上，不少日本人并不执着地信奉某一种宗教，而是普遍信仰两种以上的宗教，许多人同时参加几种宗教活动。在一般家庭里，佛坛与神龛并列，他们同时参加神社和寺院的祭祀活动。常见一个人出生时到教堂去做洗礼，结婚时按神道教仪式举行婚礼，而死后要按佛教仪式举行葬礼。

3. 日本的国旗、国徽、国歌、国花、国鸟

国旗：日之丸旗（成物日最旗、太阳旗），长方形，长宽之比为 3：2。白色旗中央有一个象征太阳的红色圆轮，白色象征正直和纯洁，红色象征真诚和热忱。传说日本是太阳神所创造，天堂是太阳神的儿子，日本古时将此图案用于神社或船舶悬挂的旗帜上，"日本国"词意即"日出之国"，太阳旗来源于此。

国徽：16 瓣金黄色菊花组成的圆形图案，原是皇室御纹章上的图案，据称图案源于佛教的法轮，质朴典雅，庄重大方，蕴蓄着东方传统文化精神。

国歌：《君之代》，歌词取自《古今和歌集》。

国花：樱花。日本的樱花种类繁多，每年春天由南往北依次递开，人们纷纷到樱花盛开之地游园赏花，饮酒跳舞，迎接春天的到来。（图 2-13）

国鸟：绿雉。绿雉是日本特有的鸟，雄性非常漂亮，且深受日本人的喜爱，1947 年由

日本鸟类学会指定其为国鸟。(图2-14)

图2-13　日本国花

图2-14　日本国鸟

二、简史

(一)古代社会(7世纪前)

考古证明,约10万年前,日本的土地与亚洲大陆相连,当时已有原始居民。约1万年前,日本的土地与亚洲大陆分离,形成列岛,日本进入旧石器时代,形成日本文化的原型。

1—2世纪,日本进入奴隶制社会,出现了100多个小"国家"。3世纪,日本西部形成了早期的奴隶制国家——邪马台国。4世纪中叶,在本州中部以大和地方为中心兴起了一个更发达的奴隶制国家——大和国,这个时期中国许多知识和技术传入日本,同时已开始使用中国的汉字。

(二)封建社会与幕府政治(645—1868年)

6世纪末至9世纪末,日本先后十多次派遣隋使和遣唐使及大批留学生和学问僧到中国,学习中国的文字、佛教、儒学、工艺技术等。645年,孝德天皇仿中国唐朝的政治经济制度,进行了"大化改新",建立了以土地国有制为基础、以天皇为绝对君主的中央集权制国家,日本进入封建社会。日本古称"倭""大和",意为"山峡"成"多山之地"。孝德天皇"大化改新"完成统后改称"日本国"、意即"东方日出处""日出之国"。

日本的封建社会可分两个阶段:

1. 天皇和权势贵族掌权时期(645—1192年)

天皇是最高统治者,而执行统治权的是由天皇任命的太政官、神祇官、国司、那司等官吏,以天皇诏敕、律令的方式来实现。根据帝都的变迁,可分为三个历史时代,即飞鸟时代、奈良时代、平安时代。

2. 幕府政治时期(1192—1868年)

这一时期天皇的大权旁落,武士阶层掌管实权,进入"幕府时期"。势力强盛的武士领主集团,依靠武力凌驾于朝廷之外,对各地方领主所辖范围内的领地和领民实行统治。先后经历了镰仓时代、南北朝时代、室町时代、安士桃山时代、江户时代几个时期。

（三）资本主义社会（1868 年以后）

1868 年 1 月，明治天皇发布"王政复古"诏书，推翻了德川幕府，并学习西方文化，实行政治、经济、文化等方面的一系列改革，史称"明治维新"。由此形成了以天皇制为中心的中央集权的资本主义制度，日本进入了近代资本主义时期，社会经济和综合国力得到了迅速发展。

明治维新后，近代天皇先后经历了明治时代、大正时代、昭和时代、平成时代等几个不同的阶段，资本主义发展迅速，推行帝国主义侵略政策和战争政策，逐步走上侵略扩张的道路。1894 年日本发动甲午战争；1904—1905 年进行日俄战争；1910 年吞并朝鲜；1914 年参加了第一次世界大战；1931 年日本发动"九一八事变"，侵占了中国东三省；1937 年挑起"卢沟桥事变"；1941 年偷袭珍珠港，发动太平洋战争，妄图建立"大东亚共荣圈"。1945 年 8 月 6 日和 9 日，美国分别向广岛、长崎投掷原子弹。8 月 15 日，日本宣布无条件投降，第二次世界大战结束。8 月 28 日，美军进驻日本，日本成为美国的附庸国，直至 1952 年《旧金山和约》生效，日本才真正独立。在美国的监控下，1947 年 5 月，日本实施新的宪法，由专制天皇制转变为议会内阁制国家，天皇仅为国家象征。现任天皇明仁 1989 年即位，年号为"平成"。

三、政治、经济

（一）政治

日本实行以立法、司法、行政三权分立为基础的议会内阁制。天皇为国家的象征，无权参与国政。国会是最高权力机构和唯一的立法机关，分众议院、参议院两院。内阁为最高行政机关，对国会负责，首相（内阁总理大臣）由国会选举产生，天皇任命。

日本的都、道、府、县是平行的一级行政区，直属中央政府，但各都、道、府、县都拥有自治权，其办事机构称为"厅"，行政长官称为"知事"。目前，全国分为 1 都（东京都）、1 道（北海道）、2 府（大阪府、京东府）和 43 个县（省），下设市、町（相当于中国的镇）、村，其办事机构称"役所"。

（二）经济

日本是一个资源缺乏但经济高度发达的国家，国民拥有很高的生活水平。2022 年，日本国民生产总值约为 545.8 万亿日元。日本的服务业，特别是银行业、金融业、航运业、保险业以及商业服务处于世界领导地位，首都东京不仅是全国第一大城市和经济中心，更是世界数一数二的金融、航运和服务中心，东京证券交易所是仅次于纽约证券交易所的世界第二大证券交易所。

农业在日本是高补助与保护产业，政府鼓励小规模耕作。日本只有 12% 的土地是可耕地，为了弥补此缺点，日本使用系统化耕作零碎地，使得日本单位土地产量世界第一，达到粮食自给率 50% 只用了 56000 平方千米（1400 万英亩）农地。日本也是欧盟最大的粮

33

食出口对象。日本是世界第二大渔业国，至今依然有世界最大渔船船队和全球 15% 的渔获量占有率。日本工业高度发达，工业结构向技术密集型和节能节材方向发展。主要部门有电子、家用电器、汽车、精密机械、造船、钢铁、化工和医药等，工业产品在国际市场上具有很强的竞争力。主要工业区大都集中在太平洋沿岸。

四、文化

(一)教育

日本国土面积狭小，物产资源贫乏。但是，第二次世界大战以后能迅速地从一片废墟上重建成今日世界瞩目的技术大国和经济大国，其成功的秘诀归根结底是日本大力发展教育，开发人力资源，拥有一大批适应国民经济发展的各类人才。自"明治维新"以来，日本对教育一直十分重视，尤其是 1947 年日本《教育基本法》和《学校教育法》的通过，为日本的教育奠定了坚实的法律基础。如今，日本的教育无论在数量上还是质量上，都已经达到了世界一流的水平，著名的大学有东京大学、京都大学、名古屋大学、大阪大学以及著名的私立大学早稻田大学和庆应大学等。

日本经济腾飞的奥秘在于拥有先进的科学技术，这得益于日本战后的科学技术政策，具体包括以下几个方面：

(1) 日本政府在战后第一部《经济白皮书》中阐明了"以振兴科技为杠杆，以发展经济为宗旨"的科技政策。

(2) 战后日本十分重视科学技术的引进和消化。直接从世界上最先进的美国引进各种先进技术，并对引进技术工艺采取"反求工程"，即进行仿制、改进、创新，使之更加灵巧精细、完美无缺。

(3) 科学技术转移是日本提高科学技术水平的重要手段。日本的科学技术体系是三分欧洲、七分美国的新技术综合体。据统计，20 世纪世界重大发明 2/3 来自美国，1/3 来自欧洲，日本没有一项。但日本人善于在这些重大技术发明的基础上进行综合，结果在经济上取得比欧美快得多的发展速度。日本人不是发明家，但他们是天才的模仿家，日本经济的腾飞是站在巨人的肩膀上的。

(三)文学艺术

1. 文学

日本的文学艺术在古代曾受到中国的影响，近代又传入了西方的文化，但形成并保持了日本独特的民族性，是世界古老的文学之一。8 世纪初，先后完成的《古事记》《日本书纪》和影响更大的《万叶集》，标志着日本文学的创立。

11 世纪产生的长篇小说《源氏物语》是世界上最早的写实小说，达到了日本古典现实主义文学的高峰。这部日本巨著中广泛地运用了中国古典诗文，仅引用唐代白居易的诗句就达 90 余处。书中时常出现《战国策》《史记》《汉书》等中国古籍中的史实，具有浓郁的中国古典文学韵味。第二次世界大战后，日本文学出现了传统文学的复兴，还出现了新戏派作家和作品。1968 年川端康成以长篇小说《雪国》获得诺贝尔文学奖，他是日本历史上第一个获得诺贝尔文学奖的作家，其代表作还有《古都》《千羽鹤》等。

日本独特的文学形式有和歌、俳句、川柳。和歌也称歌、倭歌、大和歌，产生于平安时代，是日本诗歌体之一，因与盛行于日本的汉诗相对而得名，即 "日本诗歌" 之意。第一部和歌总集《万叶集》诞生于 8 世纪下半叶。俳句则是近现代诗体之一，产生于江户时代，创作时须遵守季语、切字等规则，主要作品有《荒野纪行》《鹿岛纪行》等。川柳，也称狂句，杂俳之一，源于江户时期，以幽默、讽刺手法描绘当时的社会矛盾和世态人情，受到町人的欢迎。后因柄井川柳评点尤精，世称 "川柳点"，略称 "川柳"。

2. 戏剧

日本民族戏剧主要有歌舞伎、能乐、文乐，合称 "日本三大国剧"。歌舞伎是日本典型的民族表演艺术，起源于 17 世纪江户初期，主要是反映宫廷及武士生活的历史剧目，在日本国内被列为重要的无形文化财产并于 2005 年被联合国教科文组织列为非物质文化遗产。现代歌舞伎的特征是布景精致，舞台机关复杂，演员服装与化妆华丽，其押韵的台词、优美悦耳的音乐、豪华的服装，均表现出日本传统戏剧的特点。（图 2-15）

图 2-15　日本歌舞伎

能乐又称能剧，最早是一种宗教仪式，是日本最具有代表性的传统艺术形式之一，具有 700 年的历史，也是世界上现存的最古老的戏剧之一，是日本代表性的传统舞台艺术。穿戴日本传统服饰的表演者为了掩饰自己的表情，戴上面具或者无表情地表演情趣盎然的传统舞蹈。能乐是 "古代日本本土艺能与外来艺能之集大成"，是具有歌唱、演奏、舞蹈等多种表现形式的短剧。从内容上看，可分为表现神怪故事梦幻能和表现人世生活的现代能两大类。尤其是梦幻能展现的是人鬼之间的对话，因其神秘为上流社会所钟爱，有人称为 "幽灵的艺术"。能剧舞台的背景永远是一棵松树。能乐产生一种高度形式化的 "幽玄" 世界（语言和形状难以准确表现的优雅深奥的美）被联合国教科文组织评为世界文化遗产。（图 2-16）

图 2-16　日本能乐

文乐也称"人偶净琉璃",是形成于 16 世纪的一种木偶戏。初时是一种用琵琶和扇拍子伴奏(后用三味弦)的说唱艺术,由净琉璃(说唱)、三味弦(伴奏,取代琵琶和扇拍子)、人刑(能操纵的木偶)三种表演艺术相结合。

3. 绘画

日本传统绘画主要有"大和绘"和"浮世绘"(图 2-17)两种。"大和绘"出现于平安、奈良时代,是富有日本民族风格的绘画。其笔法朴素,色彩鲜艳,常用于室内装饰或做成画册。著名画家有东山魁夷、平山郁夫等。

"浮世绘"出现于江户时代,为庶民的绘画及版画,题材广泛,涉及民间风俗、历史故事、风景特写、人物肖像等,具有鲜明的民族特色。著名画师有喜多川歌鹰、葛饰北斋、安藤广重等。

图 2-17　日本浮世绘

4. 艺道

日本传统文化深受中国的影响,最有代表性的日本艺道有书道、茶道和花道。在日本,这些艺术和艺能被视为一种修身养性、培养情操的方式。

书道,即书法,用毛笔写汉字,于 6 世纪随佛教、汉字由中国传入日本,日本人称之为"书道",视其为修身养性的艺术。圣德太子抄录的《法华经义疏》是日本书道的代表作。日本书道史上的书法圣人有"三笔三迹"。空海、嵯峨天皇、橘逸势合称"三笔",

小野道风、藤原佐理、藤原行成合称"三迹"。如今的日本，书道广为普及。日本政府明文规定：小学必须普及书道教育，中学教师必须精通书道。

茶道即作茶汤（品茗会），是通过接待宾客、交友恳亲的特殊礼节，来表演沏茶、品茗的高尚技艺。（图2-18）

图 2-18　日本茶道

花道又称插花、生花，即把适当修剪的花草经过艺术加工后插入花瓶等器皿的方法和技术，因此作为一种技法而诞生，是在茶室内再现野外盛开的鲜花。因展示的规则和方法的不同，花道可分成20多种流派，是日本特有的一种传统艺术。它起源于佛教的供花，到12世纪，插花逐渐摆脱了原有的宗教色彩，成为供人鉴赏的一种造型艺术。江户时代命名为花道，出现了专门从事花道的插花家，并逐渐形成了2000~3000个流派，如池坊派、草月流派、小原流派、未生流派等，其中最大的是池坊派。（图2-19）

图 2-19　日本花道

5. 传统体育

日本传统的体育艺术有柔道、空手道、相扑、棒球等。柔道是日本传统的以健身养神为要旨的攻防武术。进行攻防较量的双方，不用武器，而是巧借对手的攻击力量来控制对手，将对手击倒、摔倒或压倒而取胜，达到所谓"四两拨千斤"的境界。在悠久的历史发展中，柔道产生了众多的流派。各派均有其宗师和高手。

空手道也是一种赤手空拳的武术。相传唐朝时期中国拳法传入冲绳，不携带武器的庶民以此作为防身术，暗地里切磋技艺，是在独特的历史环境中发展和演变起来的。

相扑是日本的"国技"，亦称角力、角觝，来源于日本神道的宗教仪式。在奈良和平安时期，相扑是一种宫廷观赏运动；到了镰仓战国时期，相扑成为武士训练的一部分而在武士中盛行；18世纪开始出现营利性职业相扑运动。相扑比赛是在直径4.55米的圆形"土表"上进行，两位赤裸着身体只佩戴饰裙的力士进行摔跤，能徒手将对方打倒在地或推出土表之外者为胜。作为群众性体育活动，相扑在日本民间十分盛行，日本每年要举办六场相扑比赛，每场15天，三场在东京举行，其余则在大阪、福冈和名古屋举行。相扑选手都是经过严格训练的运动员，按水平分若干等级，能参加比赛的是横纲、大关、关胁、小结四级，横纲是相扑的最高级别。

五、民俗风情

(一) 服饰

日本的传统服装是和服，是在仿照中国隋唐服装和吴服的基础上，按照日本人的传统习惯和审美观改造而成的，在日本也被称为"吴服"和"唐衣"。它是用一块整布通过直线剪裁和缝制而成，其特点是：宽袍大袖阔腰带，背后扎个"小枕头"，布裤、木屐、草鞋相配套。和服的种类很多，一般分为婚礼和服、成人式和服和礼服等，婚、宴、丧、礼、春、夏、秋、冬各不相同，花纹和质地亦不相同。男女和服差别尤其明显：男式和服的色彩比较单调，偏重黑色，腰带较细，款式较少，附属品简单，穿着方便；女式和服（图2-20）较复杂，色彩缤纷艳丽，腰带很宽，而且种类、款式、附属品多种多样，穿法复杂、讲究。女性穿和服时，最里层是贴身衬裙，其次是贴身汗衫，再其次是长衬衫，最后才是和服，然后系上腰带，再系上"兜包"，下面多赤足或穿布袜，出门时穿木屐或草鞋。和服的花色、款式的不同，还是区别婚姻和年龄的标志。如未婚女性穿宽长袖和服，配红领衬衣，梳"岛田"式发型；已婚女性穿紧短袖和服，配素色衬衣，梳圆形发髻。

总体说来，由于和服价格昂贵，穿着麻烦，一般场合人们很少穿，只有在出席隆重仪式、宴会时才穿。

图2-20　日本和服（女式）

（二）饮食

料理是日本人对饭菜的统称，主要有日本传统的日本料理、从中国传入的中国料理和从欧洲传入的欧洲料理三种。

日本料理的主食是米饭，副食有蔬菜和海产品。传统食物做工精细、清淡可口、味鲜带甜。烹调技法讲究"五色、五味、五法"。"五色"即白、黄、赤、青、黑；"五味"即酸、甜、苦、辣、咸；"五法"即生、煮、烤、烫、蒸。菜式多凉菜和生冷蔬菜，著名的菜式有生鱼片、寿司、天妇罗、鸡素烧等。吃生鱼片时要蘸放了芥末、紫苏叶和萝卜丝等的酱油，以消毒、去腥。

寿司即饭团，是把米饭先用醋和盐调味，然后再拌上或卷上鱼片、青菜或海鲜等食品。天妇罗是日本料理中代表性的食品。做法是把鱼、虾、海鲜、蔬菜裹上面糊和鸡蛋，放在植物油里炸熟，色泽金黄，外酥内软，美味可口。鸡素烧即日式火锅，做法是在平底锅炒锅内放上油，用薄薄的牛肉片和加入的葱段、粉丝、白菜等一起炖制而成。另外，日本人喜欢清淡，爱吃酱汤、酱菜和酸梅，很少吃动物内脏。逢年过节或过生日时增添红豆饭，以示吉利。吃饭时采取分食制。

（三）民居

日本人的住房建筑基本上有两种：一种是西式住宅，另一种是和式住宅（图 2-21）。城市以前者居多，农村以后者居多。和式住宅一般都是木制平房、瓦片屋顶，用隔扇和拉窗隔开房间。根据传统习惯，人们进入屋内必须脱鞋，房间里垫得高高的"榻榻米"，不用床和椅子，人们直接或垫上坐垫坐在"榻榻米"上，地板或"榻榻米"起到床的作用，作为起居之用。白天卧具均收藏在壁橱中。和式住宅适应当地的自然条件，适合于夏季高温、冬季干燥的气候，也具有抗震、防风、防潮的功能。

图 2-21 日本和式住宅

（四）礼貌、礼节

日本是著名的礼仪之邦，见面多行鞠躬礼。鞠躬礼分立礼和跪坐礼两种。立礼即站立鞠躬礼，根据礼节轻重程度的不同，分最敬礼（手掌垂至膝下，多用于拜神或对长辈行礼）、敬礼（指尖垂至膝盖，多用于对长辈或尊者行礼）和普通礼（指尖在膝盖上方即可）。跪坐礼即跪坐时的鞠躬礼，以正坐的姿势上身弯下，两手放在前面，然后低头，也分最敬礼（头距地板的高度为1～2厘米）、敬礼（头距地板的高度为15～20厘米）、普通礼（头距地板的高度为25～30厘米）。

日本人行礼致意一般是互不接触身体的，传统上也没有握手的习惯，但在和外国人、竞选人和选民以及明星和影迷等特殊场合例外。

（五）禁忌

日本人忌绿色和紫色，认为绿色为不祥的颜色，紫色是悲伤的色调；还忌讳荷花，因其是用于祭奠的丧花。

数字方面最忌讳"4""6""9"，因为日语中"4"与"死"同音，"6"的发音为"劳苦"，而"9"与"苦"同音；还忌"14""24""19""13""42"等数字，在喜庆场合、剧场、影院、医院、饭店等场所，一般不使用这些"不吉利"的数字。

日本人讨厌金银眼的猫，认为看到这种眼睛的人要倒霉。商人还忌讳"2月""8月"，因为这是营业淡季。送礼时忌送梳子和手绢，因梳子发音与"死苦"相同，而手绢会让人联想到擦眼泪，意味着分离。此外，日本人在筷子使用方面非常讲究，忌舔筷、迷筷、移筷、扭筷、插筷、掏筷、跨筷、剔筷，称"筷子八忌"。

（六）节日

日本各地每年还要举行具有乡土气息的传统祭典活动，最著名的有东京的神田祭（5月10-15日举行，两年一次）、大阪的天神祭（7月24-25日举行）和京都的祇园祭（7月1-31日举行）。

六、旅游业概况

（一）旅游业现状

日本早期的旅游活动以参神拜佛为主，具有浓厚的宗教色彩。到20世纪70年代，日本旅游业迅速发展，已成为世界著名的旅游大国。到80年代，日本已成为世界重要的客源地之一。日本游客潮水般地涌出国门，飞往各旅游目的地。日本游客出国旅游前往最多的国家是美国，其次是中国、韩国、中国香港和中国台湾。

（二）著名旅游城市和景点

日本山水幽胜，风光旖旎，火山温泉众多，自然景观丰富多彩，还有许多古都、遗迹、寺院、神社、日本式庭园以及充满神秘宗教色彩的各种祭祀活动。这一切都使外国游客心驰神往。

1. 东京

东京是日本的首都，全国的政治、经济、文化和交通中心，位于本州岛东南部，包括关东地区南都和伊豆、小笠原诸岛，面积约 2155 平方千米。500 多年前，东京还是一个人口稀少的小渔镇，当时叫作"江户"，因 15 世纪一个名叫"江户氏"的豪族在此建城而得名，此后，这里便成了日本关东地区的商业中心。1868 年明治天皇迁都至此，改名为东京。

日本的旅游一向以东京为起点，这里旅游景观极为丰富，有明治神宫、浅草神社等诸多神社，不时举行各种祭扫活动，其中神田祭为日本三大祭礼之一；高 333 米的东京塔是仿法国著名的埃菲尔铁塔而建，与樱花、富士山同为日本的象征；东京的迪士尼乐园既是日本最大的游乐场，也是亚洲第一座迪士尼风格的游乐园；繁华的银座大街，名牌店铺鳞次栉比，高档商品琳琅满目，假日禁止车辆通行，以方便公众购物或散步，被称为"步行者天国"；上野公园是东京著名的赏樱胜地，樱花盛开季节，每天有几十万人前来赏花。夜幕下的东京灯火辉煌，为日本三大夜景之一。东京还是日本国际、国内交通的中心。东京站汇集着东海道新干线等许多铁路线，新东京国际机场是日本最大机场；从东京海港可乘船到北海道、九州等地。

东京塔（图 2-22），日本最高的独立铁塔，建成于 1958 年，塔高 333 米，是一座电视及广播电台的发射台。铁塔由 4 脚支撑，为棱锥体，塔身相间橙黄色和乳白色，鲜艳夺目。在 100 米和 250 米的地方，各有一个展台，全市景观尽收眼底。铁塔大楼一层为休息厅，二层是商场，三层是蜡像馆，四层是近代科学馆和电视摄影棚，五层是发射台。

图 2-22 日本东京塔

银座（图 2-23），东京最繁华的商业区，有"东京的心脏"之称。银座大道为步行商业街，全长 1500 米，这里集中了全国最著名的百货公司和高级专卖店，专门销售高级商品。银座大道后街有很多饭店、小吃店、酒吧、夜总会、茶座，游客可以坐在街心饮茶谈天。入夜后，路边大厦上的霓虹灯变幻无穷，构成迷人的银座夜景。

图 2-23 东京银座

日本皇宫，天皇的起居地，位于东京市中心千代田区，是天正十八年（1590 年）由德川幕府第一代将军德川家康修筑，占地 2.3 万平方米。自 1869 年由京都迁都东京以来，已历 5 代天皇。皇宫一般不对外开放，但其周围的大片绿地是市民的免费公园。其中正殿是整个宫殿的中心，皇室的主要活动和外交礼仪都在正殿"松之阁"举行，长和殿是天皇接受群众朝贺的地方，丰明殿内有大宴会场，常御殿为天皇内宫。

浅草寺，东京最古老、最为民众所敬重的寺庙，日本现存的具有"江户风格"的民众游乐之地。位于东京台东区，创建于公元 628 年。寺院的大门叫"雷门"，门内有长约140 米的石铺参拜神道通向供着观音像的正殿。寺西南角有一座五重塔，仅次于京都东寺的五重塔，为日本第二高塔。寺东北有浅草神社，造型典雅，雕刻精美。

2. 京都

京都位于本州岛中西部，为日本三大古都之一，也是日本的宗教、文化中心和著名旅游城市。794—1868 年，京都取代奈良，成为日本的首都，历时千年，故有"千年古都"之称。京都古称"平安京"，历史上乃仿照中国唐代的洛阳城和长安城而建，故又简称为"洛"，是日本文化艺术的摇篮，文物古迹众多，仅寺院和神社就有 1877 座，重要文物有1646 件，其中被定为"国宝"的有 211 件。游览京都的寺院，是许多日本人一生的梦想，著名的古迹有清水寺、三十三间堂、金阁寺、银阁寺、平安神宫、二条城、桂离宫、天龙寺、龙安寺、平等院凤凰堂等。京都每年要举行各种名目的祭典活动，著名的有"京都三祭"（葵祭、时代祭和祇园祭）；京都西北的岚山（图 2-24）以樱花和红叶闻名于世。有"京都第一名胜"之称。此外，京都的丝织、锦缎、漆器、陶瓷、纸扇、娃娃等手工艺在此世代相传。京都在日本还享有"学都"美称，有 20 多所高等院校，其中最著名的是京都大学（原名"京都帝国大学"）。

图 2-24 京都岚山

3. 奈良

奈良位于本州岛中西部，为日本三大古都之一，历史上曾是"大和国"之所在。710—794 年，共有 7 代天皇在此建都，因仿中国唐朝长安城修筑，故有"小长安"之称，1898 年设市。奈良还是中日文化交流名城，历史上曾十多次派遣隋使、遣唐使来中国，学习中国的文化艺术。1950 年奈良被定为国际文化城市，这里名胜古迹极多，寺塔楼阁随处可见，有"社寺之都"之称，著名的有东大寺（图 2-25）、唐招提寺、兴福寺、元兴寺、法隆寺等众多寺院。

图 2-25 奈良东大寺

4. 大阪

大阪古称"浪速""难波"，是日本的第二大都市，濒临本州岛西南部的大阪湾，因运河联网，故称"水都"，1889 年设市后工业迅速发展，工业生产规模仅次于东京，是日本西部的商业及商业工业中心。大阪城公园、万国博览会纪念公园、四天王寺（593 年

建）等是旅游者常去之处，有国立大阪大学等多所高等学校，比较著名的景点有天守阁和心斋桥购物区等。（图 2-26）

图 2-26   日本大阪城公园

5. 北海道

北海道是日本最北的一个岛，是世界著名旅游地，以自然之美著称。札幌是北海道的首府，号称"北国之都"，最诱人的是每年冬季三天的"雪祭"，在公园和广场上塑造各式各样的冰雕和雪像，灯烛映照，光怪陆离。洞爷湖为日本第三大湖，湖畔到处散布温泉、温泉旅馆、饭店，鳞次栉比，还有展示火山喷火时的资料的设施，游客可以体会火山喷发时动人心魄的真实感。登别是日本著名的温泉之乡，温泉泉质多达 11 种，有硫质泉、铁质泉等。登别有世界最大规模的熊牧场，还有重现江户时代武士街道的主题公园。富良野地处北海道地理中心，每年 7—8 月期间，满山遍野盛开的薰衣草充满着紫色梦幻魅力，美丽而壮观，这里不仅是著名的观光胜地，也是拍摄日本影视剧的重要取景地。（图 2-27）

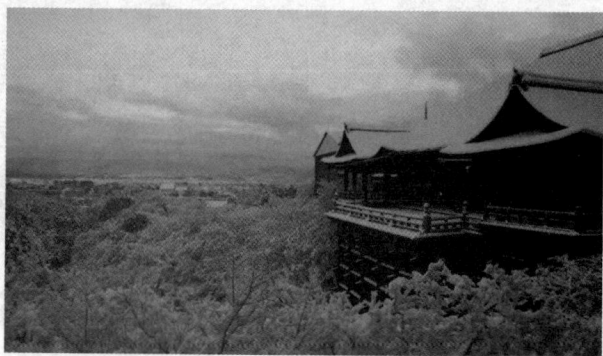

图 2-27   日本北海道

6. 日本的三大名园

借乐园，亦称常盘公园，位于茨城县水户市，是日本历史上最早的人工公园，天保十三年（1842 年）由水户藩第九代藩主德川齐昭营造的回廊式庭园，取"与民同乐"之义。其位于地势较高的地区，可以眺望到美丽的森林和千波湖，又以园中的梅花而著名。

兼六园，位于石川县金泽市，原名莲池亭，1822 年建成，被日本政府指定为特别名胜。因园内具备中国宋代李格非《洛阳名园记》中所说的"宏大、幽造、人工、苍古、水泉、眺望"六胜，故而得名。其占地面积 11 万平方米，设置了池塘、喷泉、瀑布、溪流等景观，种植了松、枫、梅、樱等树木，园内美术馆藏有野村仁清的色彩画《雉香炉》，为日本国宝。

后乐园，位于冈山县，面积 11 万平方米，由冈山的藩主池田纲正始建于 1700 年，1871 年根据范仲淹名句"先天下之忧而忧，后天下之乐而乐"，改称"后乐园"，集各朝各地园林、风景之所长，是典型的大名庭园。

7. 日本三景

"日本三景"是指日本三个著名的观光景点，即宫城县宫城郡松岛町的松岛、京都府宫津市的天桥立（图 2-28）、广岛县甘日市的严岛（又称"官岛"）。这三处景点早在德川时代便已闻名全国，此后逐渐成为日本景色的象征。位于宫城县的松岛由 260 多个大小岛屿组成，星罗棋布地散落在松岛湾的海岸上，岛上松树林立，海浪拍打，松树摇曳，松涛阵阵，故名"松岛"，以碧海、白浪、青松而闻名。待月亮升到天空的正上方时，大海则开始变成银色世界，与岛屿和松树阴影构成一幅美丽图画。岛上有被誉为国宝的瑞严寺，原名"青龙山延福寺"，为日本东北著名古刹。天桥立位于宫津湾与阿苏海之间，是因潮流和风力作用堆积的一条细长沙滩，从宫津湾两岸的江尻到对岸的文殊，像一座造型优美的天然桥，桥的两边是沿湾的长堤，长 3600 米，堤上由 6300 棵百年古松组成苍翠茂密的松林。在伞松公园，站在石凳上倒看天桥立的沙堤倒影时，发觉该沙堤如一座桥从海伸到天，松树、小舟犹如自天而降，形成一幅天海相连的美丽奇景，这既是"天桥立"命名的由来，也是它吸引万千游人的主要原因。

图 2-28　天桥立

位于广岛湾的严岛完全被原始森林所覆盖，是在日本唯一运用潮水的涨潮退潮原理来设计的海上木造建筑物，在世界上也是罕见的。严岛是日本濑户内海广岛湾西南部的岛屿，邻近广岛市，俗称"宫岛"。游览严岛的重点在欣赏矗立于海中的大型鸟居（日式牌楼）及荡漾在水面上的严岛神社红色倒影。退潮时露出一片片沙滩，人们可以步行到牌楼前面，观览刻在柱子上的铭文；涨潮时整个社殿好像漂浮在海中，与背后的青山相映，分外妖娆。鸟居及严岛神社已被列入世界遗产。

第三节　马来西亚

一、地理概况

(一) 自然地理

马来西亚位于东南亚的核心地带，地处太平洋与印度洋之间，北与泰国接壤，南与新加坡、印度尼西亚相邻，北端与菲律宾一水之隔，位于欧洲、亚洲、大洋洲、非洲四大洲海上交通的交汇处。

马来西亚国土面积约 32.98 万平方千米，全境被中国南海分成东马来西亚和西马来西亚两部分，海岸线绵长，达 4192 千米。西马来西亚为马来亚地区，面积 13 万多平方千米，位于马来半岛南部，西濒马六甲海峡；东马来西亚为沙捞越地区和沙巴地区的合称，面积约 19 万平方千米，位于加里曼丹岛北部，文莱位于沙捞越州和沙巴州之间的沿海地带。

马来西亚地形复杂，多山地丘陵，自然资源丰富。西马地势北高南低，中部是山，向东西两侧逐渐降低，只有沿海为平原。东马的沙捞越地区地势由东南向西北倾斜，沙巴地区地势由中部向东西两侧递降，克罗山的主峰基纳巴卢山海拔 4101 米，是东南亚最高峰。沙捞越和沙巴是马来西亚热带原始雨林集中的地方，特别是沙捞越森林覆盖面积达 90% 以上，是极佳的旅游胜地。

马来西亚地处低纬度地区，全境深受海洋影响，以热带雨林气候为主，终年高温多雨，大部分地区年降水量为 2000~2500 毫米，相对湿度大。内地山区年均气温 22℃~28℃，沿海平原为 25℃~30℃。年温差小，日温差较大，白天炎热，夜晚凉爽怡人，但几乎每天午后有雨，雨后天气转凉，故有"四季是夏，一雨成秋"之说。

(二) 人文地理

1. 人口与民族

马来西亚人口约 3265 万人，（2022 年，联合国统计司，http：//data.un.org），其中大部分分布在西马。马来西亚是一个多民族的国家，有 30 多个民族，主要有马来人、华人、印度人、欧亚混血人、泰人和部分土著居民，其中马来人人数最多，约占 61%，华人约占 24%，印度人约占 7%。

2. 语言与宗教

马来语为国语和官方语言，英语为通用语言和函电语言，华语使用较广泛，其他还有泰米尔语和一些部族语言。

马来西亚的国教为伊斯兰教，80% 的马来人信奉伊斯兰教，华人多信奉佛教（也有部分华人信奉基督教），欧亚混血人多信奉基督教，印度人信奉印度教。

3. 马来西亚的国旗、国徽、国花、国鸟

国旗：呈横长方形，长宽之比为 2∶1，由 14 道红白相间、宽度相等的横条和左上方深蓝色旗底上一轮黄色的新月、14 角星图案组成。14 道红白横条和 1 角星象征马来西亚的 13 个州和政府；蓝色象征人民的团结及与英联邦的关系；新月和星星代表马来西亚国教为伊斯兰教。

国徽：中间为盾形徽，盾徽上面绘有一弯黄色新月和一颗 14 个尖角的黄色星，盾面上的图案和颜色象征马来西亚的组成及其行政区划。盾面下部中间的图案为马来西亚的国花，盾徽两侧各站着一头红舌马来虎，两虎后肢踩着金色饰带，饰带上书写着格言“团结就是力量”。

国歌：《我的祖国》。

国花：扶桑，又名朱槿、佛槿、大红花等，属锦葵科木槿属，当地人称“班加拉亚”，用这种红彤彤的花朵来比喻热爱祖国的烈火般的激情。（图 2-29）

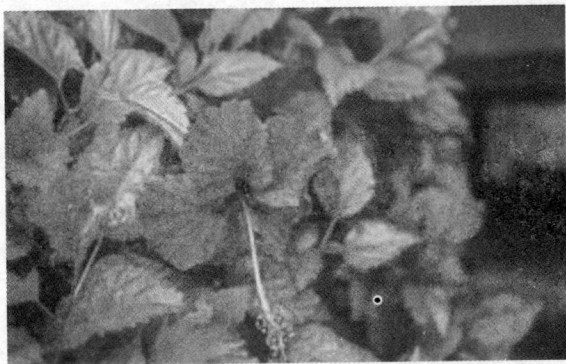

图 2-29　马来西亚国花

国鸟：犀鸟，是一种奇特而珍贵的大型鸟类，体长在 70~120 厘米，最古怪的是在它的头上长有一个钢盔状的突起，叫作盔突，就好像犀牛角一样，故而得名“犀鸟”。（图 2-30）

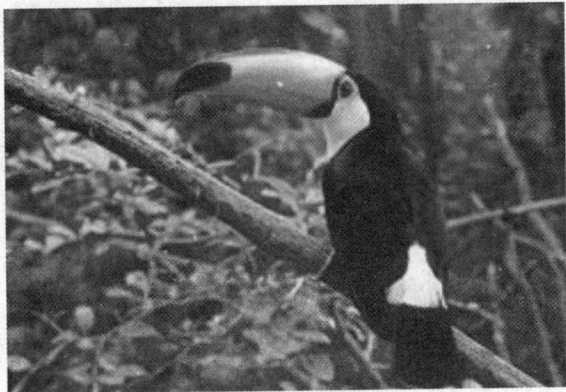

图 2-30　马来西亚国鸟

二、简史

“马来西亚”原是一地理名词，是马来半岛的代称。大约在万年前，这里就有人类活动，最早的居民为原始马来人，大约公元前 2000 年，马来半岛又来了一批“混血马来人"。1 世纪时，马来半岛南部出现了狼牙修、羯荼等古国，一直处于分散割据的局面。直到 15 世纪初，马来西亚的第一个封建王国马六甲王国出现，统一了马来半岛南部各邦，并发展成为东南亚最强大的国家和东南亚地区国际贸易的中心，印度和阿拉伯的穆斯林将伊斯兰教传入马来半岛。16 世纪起，葡萄牙、荷兰和英国等西方列强先后入侵马来西亚，1511 年沦为葡萄牙殖民地，1641 年被荷兰殖民者占领，1786 年英国人开始统治。1826 年英国将槟榔屿、马六甲、新加坡三个地区合并为"海峡殖民地"，属东印度公司总督管辖。第二次世界大战期间，被日本占领，日本投降后，英国恢复统治，并成立马来亚联合邦政府。1957 年 8 月 31 日，马来亚联合邦独立；1963 年 9 月，马来亚联合邦同新加坡、沙捞越、沙巴合并成马来西亚；1965 年 8 月，新加坡退出，成为一个独立的主权国家。

三、政治、经济

(一) 政治

马来西亚是君主立宪制国家，最高权力机关是统治者会议，对国家宪法和全国性的伊斯兰教问题有最后的决定权，每五年选举一次国家元首。国家元首是国家首脑、伊斯兰教领袖兼武装部队统帅，拥有最高行政、立法和司法权，有任命总理、拒绝或同意解散国会等权力。但国家实权掌握在内阁即联邦政府手中，由国会中占多数的政党组成，是制定和执行国家政策的最高行政机构；国会是最高立法机构，实行两院制。

马来西亚行政区划有州、直辖区和县。目前，全国分为 13 个行政州，包括西马的柔佛、吉打、吉兰丹、马六甲、森美兰、彭亨、槟榔屿、霹雳、玻璃市、雪兰莪、丁加奴以及东马的沙巴、沙捞越；另加 3 个联邦直辖区，分别是首都吉隆坡、纳闽和普特拉贾亚(联邦政府行政中心)。

(二) 经济

20 世纪 70 年代以前，马来西亚经济以农业为主，依赖初级产品出口。70 年代后政府不断调整产业结构，推行以发展工业为主、面向出口的经济发展方针，积极引进外国资本和先进技术，制造业、建筑业和服务业发展迅速，特别是 1987 年后经济持续高速发展，年均增长率保持在 8% 以上，使马来西亚成为亚洲引人注目的新兴工业国之一。目前，马来西亚是世界上最大的磁盘驱动器生产国；普腾汽车在国内外的销量也与日俱增；钢铁等重工业仍然是其经济支柱之一；胶乳和橡胶工业都是其经济强项。

四、文化

(一) 教育

马来西亚是个多民族国家。马来人、华人、印度人等民族都有自己独特的文化。政府努力塑造以马来文化为基础的国家文化，推行国民教育政策。政府重视教育，实施小学免费教育，小学适龄儿童入学率达 98% 以上。全国有马来亚大学、国民大学等高等院校，私立高等院校发展很快。根据马来西亚新颁布的《教育法》修正案的规定，大学从 1996 年

1 月起开始实施企业化．并允许创办私立大学和外国教育机构在马来西亚设立分校。

（二）科学技术

马来西亚从 20 世纪 80 年代中期开始大规模发展技术密集型产业，到 80 年代末期，电子工业已初具规模，半导体出口仅次于美国和日本，同时还加速发展电脑、航天业、汽车工业和生物工程等产业。1996 年 1 月 13 日，马来西亚成功发射了第一颗通信卫星，使其成为世界上又一个在太空拥有自己卫星的国家。此外，马来西亚还加大航空工业投资，实施本国信息高速公路和超级多媒体走廊。为进一步发展高科技，政府决定投资创办科技学府和多媒体大学，以培养马来西亚所需的高科技人才。

（三）文学艺术

1. 文学

马来西亚有悠久的历史、文化，其文学在世界文坛中也有一定的影响。公元初期，马来西亚就流传着许多人民群众喜爱的口头文学，如《会张会合的石头》《吸血人妖》等故事。15 世纪伊斯兰教传入马来西亚后，给马来西亚文化以很大影响，出现了《先知穆罕默德传》《亚历山大无面化》等带有伊斯兰教色彩的重要作品。19 世纪，以阿卜杜拉·蒙希为鼻祖的马来西亚新文学诞生，代表作有《阿卜杜拉传》《新加坡大火之诗》《加里拉和达美娜的故事》等。19 世纪末，华侨曾锦文把《三国演义》《水浒传》《西游记》等十多部中国古典小说译成马来文，在马来西亚广为流传。当代最著名作家萨农·艾哈迈德从 1971 年连续 5 年获得国家文学斗士奖，其代表作《满途荆棘》已被译成英、俄、荷兰、丹麦文等多国文字。

2. 风筝

马来西亚的风筝有悠久的历史。早在马六甲王朝时，就已经有放风筝的习俗。马来西亚风筝造型奇特，巧夺天工，令人爱不释手。有的游客买来作为室内装饰物可谓别具一格。马来西亚航空的标志，也是采用风筝图案。在正式的官方场合。马来姑娘常常手执图形优美的月亮风筝欢迎贵宾（图 2-31）。

图 2-31 马来西亚风筝

3. 藤球

踢藤球是马来西亚人传统的体育项目，也是最受欢迎的运动。藤球（图2-32）是用9~11根细藤条编织而成的黄色空心圆球，周长53厘米，直径约12厘米，重量为160~180克，球面上有12个五边形孔。藤球是一种介于排球、篮球、足球之间的运动，两队隔网竞赛，每支球队上场2~3人，观赏性、竞技性很强。藤球的体积小、重量轻，要用脚去支配和控制，但技术动作比足球更加精确、高难，要运用自己的脚腕、膝关节等同时夹、顶球，不让球落地。藤球和排球比赛有些类似，所不同的是以脚代手，所以又叫"脚踢的排球"。

图2-32 马来西亚藤球

4. 戏剧

马来西亚古老戏剧的源头可以追溯到古代马来人的原始宗教仪式。14世纪，马来地区开始流传皮影戏剧。作为综合艺术的马来戏剧产生于19世纪80年代。由于保守势力的阻挠，马来戏剧发展缓慢。自20世纪50年代以来，马来戏剧取得了长足的发展。其主要经历了邦沙万剧、初期话剧、现实主义戏剧和当代剧四个发展阶段。邦沙万剧原是由波斯辗转传入的伊斯兰教祭祀舞剧，后逐渐以本地社会现实为基础，反映社会上层人物生活为主。第二次世界大战结束后，民族解放运动蓬勃兴起，初期话剧脱颖而出。20世纪60年代以后，话剧在形式上注重台词的口语化，舞台装置追求生活真实感，被称为现实主义戏剧。进入70年代，某些剧作家搬用西方荒诞派戏剧的表现手法，以人道主义为指导思想，刻意创造荒诞奇特的舞台形象，被称为当代剧。

五、民俗风情

（一）服饰

马来男子的传统礼服是上穿"巴汝"，下着西式长裤，腰围短纱笼，头戴"宋谷"无边帽，脚穿皮鞋。纱笼是由一块布缝合两端而成，不用时，扎起一头就成为布袋，装盛杂物很方便。"巴汝"没有衣领，袖子肥大，胸围宽敞，适合在热带气候条件下穿着。女士礼服也为上衣和纱笼，衣宽如袍，纱笼手工编织各式金黄色艳丽图案，头披单色鲜艳纱巾。宽大的马来服装给工作带来不便，因此上班期间往往都穿轻便西装。马来人的衣着要求是在公共场合不论男女均不得露出胳膊和腿部。有些马来西亚人爱佩戴短剑，他们把剑视为力量、智慧和勇敢的象征。（图2-33）

图2-33 马来西亚服饰

（二）饮食

马来西亚民族众多，美食极为多样。马来人多信伊斯兰教，以大米为主食，肉食主要是牛肉，不吃猪肉、死物或动物血液，爱吃带辣椒的菜，尤其是咖喱牛肉风行全国。马来人禁酒，常饮咖啡、红茶，也爱嚼槟榔、饮椰浆。羊肉串、烤鸡是著名的风味菜肴，当地称为"沙爹"，是宴请客人必不可少的食品。在马来餐厅用餐，若看到餐桌上有一个大大的水壶时，别误以为是装着饮用水的茶壶，里面的水是用来洗手的。一般马来人用餐习惯用右手抓取，用拇指将饭填入口中，所以餐前及餐后洗手是马来人餐桌上的礼节，用左手取食或餐前不洗手将被视为严重失礼。只有在西式的宴会上或在高级餐馆，才使用刀叉和匙。进餐时，人们不坐椅子，男子盘坐于地，女子屈腿而坐。吃饭时，客人要细心观察主人的动作，依照主人的样子做，避免做出主人忌讳的动作。华人的菜肴则以"色、香、味"出众，多为广东、福建口味。

（三）民居

马来人多居住在城郊和乡村，传统房子是一种叫"浮脚楼"的单层建筑。这种民居多半是就地取材而建成，建筑材料是木头或石头，窗门都是木制的，屋顶是晒干了的椰树叶、木板或者石棉瓦。房屋高架起，地板离地数尺，可以保持房间凉爽干燥。门口放一张一两米高固定的梯子，来客必须先脱鞋，避免泥沙带入，然后爬梯而上，这是典型的马来西亚民居。在热带炎炎似火烧的烈日之下，只要步入马来人的住家，马上就有清凉温馨、流连忘返的感觉（图2-34）。如今在大都市的民居已经全部现代化，则是另一番气象。

图2-34 马来西亚民居

（四）礼貌、礼节

马来人在生活中非常重视礼节。传统的马来人见面礼十分独特，他们互相摩擦下对方手心，然后双掌合十，摸一下心窝互致问候。男子的抚胸鞠躬礼和女子的屈膝鞠躬礼也是常用的一种见面礼。现在西式的握手问好在马来西亚是最普遍的见面礼，对不熟悉的女士不可随便伸手要求握手。到马来人家做客，应准时赴约，主人通常用点心、菜、咖啡等招待客人，客人必须吃一点、喝一点，否则被视为对主人不敬。如果主人安排坐在地板上的垫子上，男性应盘腿而坐，女性则应把腿偏向左边而坐。

（五）禁忌

马来人认为左手是不洁的，同马来人握手，打招呼，传递东西或馈赠礼品，忌用左手。忌讳摸头。马来人认为摸头是对人的一种侵犯和侮辱，除了教师和宗教人士之外，任何人不可随意触摸马来人的背部，否则将意味着厄运来临。不可用食指指人，若要指示方向，可以用拇指。不要把脚底展露在他人面前，用脚底对着人是对别人的侮辱。在马来西亚，公开表示亲热是不受欢迎的，要避免接触异性。在和马来人交谈时，不要把双手贴在臀部上，因为这表示发怒。马来人忌讳乌龟，认为乌龟是一种不吉祥的动物。马来西亚有很多寺庙，除了中国庙宇和外国教堂，其他的寺庙都有一个规定：在进入寺庙之前，必须脱掉鞋子，赤脚走进寺庙，进入清真寺的女性必须身穿长袍，头披纱巾。

（六）节日

马来西亚的节日很多，全国大大小小的节日约有上百个，但政府规定的全国性节日一般是 10 个。其中除少数有固定日期外，其余节日的具体日期由政府在前一年统一公布。主要节日有元旦（1 月 1 日）、春节（农历正月初一）、劳动节（5 月 1 日）、卫塞节（5 月的月圆日）、国庆节（8 月 31 日）、开斋节（伊斯兰教历十月初）、哈芝节（伊斯兰教历十二月十日）、屠妖节（印历八月见不到月亮后的第 15 天）、圣诞节（12 月 25 日）、现任最高元首诞辰日等。

六、旅游业概况

（一）旅游业现状

马来西亚非常重视发展旅游业，特别是入境旅游市场。目前旅游业已成为马来西亚第三大经济支柱和第二大外汇收入来源，在国民经济中占有重要地位。随着马来西亚经济的不断发展，出国旅游也有较快发展。进入 20 世纪 80 年代，马来西亚成为世界上第 20 个主要客源国，中短程旅游能力较强，每年出国旅游人数约 300 万，旅游目的地主要是东盟国家，占一半以上，其次是美国和东欧国家。

（二）著名旅游城市和景点

马来西亚旅游资源丰富，终年阳光充足，气候宜人，郁郁葱葱的热带雨林和植被覆盖大地，千姿百态的海岛、洞穴、珊瑚和岩礁星罗棋布，海滨风景优美，奇花异草四处争艳，珍禽异兽时有所见，再加上古老的历史文化遗迹、现代的都市风光和浪漫的传说，使马来西亚成为一个具有独特热带自然生态风情的旅游目的地，每年吸引着许多来自世界各地的游人。

1. 吉隆坡

吉隆坡是马来西亚首都，位于西马来西亚的中西部赤道地带，是马来西亚的政治、经济和交通中心，全国最大的城市。面积约 244 平方千米，其中华人约占 55%。吉隆坡在马来语的意思是"泥泞的河口"，1857 年建立于鹅麦河与巴生河的交汇处，当时大量华侨来此开采锡矿，后逐步发展成城市，1963 年成为马来西亚联邦的首都。市内风景秀丽，城市街道整齐，典型的穆斯林建筑和中国式建筑交相辉映，既有现代大都会的气派，也有古旧的风味。铜顶建筑物和现代的摩天大厦并肩而立，相互争辉，狭窄的街道上古雅商店鳞次栉比，别有东方城市特有的情趣。吉隆坡曾经有"世界锡都、胶都"之美誉，旅游点众多。国家清真寺造型优美，大尖塔耸入天空，是最具代表性的伊斯兰教建筑；国家石油公司双塔大楼是目前世界最高建筑之一；印度佛教古庙、东西文化交融的国家纪念碑、吉隆坡塔、国家博物馆、国家美术馆、独立广场、议会大厦、高等法院、国家英雄纪念碑、国家体育馆、火车站也是著名建筑。美丽的热带风光和众多风景名胜使该城成为受欢迎的旅游胜地。(图 2-35)

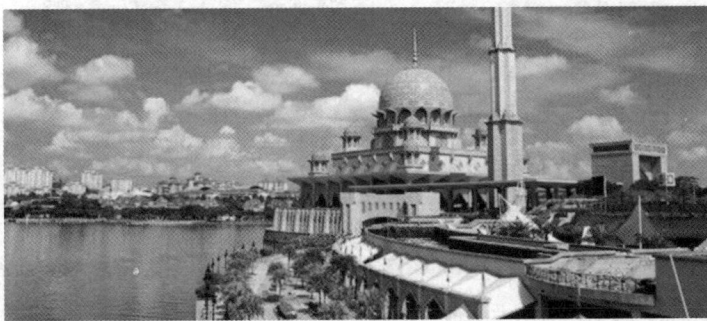

图 2-35 马来西亚吉隆坡

国家王宫（图 2-36），马来西亚最高元首的居所。其内青草遍地，鲜花满园，许多宫室应酬、宴会和庆典活动也在此举行。每天游客都可到此观看王宫守卫的换班仪式。每隔 5 年，国家王宫就会更换一次主人，所以每 5 年国家元首诞辰日也会变更，届时国家王宫将会热闹纷呈，还会有各种庆祝活动。

图 2-36 国家王宫

国家石油公司双塔大楼（图 2-37），曾经是世界最高的摩天大楼，直到 2003 年 10 月 17 日被台北 101 大楼超越，但仍是目前世界上最高的双塔楼，也是吉隆坡的标志性城市景观之一，是马来西亚经济蓬勃发展的象征。双塔高 452 米，地上共 88 层，它是两个独立的塔楼并由裙房相连。吉隆坡双塔是马来西亚石油公司的综合办公大楼，也是游客从云端俯视吉隆坡的好地方。双塔的设计风格体现了吉隆坡这座城市年轻、中庸、现代化的城市个性，突出了标志性景观设计的独特性理念。

图 2-37　双塔大楼

国家清真寺，位于吉隆坡市的中心地区，是东南亚地区最大的清真寺，是伊斯兰建筑艺术的杰出代表。该寺由马来西亚首任总理拉赫曼于 1957 年倡议修建，并于 1965 年全部竣工。该寺占地面积 5.5 公顷，主要建筑有祈祷大厅、大尖塔、陵墓和教堂办公大楼等。国家清真寺的建筑造型非常优美，气势恢宏。它既是马来西亚举行国家宗教仪式的重要场所，也是著名的风景胜地，来此朝圣的国内外游客众多。

2. 槟榔屿

槟榔屿是马来西亚西北部一个风光明媚的龟形小岛，南北长 24 千米，东西宽 15 千米，面积 285 平方千米，因盛产槟榔而得名，是马来西亚 13 个联邦州之一。它扼守马六甲海峡北口东岸，与马来半岛隔一条 3 千米宽的海峡相望，地理位置十分重要。槟榔屿充满多姿多彩的宗教和文化特色，州立博物馆、艺术馆、佛教寺庙和清真寺遍布全岛，如中国式的极乐寺、缅甸式的卧佛寺、印度式的玛利安曼庙等，使之有"宗教建筑博物馆"之称，反映了自 18 世纪以来诸多民族共同开发这个美丽岛屿的灿烂历史。全岛绿意盎然，植被苍翠，森林覆盖率达 30%，素有"东方花园"的美誉。槟榔屿的首府槟城，又称"乔治亚市"或"乔治市"（因英王乔治三世而得名），位于槟榔屿的东北端，始建于 1786 年，是马来西亚最大的国际自由商港和全国第二大城市，也是马来西亚的工业中心（图 2-38）。

3. 马六甲

马六甲是马来西亚历史最悠久的古城，马六甲州的首府，位于吉隆坡以南 150 千米，马六甲海峡北岸，与苏门答腊岛遥望相对，马六甲河穿城而过。马六甲建于 1403 年，曾

图 2-38　槟城

是马六甲王国的都城，以传统建筑最具特色，汇集包括中国在内的多国风格的文化遗产。中国明代航海家郑和下西洋，曾以马六甲为大本营，建立城墙和鼓楼，建设仓库储存钱粮百货。至今马六甲还保存有不少郑和遗迹，如三保山为郑和船队在马六甲扎营的地点，是马来西亚保留中国史迹最完整、最丰富的地方，在山脚有供奉郑和的三保庙及一口相传郑和下令挖掘的三保井。华人领袖郑芳扬于 1567 年建造的青云亭，是马来西亚最早的庙宇。葡萄牙式古迹有圣地亚哥古城堡和圣保罗教堂等；荷兰式建筑有史达特斯教堂、荷兰红屋等。荷兰红屋是荷兰殖民地时期所遗留至今的红色建筑物，在大约 1650 年由荷兰人所建立，300 多年来，它一直是政府机关所在地，直至 1980 年才改为马六甲博物馆。馆内藏有马六甲、葡萄牙、荷兰和英国的历史文物。荷兰红屋在 18 世纪前本是白色，在 1820 年才被换成红色并延续至今。（图 2-39）

图 2-39　马六甲

4. 沙巴

沙巴位于世界第三大岛加里曼丹岛（也译作婆罗洲岛）的北上端，马来西亚最东端，西临中国南海，处于台风地带之下，不受任何气候剧变的干扰，故有"风下之乡"的美誉。沙巴气候宜人，蓝天白云，地理环境得天独厚，有绵延的海岸线、各具特色的岛屿、绵软细腻的沙滩、极为特殊的珊瑚等海洋生物；有世界上第二大的原始热带雨林、诸多的红树林，还有世界罕见的珍禽昆虫、奇花异草、名贵药材；有高耸入云的神山；不仅是旅游胜地，还是自然爱好者、动植物学家、登山潜水爱好者的天堂，更是喜爱亲近大自然人士的好去处（图2-40）。

图2-40　沙巴

5. 莫鲁山国家公园

莫鲁山国家公园位于沙捞越州北部，靠近文莱边境，面积约5.3万平方米，是世界上最复杂的热带喀斯特地区，于1985年对公众开放。公园地处婆罗洲倾斜地带，地形复杂多变，包含了所有主要的岩石类型，拥有世界上最大的地下溶洞群。这里生物物种丰富多样，有17个植物带、3500多种植物，特别是棕榈植物极为丰富，有20多个属类的109种植物。莫鲁山国家公园举世无双的热带岩洞、独特的喀斯特现象和几乎没有遭到破坏的生态系统，使其具有很高的研究价值。（图2-41）

图2-41　莫鲁山国家公园

第四节　新加坡

一、地理概况

（一）自然地理

"新加坡"是梵语"狮城"之谐音，由于当地居民受印度文化影响较深，喜欢用梵语作为地名，而狮子具有勇猛、雄健的特征，遂有"狮城"之称。

新加坡共和国位于马来半岛南端，是一个一面临海、三面由海峡环抱的岛的国家，北隔柔佛海峡与马来西亚相邻，南面与印度尼西亚隔新加坡海峡相望，西面是马六甲海峡。新加坡地处马六甲海峡的咽喉地带，扼守太平洋与印度洋、亚洲和大洋洲两大旅游区的通航要道，地理位置十分重要，素有"东方直布罗陀"和"远东十字路口"之称。

新加坡国土面积 719.1 平方千米，由新加坡岛及附近 63 个小岛组成，其中新加坡岛占全国面积的 88% 以上，其余多数岛屿无人居住；地势平坦，起伏不大，平均海拔约 17 米。武吉知马山是新加坡最高点，海拔仅为 164.3 米。

新加坡地处北纬 1.09°~1.29°之间，属热带海洋性气候，常年高温多雨，年平均气温 24℃~27℃。植物繁茂，终年常绿，热带植物种类繁多，花园遍布，绿树成荫，素以整洁和美丽著称。全国耕地无几，人口多居住在城市，被称为"花园城市"。

（二）人文地理

1. 人口与民族

新加坡人口约 560 万（2022 年，联合国统计司，http://data.un.org），其中多数为华人，约占总人口的 74%，马来人占 13.3%，还有一部分印度人和少数民族。人口密度高达每平方千米 7700 多人，是世界上面积最小、人口密度最高的国家之一。

2. 语言与宗教

新加坡国语为马来语，马来语、英语、华语和泰米尔语为官方语言，英语为行政用语。多民族的新加坡宗教信仰也十分复杂，各民族有不同的宗教信仰，世界上的主要宗教在这里都有信徒。华人和斯里兰卡人多信奉佛教或道教，马来人和巴基斯坦人信奉伊斯兰教，印度人信奉印度教，欧洲人信奉基督教。新加坡 85.5% 的居民有宗教信仰，其中佛教占 31.9%，道教占 21.9%，伊斯兰教占 14.9%，基督教占 12.9%，印度教占 3.3%，其他占 0.6%。

3. 新加坡的国旗、国徽、国歌、国花

国旗：由上红下白两个相等的横长方形组成，长宽之比为 3：2。左上角有一弯白色新月和五颗白色五角星。红色代表人类的平等，白色象征纯洁和美德；新月象征新加坡是一个新建立的国家，五颗星代表国家建立民主、和平、进步、正义和平等的思想。新月和五

颗星的组合紧密而有序，象征着新加坡人民的团结和互助的精神。

国徽：由盾徽、狮子、老虎等图案组成。红色的盾面上镶有白色的新月和五角星，其寓意与国旗相同。红盾左侧是一头狮子，这是新加坡"狮城"的象征；右侧是一只老虎，象征新加坡与马来西亚之间历史上的联系。红盾下方为金色的棕榈枝叶，底部的蓝色饰带上用马来文写着"前进吧，新加坡"。

国歌：《前进吧，新加坡》。

国花：以一种名为卓锦·万代兰的胡姬花为国花。东南亚通称兰花为胡姬花。卓锦·万代兰是由卓锦女士培植而成，花朵清丽端庄，生命力很强，象征新加坡人的气质和刻苦耐劳、果敢奋斗的精神。

二、简史

最早居住在新加坡的人种，是马来人的后裔，过着捕鱼或农耕生活。新加坡古称淡马锡（爪哇语"海城"之意），8 世纪建国，是苏门答腊的古帝国——室利佛逝王朝的贸易中心。据马来史籍记载，1150 年左右，室利佛逝王国王子乘船到达此岛，看见一头黑兽，当地人告知为狮子，王子就将这座小岛命名为"新加坡拉"，即狮子城。在马来语中，"新加"是狮子，"坡拉"是城的意思。这便是"新加坡"和"狮子城"名称的来历。15 世纪又建立了马六甲王朝，18 世纪至 19 世纪初新加坡成为马来西亚柔佛王国的附属地区。1824 年沦为英国殖民地，成为英国在远东的转口贸易商埠和在东南亚的主要军事基地。1942 年被日军占领，1945 年日本投降后，英国恢复其殖民统治。1958 年 8 月，英国核准《新加坡自治方案》，1959 年 6 月，新加坡成为自治邦，英国保留国防、外交、修改宪法等权力。1963 年新加坡作为一个州加入马来西亚。1965 年 8 月 9 日脱离马来西亚，成立了新加坡共和国。同年 9 月成为联合国成员国，10 月加入英联邦。

三、政治、经济

（一）政治

新加坡实行议会共和制。总统为国家元首，由全民选举产生，任期 6 年。总统委任议会中多数党的领袖为总理。总统有权否决政府财政预算和公共部门职位任命；可审查政府行使内部安全法令和宗教和谐法令所赋予的权力以及调查贪污案件。总统和议会共同行使立法权。议会称国会，实行一院制，共 84 个议席。议员由公民投票选举产生，任期 5 年，占国会议席多数的政党组建政府，总理为政府首脑，任期 4 年。司法机构设最高法院和总检察厅。

（二）经济

新加坡位于马来半岛南端，毗邻马六甲海峡南口，居于沟通亚洲与大洋洲、欧洲和非洲的交通要道，连接了印度洋与太平洋。这里海上交通发达，运输量巨大，对新加坡经济发展有极大的促进作用，为新加坡带来高额收入。历史上，这里就是世界著名的自由贸易港，以转口贸易、加工出口和航运业为主。新加坡地窄人稠，自然资源贫乏，但地理位置得天独厚。1965 年新加坡完全独立后，针对本国特点，扬长避短，实行"市场开放""港口开放"政策，宣布愿同所有国家进行贸易，实现经济结构多元化，经济发展取得了令世界瞩目的成就。20 世纪 70 年代，新加坡已成为具有以工业为主导的多种经济体系的国家；80 年代，新加坡加紧发展资本密集、高科技的新兴工业；进入 90 年代后，以服务业务为发展中心，加速经济国际化、自由化和高科技化，在保持原有的转口贸易、加工出口、航运等为主的经济特色的同时，大力发展制造业、服务业和旅游业，形成了运输、贸易、机械、旅游业和金融服务为五大支柱的经济结构。现在新加坡已建成一个包括炼油、石油化工、电子电器、船舶修造、服装制造等综合性工业基地，是仅次于休斯敦和鹿特丹的世界第三大炼油中心。在电脑硬盘驱动器生产方面，它几乎占据世界市场的 50%。1997 年受到亚洲金融危机冲击，但并不严重。2001 年受全球经济增长放缓影响，经济出现 2% 的负增长，陷入独立之后最严重衰退。为刺激经济发展，政府提出"打造新的新加坡"，努力向知识经济转型，并成立经济重组委员会，全面检讨经济发展政策，积极与世界主要经济体商签自由贸易协定。根据 2023 年的全球金融中心指数（GFCI）排名报告，新加坡是全球第三大国际金融中心。

新加坡不仅是世界著名转口港、交通中心和"花园城市"，也是世界贸易中心、金融中心，成为东南亚名副其实的区域中心。2022 年新加坡国内生产总值达 4668 多亿美元，人均国内生产总值突破 8 万美元，是世界高收入的国家之一。

四、文化

（一）教育

新加坡重视教育，教育经费在政府总开支中占重要地位，其教育政策是扫除文盲，实行义务教育和多种语言训练。学制是小学 6 年，中学 4 年，大学必须先读预科 2 年，后入本科 2~4 年。著名高等学府有新加坡国立大学、南洋理工学院、新加坡工艺学院和新加坡师范学院等。新加坡是个多民族国家，一直在为树立新加坡民族精神而努力。在保留各民族传统文化的同时，政府鼓励向统一民族文化演变，注意把儒家文化、伦理灌输到人们日常工作和经济生活中。在教育中实行双语政策和分流制，确定以英语为传授科学技术知识的语言，作为第一语言；以华语、马来语、泰米尔语为传授文化知识和道德教育的语言，作为第二语言，以便学生能了解自己民族的历史、传统和文化。

（二）科学技术

新加坡政府积极介入科技机构，用立法的方式设立经济发展局、国家计算机局和国家科学与技术局，负责推动科技政策，投入大量经费进行科技人才的培育和引进，科技事业的国际化程度很高。新加坡重点发展信息与通信、电子制造和生命科学等高科技产业，是全球最大硬盘机制造国，也是多媒体制品的主要产地。新加坡也强调运用信息科技协助其他行业提高竞争力，并以信息科技发展半导体产业，开发本土晶体技术。

（三）文学艺术

1. 文学

新加坡的官方语言有中文、英文、马来文和泰米尔文四种，所以有四种语言的文学作品，作家也由多元族群组成。新加坡过去的文学主要是马来古典文学。中国文学的影响比较深远。1919 年中国发生"五四运动"后，新加坡的华文报章也很快用白话文体写作文学作品。第二次世界大战后，新加坡文学发展的主要倾向是现实主义，并强调地方色彩和题材多样化。这时期涌现了一批比较优秀的文学作品，其中有不少是反映底层社会的贫困，对不合理的社会有所揭露。过去被称为"文化沙漠"的新加坡，现在朝气蓬勃地向多元文化迈进。

2. 戏剧

新加坡是多民族国家，华语话剧在剧坛上占主导地位。第二次世界大战后，华语话剧着重反映人民的悲惨遭遇和争取合理化生活的迫切要求。在马来语话剧方面，1952 年成立马来艺术协会话剧团，有话剧、电视剧和广播剧等剧本 200 多部。在英语话剧方面，1961 年成立英语实验话剧团，演出的剧本大都强调各民族和睦相处和反映新加坡人的幸福感和自豪感。1965 年新加坡共和国成立以来，戏剧活动日趋活跃。文化部从 1978 年起每年举办一次戏剧节。

五、民俗风情

（一）服饰

新加坡不同民族的人在穿着上有自己的特点。马来人男子头戴一顶叫"宋谷"的无边帽，上身穿一种无领、袖子宽大的衣服，下身穿长及足踝的纱笼；女子上衣宽大如袍，下穿纱笼。华人妇女多爱穿旗袍。印度血统的妇女额头上点着檀香红点，男人扎白色腰带，多数人见面时合掌致意。政府部门对其职员的穿着要求较严格，一般是白衬衫、西装裤，打着一条领带，在工作时间不准穿奇装异服。由于气候炎热，新加坡人一般不穿西装上衣。

（二）饮食

在新加坡这个多元民族的大都会里，汇集了来自四面八方的菜色，有中国菜、马来菜、泰国菜、印尼菜、印度菜、西餐、快餐等。新加坡人的主食多是米饭，有时也吃包子，在饮食方式和习惯方面融合了马来人和华人的烹调特色，其中最具代表性的是"娘惹食物"。"娘惹"是对中国人与马来人通婚后女性后代的称呼，娘惹菜采用大量南洋香料及调味酱，如椰奶、辣椒、虾酱、磨碎的植物根叶及酸甜果实，味道偏浓，以甜酸、微辣为主，是新加坡最特别、最精致的传统佳肴之一。新加坡华人的饮食习惯与中国广东人很接近。马来人按伊斯兰教的礼节待人接物，用餐一般用手抓取食物，在用餐前有洗手的习惯，忌讳猪肉制品，不食猪肉、贝壳类食品，也不饮酒。饮茶是当地人的普遍爱好，客人来时，他们常以茶水招待，华人喜欢饮元宝茶，意为财运亨通。

（三）礼貌、礼节

新加坡人待人接物十分注重礼节，举止文明，彬彬有礼，处处体现着对他人的尊重，与客人相见时，一般都施握手礼，但各民族因风俗习惯及宗教信仰不同，礼仪各不相同。马来人行双手握礼，再把手收回放到自己胸部；华人见面以鞠躬为礼；印度人见面合掌致意，平时进门脱鞋。社交活动只用右手。

（四）禁忌

新加坡人忌讳数字"7"，忌讳猪的图案，不喜欢乌龟。与新加坡人谈话，一般忌谈宗教与政治方面的话题。新加坡人严禁说"恭喜发财"，他们将"发财"理解为"不义之财"，说"恭喜发财"将被认为是对别人的侮辱和嘲骂。新加坡人对留胡须长发的男性极为厌恶，众多的家长和学校严禁男青年留长发。新加坡人忌用左手吃东西、传递物品，用餐时勿把筷子放在碗和盘上，也勿交叉摆放，应放在托架上。不可触摸别人头部，不可露出脚心和鞋底。与印度族和马来族人进餐时，勿用左手。印度族人以牛为圣物，不吃牛肉。

（五）节日

新加坡日历上印有公历、中国农历、印历和马来历4种历法，依各种历法有许多节日。

1. 春节

春节（正月初一到初三）已成为新加坡仅次于国庆节的重要节日。春节期间，都会举行名为"春到河畔迎新年"的主题新年活动。大年初一长辈都会给小孩红包和一个金橘；过年要吃鱼（著名菜品为捞鱼生，由皖鱼制成）等。

卫赛节公历5月月圆之日，相当于中国农历四月十五，又名浴佛节、佛陀日、花节，是佛教徒为了纪念佛陀诞生、成道和涅槃日。

2. 屠妖节

每年印度历八月十四日（满月后的第15天），相当于公历的10月或11月，又名大森宝节、万灯节。亮灯仪式为节日的开始，屠妖节是印度人的新年。

3. 开斋节

伊斯兰教历十月一日。新加坡的芽笼士和甘榜格南一带主要为穆斯林聚居区，那里热闹非凡，节庆气氛最浓。

4. 哈芝节

伊斯兰教历的十二月十日，是庆祝穆斯林从麦加朝圣归来的传统节日。

六、旅游业概况

（一）旅游业现状

新加坡是亚洲旅游业最发达的国家之一，政府充分利用重要的地理位置、优美的自然环境和宜人的气候等有利条件，重视发展旅游业，完善旅游服务设施，强化旅游管理，加强旅游宣传促销，营造良好的旅游发展环境。游客主要来自亚洲，占总数的70%以上，印尼、中国、日本是其最主要的客源国。旅游业成为新加坡仅次于工业制造和航运贸易的第三大经济行业和创汇行业。近年来，出境旅游已成为新加坡人生活中不可或缺的一项内容，几乎每人都有出境旅游的经历。新加坡人海外旅行以近距离为主，东盟国家是最大的海外旅游目的地。

（二）著名旅游城市和景点

新加坡得天独厚的地理位置、完善的设施、引人入胜的文化背景以及各大旅游景点，使其成功定位于商业和休闲的理想之地，发展成为一个主要的商业、通信和旅游中心。这里有茂密的热带雨林、高大的棕榈、美丽的三叶花、世界上为数不多的大片椰林、大规模的兰花园和植物园等，是一个美丽的热带岛国。

1. 新加坡

首都新加坡市亦称"星洲""叻埠"，位于新加坡岛东南部，南临新加坡海峡。市区人口占全国人口的90%，其中华人占3/4。通常人们并不把新加坡岛与新加坡市严格区分开。新加坡市历史并不长，但发展很快。由于特殊的地理位置，它已经成为国际贸易中心、海上交通中心之一，是世界上仅次于荷兰鹿特丹的第二大港口，东南亚最大的海港，也是世界著名的转口港。

新加坡市花卉遍地，绿树成荫，以清洁、绿化、美丽、繁荣著称，被称为"花园城市"和东南亚的"卫生模范"，城市建设布局合理，每一栋或每一组房屋前后左右都有草坪、花坛、树木，形成一个小花园。新加坡市还注重文明建设，开展"礼貌运动""敬老运动"。讲究卫生与社会安全。另外，便利的交通、舒适的现代化服务、廉价的食宿和优良的会议设施，是新加坡发展会议旅游的宝贵资源，新加坡多次被国际会议联盟选为亚洲最佳会议城市。新加坡规定建筑高度不得超过280米，目前有三座建筑达到这个高度——华联银行中心、大华银行大厦和共和大厦。新加坡城市既有人们喜爱的鱼尾狮像（图2-42）、市政广场、马里安曼兴都庙、天福宫、国家博物馆、唐人街、双林寺、苏丹伊斯兰清真寺、供有十八手观音菩萨像的龙山寺等一些著名游览景点，又有开放式的动物园、圣淘沙公园、范克利夫水族馆、白沙碧海、植物园、海洋公园、热带原始雨林等旅游资源，对游人具有很大的吸引力，已经成为欧洲以东、夏威夷以西最吸引人的旅游中心。

2. 圣淘沙岛

从市中心出发，仅15分钟即可到达圣淘沙岛，这是一座风景旖旎的度假岛屿。这里有纯净的海滩、世界级的旅游胜地、海上运动场所、高尔夫球场和度假休闲中心。在马来语中，圣淘沙即"和平宁静"的意思，是位于新加坡本岛南部500米的外海第三大岛，面积为3.5平方千米。岛上青葱翠绿，沙滩洁白，有引人入胜的探险乐园、天然幽径、博物馆和历史遗迹等，是新加坡最佳的度假地。圣淘沙岛曾为英国海军基地，旧名"绝后岛"。西端的西罗索古堡仍保存着5世纪的古炮台等军事古迹，1972年被建成一座田园诗般的海岛度假区，集主题乐园热带度假村、自然公园和文化中心于一体，被视为新加坡旅游与娱

图 2-42　鱼尾狮像

乐业的璀璨明珠。高 37 米的鱼尾狮塔，可让游人从圣淘沙远眺市区的高楼大厦及环绕四周小岛的景色。岛上建有海事展览馆、蜡像馆、蝴蝶园和世界昆虫博物馆、珊瑚馆、艺术中心、奇石博物馆、日军投降纪念馆、亚洲文化村和海底世界等景点及娱乐设施。绵延 3200 米的圣淘沙海滩由丹戎海滩、巴拉湾海湾和西乐索海滩三个各具特色的海滩组成，为人们提供了一个极为舒适的度假环境，被誉为"欢乐宝石"。在主题公园方面，有圣淘沙名胜世界、梦幻岛、火焰山和高尔夫乐园。（图 2-43）

图 2-43　圣淘沙岛

3. 乌节路

乌节路意为"果园路"，在19世纪初之前，该地区曾经到处是果园和种植园，结果所有豆蔻树种植园毁于一种神秘的植物病。由于该地区四周都是山谷，洪水也很常见。在20世纪70年代，随着诗家董百货公司（Tangs）、狮城大厦（Plaza Singapura）和文华大酒店（Mandarin Hotel）等建筑物的建成，这里逐渐向娱乐中心的方向发展。随着一砖一瓦、一街一区、一座又一座钢铁和玻璃高层建筑取代了过去的泥土小路，乌节路逐渐成为世界上最著名的购物地带之一。

4. 裕廊鸟类公园

裕廊鸟类公园是世界上最大的鸟类公园之一，位于裕廊山麓。该园始建于1971年，处在一片苍翠的山林之中，来自热带和寒带、沼泽和沙漠、海洋和深山的8000多只、360种鸟类自由地生活在这里，有"鸟类天堂"之称。

第五节　泰国

一、地理概况

（一）自然地理

泰国位于中南半岛中南部，泰国国土面积约51.4万平方千米，地势北高南低，地形复杂，大体分为四部分：西北部是山区，森林繁茂，以出产柚木、红木、紫檀等名贵硬木闻名；东北部是高原区，矿藏丰富，以锡矿和天然宝石为著名；西南部为狭长的丘陵区，盛产许多热带经济作物和热带水果，如橡胶、椰子和杧果等，有"水果王国"之称；中部是湄南河平原区，有"东南亚谷仓"之称。湄南河在泰语中意为"河流之母"，为全国第一大河，贯穿泰国中部，全长1200千米，其中下游平原两岸和三角洲地区，因气候适宜、土壤肥沃，是富庶的谷仓，盛产泰国大米。

泰国绝大部分地区属热带季风气候。全年分为三季：3~6月为热季，7~10月为雨季，11月至次年2月为凉季。年平均气温为22℃~28℃，年降水量为1000~2000毫米。

（二）人文地理

1. 人口与民族

泰国人口约6692万（2023年，联合国统计司，http：//data.un.org），是一个由30多个民族组成的多民族国家，以泰族和老挝族人口最多，分别占总人口的40%和35%，此外还有马来人、高棉人、华人以及汶、克伦、掸等民族。泰国政府规定，华侨在泰国生下的子女到第三代就算泰族人。

2. 语言与宗教

泰语为国语，英语为通用语。中部泰语即"曼谷语"，是全国通用的标准泰语，通用的书写文是高棉文。

佛教是泰国的国教，90%以上的居民信奉佛教，主要是上座部佛教。伊斯兰教是泰国第二大宗教。马来人和外国穆斯林后裔主要信奉伊斯兰教。此外，还有居民信奉基督教新教、天主教和印度教等。

佛教在泰国有很高的地位，宪法规定国王必须是佛教徒。几百年来，泰国的风俗习惯、文学、艺术和建筑等几乎都和佛教有着密切关系。泰国处处可见身披黄色袈裟的僧侣以及富丽堂皇的寺院。因此，泰国又有"黄袍佛国"的美名。佛教为泰国人塑造了道德标准，使之形成了崇尚忍让、安宁和爱好和平的精神风范。

3. 泰国的国旗、国徽、国歌、国花、国树

国旗：呈长方形，长与宽之比为3∶2。由两道红色、两道白色和一道蓝色五个横长方形平行排列构成。上下方为红色，蓝色居中，蓝色上下方为白色。蓝色宽度相等于两个红色或两个白色长方形的宽度。红色代表民族，象征各族人民的力量与献身精神；白色代表宗教，象征宗教的纯洁；蓝色代表王室，蓝色居中象征王室在各族人民和纯洁的宗教之中。

国徽：图案是一只大鹏鸟，鸟背上蹲坐着那莱王。传说大鹏鸟是一种带有双翼的神灵，那莱王是传说中的守护神。

国歌：《泰王国国歌》。泰国是东南亚各国最早有国歌的国家。

国花：金链花（图2-44）。

国树：桂树。

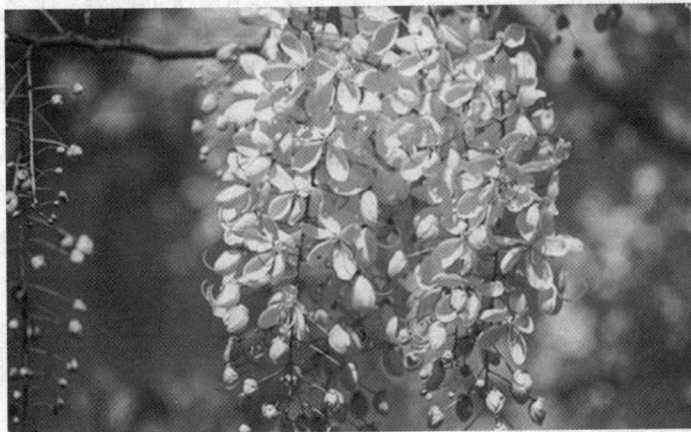

图2-44 金链花

二、简史

泰国有700多年的历史和文化，历史上原名"暹罗"，早在远古时代，在今泰国的领土上便有人类生息繁衍。公元初年，在今泰国的北部和中部出现一些分散的、各自独立的政权。1238年建立了素可泰王朝，开始形成较为统一的国家。素可泰王朝、大城王朝、吞武里王朝和曼谷王朝是泰国历史上的四大王朝。从16世纪起，先后遭到葡萄牙、荷兰、英国和法国等殖民主义者的入侵。1855年，曼谷王朝拉玛四世在西方炮舰政策的威胁下，与英国签订通商条约，同意开放港口，其他西方列强也纷纷效法前来订约。19 世纪末至 20 世纪初，英法在中南半岛进行争夺，双方先后于 1896 年和 1904 年签订协定，承认暹罗为"缓冲国"，从而使暹罗保持了形式上的独立，成为东南亚唯一没有完全沦为殖民地的国家。

1932 年 6 月，人民党发动政变，建立君主立宪政体；1939 年 5 月改国名为"泰国"，意为"自由之地"。第二次世界大战期间，日本侵占泰国，日本投降后，泰国恢复"暹罗"国名，1949 年 5 月又改称"泰国"。战后，泰国约有两年实行文人政治，1957 年 11 月发生军事政变，从此以后泰国政变频繁。

三、政治、经济

（一）政治

泰国实行君主立宪制。国王为国家元首和王家武装部队最高统帅，神圣不可冒犯，任何人不得指责或控告国王。前任国王普密蓬·阿杜德 1946 年 6 月 9 日继位，他是却克里（曼谷王朝）的第九位国王，他在泰国人的政治生活中拥有无可比拟的影响力，也是当今世界在位最久的君主之一。国王通过国会、内阁和法院分别行使立法、行政和司法权。第二次世界大战后，军人集团长期把持政权，局势动荡。20 世纪 90 年代军人淡出政坛后，政坛党派林立，纷争不断，政府更迭频繁，不断修改宪法。现行宪法于 2007 年 8 月 24 日经普密蓬国王御准生效。国会是最高立法机构，实行上、下两院制。上议院议员 150 人，其中 76 人由直选产生，74 人由遴选产生，任期 6 年。下议院议员 500 人，任期 4 年。最新一届下议院于 2011 年 8 月组成，2013 年 12 月解散。上议院于 2008 年 3 月组成。2016 年 10 月 13 日，前任泰国国王普密蓬·阿杜德去世，王储玛哈·哇集拉隆功继位，成为新的君主。

（二）经济

泰国曾经是落后的农业国，第二次世界大战前 80% 以上的人口从事农业，工业落后。20 世纪 50 年代。泰国根据本国特点，大力发展民族经济，实施工业多样化和农业多种经营方针；60 年代后，泰国经济开始迅速发展；70 年代，泰国从以发展进口替代工业为主转向以发展出口工业为主，经济进入迅速发展的时期。泰国还积极参与区域性经济合作组织，加入了亚太经济合作组织和东盟自由贸易区，积极参加中、泰、老、缅四国关于湄公河上游次区域水、陆路交通合作，推动泰、马、印尼毗邻地区"经济成长三角区"的进程。随着经济的迅速发展，尤其是旅游业的崛起，泰国经济结构发生了重大变化，由过去主要以农产品出口为主的农业国逐步向新兴工业国转化。1995 年泰国人均收入超过 2500 美元，世界银行将泰国列为中等收入国家。2023 年，按官方平均汇率计算，泰国名义 GDP 折合 5124.43 亿美元，人均名义 GDP 折合 7312 美元。

泰国重要的工业有纺织、服装、宝石、首饰和仿造首饰、集成电路等。锡的产量居世界第二位。泰国是世界第二大宝石出口国。农业仍是占劳动力最多的部门，由于地形复杂，又属于热带季风气候和热带雨林气候，泰国出产很多热带经济作物，主要农作物有大米、玉米、橡胶、木薯等。泰国是著名的稻米生产国和出口国，橡胶产量仅次于马来西亚和印尼，木薯的产量居世界第一位，盛产热带水果，有"水果王国"之称，被誉为"果中之王"和"果中之后"的榴莲和山竹等热带水果名扬天下。泰国捕鱼业发达，已成为世界第七大捕鱼国，在亚洲仅次于日本和中国，为世界第一产虾大国。泰国森林占全国总面积一半，其中最有经济价值的柚木也是主要出口产品。

四、文化

（一）教育

泰国重视教育，教育经费始终占国家预算的第一位。学制分为学前教育、中等教育、大学教育和研究生教育。中小学实行九年制义务教育。高等学校主要有朱拉隆功大学，建于 1916 年，是泰国建立最早、规模最大的一所多学科的综合性大学。除此之外，还有法政大学、清迈大学、诗纳卡林威洛大学、兰甘亨大学、农业大学、亚洲理工学院等。

（二）科学技术

全国从事自然科学和社会科学研究的人约 7 万，主要研究机构有泰国国家研究院、工业部科学厅、应用科学研究所等。泰国科技园区位于首都曼谷北部的巴吞他尼省，兴建于 2002 年，由泰国国家科技发展中心和科技部共同管理，旨在推动企业创新和研发活动，并为泰国开发科技研发的智力资源。泰国国家科技发展中心的总部以及国家基因工程和生物工程中心、国家金属和材料技术中心、国家电子和计算机技术中心和国家纳米技术中心四个国家研究中心都位于园区内，并拥有最尖端的科研设备。同时，泰国科技园区紧邻亚洲科技研究所、泰国国立法政大学，国际科技研究所，地处研发活动最活跃的地区，这里拥有 1000 多名研究人员以及大量的智力资源。

（三）文学艺术

1. 文学

泰国文学最早产生于 13 世纪末素可泰王朝时期，当时基本上是宗教文学和宫廷文学。刻于 1292 年的《兰甘亨碑文》是典型的宫廷文学的代表作，主要叙述了国王兰甘亨的生平和他统治时期的政治经济、文化状况和重大事件，碑文有很高的文学价值，也是泰国目前发现最早、最完整的泰文文献。《三界经》则是优秀的佛教文学作品，以优美的文字描述了欲界、色界、无色界的情况，要人们弃恶从善，还对地狱和天堂作了具体而生动的描述。曼谷王朝时期，国王拉玛二世创作的诗剧《伊瑙》和宫廷诗人编写的长篇叙事诗《昆冒与昆平》，在泰国文学史上占有重要地位。20 世纪 20 年代末，泰国受西方文化影响，新兴文学开始兴起。1932 年革命后，文坛出现了一批年轻的新人，其中西巫拉帕被看作是泰国新文学的奠基人，其代表作是《男子汉》和《向前看》；克立·巴莫的长篇小说《四朝代》展现了泰国半个多世纪以来的历史变迁。

2. 舞蹈

泰国以丰富多彩的民间舞和婀娜多姿的古典舞著称。泰国是个多民族国家,不同民族、不同地区流行不同的舞蹈。其中,中部流行的丰收舞反映了劳动人民庆丰收时的欢乐景象;北部流行的长甲舞,表演时演员戴长长的指甲,穿上漂亮的古典服装;北部还流行蜡烛舞,跳舞时室内所有灯光熄灭,手持蜡烛舞蹈。泰国古典舞蹈有"宫内"与"宫外"之别,宫内舞蹈强调舞姿的优美典雅与细腻韵味,具有严格的规范与程式,主要观众是国王和王室等;宫外舞比较自由风趣,目的在于取乐,主要观众是老百姓。(图2-45)

图2-45　泰国舞蹈

3. 拳击

泰拳是泰国的国技,泰拳的历史和泰族人的历史是交织在一起的。泰族是一个温和的、热爱和平的民族,但是许多世纪以来,泰族人不得不保护自己免受外来势力的侵犯。拳击是在古代战争中发展起来的。在战争中泰国人民以拳术对付敌人,人们对拳击感情颇深。古代,拳击是专为国王和王室表演的;现在,拳击是一项十分吸引人的活动。每逢周末,大大小小的拳击场都要举行泰拳比赛,男女老幼只要有机会,都涌到拳场观战。泰拳比赛的场面既壮观又残酷,赛台约有8平方米,每场比赛必须经过5个回合才分胜负。泰拳学院成立于1997年,是泰国教育部唯一认可的一所培训学校。如今,泰国中等以上的学校,多把泰拳列入体育课,以使这一世界上独特的拳术更好地流传下去。

五、民俗风情

(一)服饰

泰国人的服装,总的来说比较朴素。在乡村多以民族服装为主。泰族男子的传统民族服装叫"绊尾幔"纱笼和"帕农"纱笼。由于纱笼下摆较宽,穿着舒适凉爽,是泰国平民中流转最长久的传统服装之一。帕农是一种用布缠裹腰和双腿的服装。绊尾幔是用一块长约 3 米的布包缠双腿，再把布的两端卷在一起，穿过两腿之间，塞到腰背处。泰式女服，下装必须是筒裙，同纱笼一样，布的两端宽边缝合成圆筒状，穿时先把身子套进布筒里，然后用右手把布拉向右侧，左手按住右侧的布，右手再把布拉回，折回左边，在左腰处相叠，随手塞进左腰处。泰国女子好装饰，如抹口红、洒香水、佩戴首饰，男子戴戒指、项链的也很普遍。随着社会的发展和外来的影响，当代泰国人的着装也发生了很大变化，农村青年人中穿西裤和衬衣的已相当普遍；城市里的男子惯于穿制服、西装，女子则喜欢穿西服裙。（图 2-46）

图 2-46　泰国服饰

（二）饮食

　　泰国饮食和柬埔寨、老挝、越南、印尼等东南亚国家基本相同，以大米、鱼和蔬菜为主。因三面环海，海鲜产品丰富，海味成为一大特色。泰国人最喜欢的食物是用大米、肉片或鱼片和青茶调以辣酱做成的咖喱饭，常食鸡粥、甜包、猪油糕等；不吃海参、牛肉；喜爱辣和煎、炸、炒的菜肴，不爱红烧、甜味的菜肴，日常以鱼虾为小菜。泰国人就餐时，习惯屈膝围桌而跪坐，不用筷子，而是用手抓着吃，但现在有用叉子和勺子的。在泰国餐桌上，无论饭菜是否丰富，汤是不能缺少的，分为清淡的肉和菜汤、稀米汤、冬荫功汤三大类。泰国人不喝热茶，而习惯在茶里放冰块，称为冰茶。

（三）民居

　　在泰国的城市里已经很少见到传统民居，但是在乡村里还可以见到许多。通常采用木材建造，有些民居是用珍贵的柚木，属吊脚楼形式，极好地适应了热带气候。其特点为：斜墙陡顶，具良好的通风性；高脚木桩，避免洪水和野兽的袭击，下面部分可以养牲畜、做厨房。曼谷的汤姆森住宅，就是典型的泰国传统民居形式。（图 2-47）

图 2-47　泰国民居

(四) 礼貌、礼节

性情温和的泰国人素以"礼仪之邦"著称,自古就有"微笑之邦"的美誉。泰国人热情友好,总是以微笑迎客。泰国人十分注重礼节,见面时行合掌礼,即双手合十于胸前,头稍稍低下。由于辈分不同,合十双手的位置也不同,双手举得越高,表示尊重程度越高。晚辈对长辈,双手合十于前额;平辈相见时,双手略为举起至鼻子高度;长辈对小辈,只要举到胸部高度即可。泰国人也行握手礼,但只在政府官员与知识分子中流行;男女之间不宜握手。泰国人的坐姿也很讲究,尤其有长辈在座的场合下,小辈为了表示对他们的礼貌,应该是两手掌相叠放在腿上,上身微躬而坐;若是有尊者或达官贵人在座,小辈的上身还要下躬,使两肘放在大腿上,两手掌相叠于膝盖稍上处。泰国人交谈时,喜欢谈论食品、气候等,不喜欢谈论政治、王室,更不喜欢谈论个人问题。在社交聚会上,男子不应同已婚女子交谈过久。对于特邀来访的贵宾,主人亲自给客人戴上鲜花编成的花环,客人不可随意扔掉,最好回到下榻处再取下,以示对东道主的尊敬。

(五) 禁忌

泰国人重视头部,轻视双脚,不能随便摸人的脑袋,小孩子的头也不能摸,否则是对人的不恭。长辈在场时,晚辈必须坐在地上或跪坐,以免高于长辈头部。睡觉时不能头朝西,忌用脚指东西、踢门,不能盘腿而坐,不能脚心对人。递物品应用右手,因泰国人用右手吃饭,左手拿不洁之物;忌红色,因为写死人姓氏是用红颜色的墨,不用红笔签名;忌讳双腿交叉,否则会被认为是对交谈者失礼。在泰国人眼里,佛永远是至高无上的,购买佛饰时,严禁说"购买",必须说"求租、尊请"之类的词语,以防亵渎神灵。与泰国人交谈绝不能讲对佛祖和国王不敬的话;对寺庙、佛像、和尚等做了轻率的举动,会被认为是滔天罪行,更不用说爬到佛像身上拍照。

（六）节日

泰国节日很多，通常有年节、宗教性节日、生产性节日、国家纪念日和其他节日。

宋干节，每年公历 4 月 13 日至 15 日，是泰国新年，大致包括五项活动，即浴佛、堆沙、放生、庆祝游行、泼水。第一天清晨，家家户户打扫庭院，燃放鞭炮，男女老幼沐浴干净，打扮一新准备过节。第二天为堆沙日，人们用小银碗将河中淘来的河沙运到寺庙院内，堆成沙塔，并在上面插上鲜花彩旗。第三天是节日高潮，善男信女手持鲜花、食物去寺庙斋僧，聆听和尚美好祝福，并接受桃花瓣香水的淋洒。之后人们互相泼水祝福。这天全国还举行大规模庆祝活动，国王、王后往往御驾亲临，与民同乐。

水灯节，泰历十二月十五日（公历 11 月），是泰国民间最热闹、最富诗意的传统节日。夜幕降临时，在湄南河两岸，成千上万的男女老幼将用芭蕉叶或芭蕉树皮做成的水灯放进河里，以祈求风调雨顺。河里漂浮各式各样的水灯，闪闪烁烁，充满诗情画意。关于水灯节的起源有多种神奇的说法，专家推测水灯节源自印度的屠妖节（又称"万灯节"），供奉水之神；还有学者认为，水灯节源于古代的佛教神话，人们在河中放逐水灯表达对佛祖的敬仰之情。

六、旅游业概况

（一）旅游业现状

泰国旅游业开始于 20 世纪 50 年代末，以具有悠久的历史和丰富多彩的名胜古迹、辽阔的海滩和绮丽的热带风光闻名于世。60 年代初，泰国接待外国游客仅 8 万人次。近年来旅游业发展很快，旅游外汇收入已超过传统的纺织品、大米、橡胶等出口收入，成为泰国第一大创汇行业。主要客源市场是马来西亚、日本、中国、新加坡、美国、德国、澳大利亚、英国、法国等，主要旅行目的是闲暇度假、商务和会议。泰国近几年出国旅游渐趋兴旺。旅游目的地以邻近东南亚各国和中国香港地区为多，其次是欧洲国家、日本和美国。近几年，泰国一直是中国的主要客源国之一，入境方式主要是乘坐飞机。

（二）著名旅游城市和景点

泰国素有"中南半岛上的明珠"之称，众多的旅游胜景深深地吸引着各国游客。泰国全国有 3 万多座古老的寺庙和宫殿，被称为"千佛之国"，为旅游业增添绚丽的色彩。

1. 曼谷

曼谷是泰国的首都，全国第一大城市和政治、经济、文化、交通中心，是联合国亚太经社委员会总部、世界佛教联谊会总部以及世界银行、世界卫生组织等 20 多个国际机构的区域办事处所在地，位于曼谷湾的湄南河下游三角洲地区，城内河流众多，水道蜿蜒纵横，有"东方威尼斯"之称。自 1782 年曼谷王朝拉玛一世建都于此起，曼谷就成了汇集泰国新旧生活方式的万花筒，有"天使之城""微笑之都"和"千面风情之都"的美称。曼谷历史悠久，到处是橘红色的庙宇屋顶和金碧辉煌的尖塔，佛庙林立，云集了佛教精华，市内有大小寺庙 400 多座，有"佛庙之都"之称，其精致美丽的建筑外观和内部装饰，使其成为曼谷独特的风景。泰国人认为国王居住的宫殿是宇宙的中心，所以整个曼谷的建筑以皇宫为中心向外扩散，第一圈是寺庙和官方建筑，第二圈是商业圈，第三圈是住宅区，最外面是贫民区。王宫和佛寺大多建在湄南河圈，建筑金碧辉煌。大皇宫、玉佛寺、金佛寺、卧佛寺、云石寺、郑王庙等著名古迹，都焕发着使人敬畏、让人目眩的东方佛教色彩，足以证明泰国在艺术方面的超卓成就。(图 2-48)

图 2-48　曼谷

2. 清迈

清迈位于泰国北部的湄南河支流宾河两岸，是清迈府首府，泰北政治、经济、文化中心，是泰国第二大城市和著名的历史文化古城。1296 年其成为泰国史上第一个独立国家蓝纳泰王朝的首都，以其丰富且完整的文化古迹闻名，除了原有的古城址、护城河、古旧佛寺、纪念碑之外，还有泰北的艺术宝藏和建筑物、庙宇，兼容并蓄地保留了缅甸与泰国的风格。清迈处于海拔 300 米的丘陵上，周围群山围绕，放眼尽是葱郁的森林和山峦叠翠，空气清新，气候凉爽，景色旖旎，因城中多玫瑰花而有"北方玫瑰"之称。清迈是泰国手工艺品中心，其珠宝首饰、银器、陶器、木雕、丝绸等远销国外。清迈人民有着自己的方言、传统的服饰、独特的建筑特色与传统美食，多元化的风采充满着情趣。清迈市有寺庙 100 多座，帕辛寺是清迈城内最大的佛寺。建于 1411 年、拥有巨大四方形佛塔的斋里銮寺是一座具有斯里兰卡和印度混合风格、等级最高的寺院。(图 2-49)

3. 芭堤雅

芭堤雅也称为帕塔亚，位于印支半岛与马来半岛之间的曼谷湾，西距曼谷 154 千米，面对广阔的海湾，素以阳光、沙滩、海鲜名扬天下，是世界著名的新兴海滨旅游度假胜地，享有"东方夏威夷"和"亚洲度假之后"的美誉，是泰国旅游业最发达的地区之一。20 世纪 70 年代，芭堤雅仍是一个人烟稀少的小渔村，直到 1961 年其得天独厚的海滨旅游条件被政府发现，便拨出专款并鼓励国内外投资开发，迅速发展壮大，一举成名。芭堤雅

图 2-49　清迈

由此被划为特区，市区面积为 208 平方千米，成为一个旅游不夜城。每当夜晚，灯火通明，霓虹灯闪烁耀目，马路上人摩肩接踵，车水马龙，通宵达旦。芭堤雅气候宜人，终年温差不大，风光旖旎，主要由芭堤雅海滩、东芭文化村、小人国（缩影公园）三部分组成。其最吸引人之处在于拥有全泰国最优美的长达 40 千米的沙滩，阳光明媚，蓝天碧水，沙白如银，滑水、冲浪等水上娱乐活动新奇刺激，一派东方热带的独特风光，是良好的海滨游泳场，每年接待游客 100 多万人次。东芭文化村有着秀丽的热带园林景色、古雅朴实的东南亚土风舞，大象表演令人难忘。小人国是一座微缩主题公园，展出了 100 多座小型建筑物，与实物的比例为 1∶25，包括泰国古代和现代各种有代表性的名胜。（图 2-50）

图 2-50　芭堤雅

4. 素可泰

素可泰位于泰国北部永河左岸，素可泰府首府，是泰国历史上素可泰王朝的都城和文化艺术的主要发源地，泰国著名的旅游胜地，也是泰国有名的宗教文化名城。在这里诞生了泰国文字，还诞生了泰国的第一部文学作品和第一部历史记录，被誉为"泰国文明的摇篮"。素可泰古城离新城 8 千米，规模宏大，现存三道围墙，长约 2.6 千米，宽约 2 千米，四面各有一座城门，古城内外有大量佛教古迹，包括王宫、寺庙、古塔、佛像、碑石等。1991 年联合国教科文组织将其作为文化遗产，列入《世界遗产名录》。摩河陀院是素可泰规模最大、最庄严的寺院，寺内有尊巨型佛祖像，曾是素可泰皇室成员祈福作礼的神庙。(图2-51)

图 2-51　素可泰

5. 普吉岛

"普吉岛"一语源自于马来西亚，所代表的意思就是山丘。它是泰国南部最小的府城，距离首都曼谷有 862 千米，是泰国境内唯一有行省辖治地区的岛屿，占地 543 平方千米，南北长 48 千米，东西宽 21 千米，面积大概与新加坡相近，是泰国最大的锡矿产地。此处海岸蜿蜒曲折，海滩水清沙细，风光旖旎，素有"海月仙阁""泰南珍珠"之称。岛上的主要地形是绵延的山丘，其间或点缀着盆地，并有 39 个离岛。普吉岛拥有 10 多个美丽海滩，像巴东海滩（Patong Beach）、素林海滨（Hat Surin）、奈函海滨（Hat Nai Harn）等。普吉岛内，石灰岩岛屿星罗棋布，怪石奇岩屹立，人称"小桂林"。每年 12 月初所举行的国王船赛，是泰国目前非常热门的竞赛项目。特别是由普吉岛出发，向东航行可以抵达攀牙湾，这里的海景因为耸立在海中的数百座石灰岩而显得壮丽无比。(图2-52)

图 2-52　普吉岛

第六节　印度尼西亚

一、地理概况

（一）自然地理

"印度尼西亚共和国"简称"印尼"，位于亚洲东南部。印尼东临太平洋，西濒印度洋，东西延伸 5000 多千米，南北相距 2000 多千米，领土面积约 190.46 万平方千米，由星罗棋布地散布在两大洋之间的约 1.37 万个岛屿组成，素有"千岛之国"之称，其中苏门答腊岛、苏拉威西岛、爪哇岛以及加里曼丹岛（南部）、伊里安岛（西部）五大岛屿占总面积的 90%，岛屿之间构成许多海峡和内海，内海面积约是陆地面积的 3 倍，海岸线长 3.5 万千米。印尼是一个地跨南北半球及亚洲、大洋洲，拥有岛屿最多的群岛国家。

印尼地处世界三大板块的交界处，是世界上火山、地震最频繁的地区之一，也是世界上地热资源最丰富的国家之一，有"火山之国"之称。全国拥有 400 多座火山，其中活火山 120 多座，如坦博拉火山、喀拉喀托火山和阿贡山，均以喷发猛烈而闻名于世。印尼各岛地形以山地和高原为主，仅沿海有平原。

印尼地跨赤道，是典型的热带雨林气候，以高温、多雨、湿度大、风力小为基本特征。全年气温无多大变化，年平均温度为 25℃~27℃，各地年平均雨量约为 3000 毫米，季节分配均匀。空气对流旺盛，降水多为阵雨，爪哇岛是世界雷雨最多的地区，"雷都"茂物平均每年多达 332 个雷雨日。

印尼物产丰富，森林覆盖率达 64%，植物多达 4 万余种，盛产棕榈、咖啡、椰子、橡胶等热带经济作物和檀木、铁木、乌木等贵重木材；热带动物种类共有 20 多万种，如虎、犀牛、狮，又有大洋洲型原始哺乳动物，还有各种珍奇鸟类。

（二）人文地理

1. 人口与民族

印尼人口约 2.78 亿（2023 年，联合国统计司，http：//data. un. org），是世界第四人口大国，全国人口居住在约 6000 个岛屿上，但分布不平衡，约 60% 人口集中居住于爪哇岛，爪哇岛是世界人口最稠密的地区之一。

印尼是一个多民族的国家，共有 100 多个民族，其中爪哇族占总人口的 40.6%，巽他族占 15%，马都拉族占 7.5%，马来族占 7.5%，华人约占 2.8%。

2. 语言与宗教

印尼语为国语，英语为第二语言，民族语言和方言约有 300 种。政府部门、商业活动广泛使用英语。

印尼居民中约 87% 的人信奉伊斯兰教，是世界上穆斯林人数最多的国家。还有 6.1%

的人口信奉基督教新教，3.6%的人信奉天主教，此外还有印度教、佛教和原始拜物教等。巴厘岛居民多信仰印度教。

3. 印尼的国旗、国徽、国歌、国花、国鸟

国旗：旗面由上红下白两个相等的横长方形构成，长与宽之比为3∶2。红色象征勇敢和正义，还象征印度尼西亚独立以后的繁荣昌盛；白色象征自由、公正、纯洁，还表达了印尼人民反对侵略、爱好和平的美好愿望。

国徽：由一只金色的鹰、一面盾和鹰爪抓着的一条绶带组成。鹰象征创造力。鹰两翼各有17根羽毛，8根尾羽，这是为了纪念印度尼西亚的独立日——8月17日。鹰爪抓着的饰带上用印尼文写着"异中有同"。

国歌：《伟大的印尼》。

国花：毛茉莉（图2-53）。

国鸟：雄鹰（图2-54）。

图2-53　毛茉莉

图2-54　雄鹰

二、简史

印度尼西亚是个历史悠久的文明古国，在50万~70万年以前，在爪哇岛的梭罗河畔的原始森林里就有人类繁衍生息。大约公元前5世纪，原先的印尼民族沿马来半岛东下，逐渐散布到了印度尼西亚各岛屿上，建立了一些古代奴隶制王国。1世纪前后，又有一部分印度民族移入，到了7世纪，在苏门答腊岛上以现在的巨港为中心地区，建立了室利佛逝封建王朝，14世纪初，在东爪哇建立了印尼历史上最强大的麻喏巴歇封建帝国，跨过了6个多世纪的辉煌。从15世纪开始，印尼先后沦为葡萄牙、西班牙、荷兰、英国、日本的殖民地，特别是荷兰对印尼的统治长达350多年。1945年8月17日，印尼宣布独立，成立印度尼西亚共和国，8月17日为独立日，即国庆日。由于全国一半以上的人口集中在爪哇岛，印尼独立后曾长期执行大爪哇沙文主义，其他族群对此深有怨言，矛盾冲突较多，2002年东帝汶恢复主权独立。

三、政治、经济

（一）政治

印尼实行总统内阁制。人民协商会议是国家最高权力机构，负责制定、修改与颁布宪法和国家总方针政策，监督和评价总统执行国家大政方针情况和在总统违背宪法时对其进行弹劾或罢免。国会全称"人民代表会议"，是国家立法机构，行使修改宪法和制定国家大政方针之外的一般立法权。国会无权解除总统职务，总统也不能宣布解散国会。总统是国家元首、政府行政首脑和武装部队最高统帅，直接领导内阁，有权颁布政令和宣布国家紧急状态法令，对外宣战或媾和等。自2004年起，总统和副总统由全民直选，每任5年。内阁是总统行使政府权力最重要的机构，对总统而不是对国会负责。

（二）经济

印尼独立时是一个落后的农业国，主要种植橡胶，开采锡和石油，粮食不能自给。20世纪70年代以后，印尼政府利用外资和外援开展经济建设，实施以农业为基础、工业为主导、经济多元化的发展战略，经济迅速发展。1968-1993年，在第一个25年长期建设计划中，印尼国内生产总值年均增长6%；1994年进入第二个25年长期建设计划，政府进一步放宽投资限制以吸引外资，并采取措施大力扶持中小企业、发展旅游、增加出口，经济结构发生重大变化。是东盟最大的经济体。

印尼资源丰富，有"热带宝岛"之称，石油产量居东南亚各国首位。印尼是石油输出国组织成员国，油气产业是其传统支柱产业。近几年，印尼政府采取经济多元化的方针，造船工业、汽车和飞机装配工业、化肥、水泥工业都有较大发展。

印尼是个农业大国，粮食作物主要是大米、玉米、木薯、大豆等，经济作物主要有橡胶、棕榈油、椰子、可可、胡椒、木棉、奎宁等，产量均居世界前列。此外，印尼还出产各种贵重木材，如铁木、檀木、乌木、柚木。印尼政府重视旅游业，注意开发旅游景点，旅游业已成为印尼创汇的重要行业。

四、文化

（一）教育

印尼教育史大致可分为伊斯兰教前期、伊斯兰教时期和西方式的世俗学校及基督教学校混合时期。独立后的印尼政府重视教育，教育事业获得飞速发展，实行小学义务教育，学制为小学6年，初、高中各3年，大学3~7年。全国著名大学有印度尼西亚大学、艾尔兰加大学、加查玛达大学、万隆理工学院等。

（二）科学技术

印尼政府重视科学技术在国民经济发展中的作用，实现科技作为主要支撑力量，提高国家生产能力，以达到国家富强的目的；重视发挥和优化中小企业的作用和面向知识型社会的人才资源建设，以知识促经济发展，保持和提高民众生活质量。2006年，印尼制定了《科学技术研究、发展与应用白皮书》，这是印尼中长期科技发展规划，提出了2005—2025年科学技术中长期发展的6个优先领域。

（三）文学艺术

1. 文学

印尼有悠久的历史、古老的文化。在伊斯兰教传入之前，印尼的古典文学长期受印度梵文文学影响。10世纪开始发展的爪哇古典文学，就是从移植印度两大史诗《摩诃婆罗多》和《罗摩衍那》开始的，后来结合本国实际取得了迅速发展。13世纪末，随着伊斯兰教文化的传入，开始出现传奇小说和长篇叙事诗两种新的文学体裁。16世纪后，印尼沦为荷兰殖民地，民族文化受到严重摧残。20世纪初，随着印尼民族解放运动的兴起，诞生了现代文学。

2. 戏剧

哇扬戏是印尼文化最突出、最具民族特色的一种戏剧表现形式。如今在印度尼西亚，把所有的戏剧表演，不论是画卷戏、木偶戏、皮影戏等各种形式的影戏，还是由人扮演的面具舞剧和不戴面具的戏剧统统都叫"哇扬"，意思是"影子"。哇扬戏源于古爪哇人的祭祖活动，后演变成娱乐性质的影戏。印度宗教文化传入后，剧目受印度梵语文学和梵剧的影响，多取材于两大史诗《摩诃婆罗多》和《罗摩衍那》。伊斯兰教传入后，在一些传统剧目中又注入伊斯兰教思想。后来形式趋于多样化，除皮影哇扬戏外，先后出现有木偶哇扬戏、假面哇扬戏等。19世纪出现了人扮哇扬戏，在传统戏剧中，除哇扬戏以外，爪哇岛尚有几种地方戏剧，其中较重要的有假面戏、格多柏拉戏、勒囊戏、鲁德鹿戏等。印尼的现代戏剧萌发于19世纪末20世纪初。在西方文化和戏剧的影响下，1891年创立了一个商业性的新剧团，上演伊斯坦布尔戏剧，20世纪后开始演反映印尼生活的现代剧。

3. 斗牛

印尼的斗牛与西班牙斗牛不同，是牛和牛之间相斗，用来斗牛的牛是主人精心喂养，经过严格挑选的赛牛。为了使自己的赛牛取胜，参赛者把牛角削得十分尖利，并且给灌上药酒，在阳光下曝晒，还要把它打扮得十分威武。斗牛开始时，先牵来一头母牛，然后把参赛的两头公牛分别牵入斗牛场，当两只公牛见到母牛同时扑上来时，便立刻把母牛牵出场地，两只公牛便互相怒视，一场凶猛的决斗便开始了。这种斗牛主要在爪哇岛，特别是在东爪哇邦诺合苏的珍柏尔村和巴娜鲁甘村盛行。据说1500年前，爪哇和马来亚之间因苏门答腊岛的归属问题发生了纠纷，为了避免流血冲突，双方想出了一个奇妙的办法：双方各选出一头足以代表本方的水牛，让它们角斗，以其胜负来决定苏门答腊岛的归属，后来斗牛的习俗流传至今。苏门答腊岛又被称为"美南卡巴岛"，意即"水牛的胜利"。

4. 舞蹈

流行于印尼中爪哇和西爪哇的古典舞对印尼舞蹈文化有重大影响。西爪哇古典舞产生于万隆地区，以巽他族为中心，自成流派。中爪哇古典舞有日惹和梭罗两派。10世纪前后，爪哇古典舞大多单纯模仿动物的形态，有万物有灵的倾向，流传至今的有模仿大象的《乌格尔．卡迦．碛林》和模仿鹭鹰的《安路达》等。12世纪，出现取材于神话传说的舞蹈，其舞蹈动作和造型大多源于哇扬戏印尼皮影，有多种手势，每种手势都有一定的含义。

印尼巴厘岛以居民擅长各种舞蹈著称，被誉称"舞之岛"。巴厘岛的舞蹈带有宗教性质，扎根于岛民的宗教信仰，岛内有众多寺院庙宇，庙前的空地是人们跳舞的好场所。巴厘人的舞蹈，讲究手和指头的动作。全岛流行的"狮子舞"，主要模仿狮子的吼叫和各种动作，难度极大。另外也有充满讽刺、滑稽、幽默的舞蹈。

5. 音乐

印尼是一个多民族的国家，音乐的形态多种多样。其中最有代表性的是在中爪哇发展并流行于全爪哇岛和巴雁岛的一种叫作"佳美兰"的音乐，印尼人视"佳美兰"音乐为国宝，在世界上特别在西方国家中有很大的影响。佳美兰音乐使用叫"斯连德罗"的五声音阶和"佩洛洛"的七声音阶两种音阶。印尼歌曲中具有代表性的是流行于西爪哇的传统歌曲"邓邦"，它分为大、中、小三种类型。不同类型的歌曲，表现其特定的内容，如爱情、思乡、道德。"邓邦"的节奏缓慢，曲调一般带有伤感孤寂的情调。近代，在印尼各地流行着一种叫"克龙宗"的歌曲，是一种受西方文化影响而发展起来，并与佳美兰音乐和邓邦歌曲的一些因素融合而形成的歌曲形式。

五、民俗风情

（一）服饰

印尼人一般着上衣和纱笼，并配有色调一致的披肩和腰带，喜欢穿拖鞋和木屐，不喜欢穿袜子。纱笼一般长约2米，宽约1米，缝成圆筒式围在下身，晚上睡觉时纱笼可盖在身上防凉、防蚊。在公开场合，人们的服装都较朴素。印尼女子喜欢佩戴金银首饰，留长发、卷发髻，上衣长而宽敞，对襟长袖，无领，多配以金色大铜扣；在办公室多穿裙子和有袖的短外套，并避免色彩过于鲜艳。男性在办公时，通常穿长裤、白衬衫并打领带。长袖蜡染衫在多数正式场合都可以穿。如今随着时代的发展，服装也发生着重大变化。

（二）饮食

印尼地处热带，居民主食是大米，口味喜辣、酸、甜味。印尼人喜食"克杜巴"，即用香蕉叶或棕榈叶把大米或糯米包成菱形蒸熟。印尼人大多信奉伊斯兰教，不吃猪肉，爱将牛、羊、鸡、鱼及内脏用炸、蒸、煎、爆的方法烹调，再用咖喱、胡椒、虾酱等做调料，味道鲜美可口，著名的菜肴有辣子肉丁、虾酱牛肉、香酥百合鸡、酥炸鸡肝、红焖羊肉、锅烧全鸭、清炖鸡等，一般不喜欢带骨刺菜肴。印尼人喜吃"沙爹""咖喱"等风味小吃，吃饭时，不用筷子，而是用勺和叉子，也习惯手抓饭、嚼槟榔。此外，他们还喜喝咖啡和各种饮料。

（三）礼貌、礼节

印度尼西亚人很重视礼节，讲究礼貌，"谢谢""对不起""请原谅""请"等敬语经常挂在嘴上。与人见面点头或行握手礼，一般不主动与异性握手。印尼人对来访的客人并不一定要求非送礼不可，但出于礼节，可以送主人一束鲜花，或说上几句感谢的话等。在与印尼人谈话时，要摘掉墨镜，最好避开与当地政治、社会和国外对他们的援助等方面的话题。印尼人注重面子，有分歧时不会公开辩论。印尼爪哇人在社交场合接送礼物时要用右手，对长辈要用双手，受礼后不能当面打开礼品。印尼有敬蛇的习俗，认为蛇是善良、智慧、本领、德行的象征，敬蛇如敬神，也偏爱茉莉花，喜爱带蛇或茉莉花图案的商品。

（四）禁忌

印尼人忌讳用左手接触别人的身体、吃东西和指着对方，也不能用左手递送物品，忌用手碰别人头部。忌讳乌龟、老鼠，认为乌龟是一种令人厌恶的低级动物，给人以"丑陋"的印象；认为老鼠是一种害人的动物，给人以"瘟疫"和"肮脏"的印象。爪哇岛人最忌讳人吹口哨，认为这是一种下流举止，并会招来幽灵。伊斯兰教是印尼的主要宗教，因此许多人忌讳有猪图案的物品，忌食猪肉，不饮酒。除伊斯兰教的一般禁忌外，印度女子怀孕后有很多禁忌，如孕妇不能吃鲨鱼肉，否则胎儿会奇丑无比；女子有身孕，丈夫不能宰杀鸡，否则婴儿出生后脖子上会有刀痕；妇女分娩时要搬出卧房，搬进村中临时搭盖的棚子里去住，分娩当天与产后三天，只能由巫婆和另外一个女子照料，丈夫和所有男子不能靠近产棚，否则男子外出时会挂彩。

（五）节日

印尼的法定假日主要有元旦（1月1日）、"命令书"纪念日（3月11日）、国际劳动节（5月1日）、国庆日（8月17日）、开斋节（伊斯兰教历十月一日）、古尔邦节（伊斯兰教历十二月十日）等。节日期间，各地举行盛大的庆祝活动。

1966年3月11日。印度尼西亚总统苏加诺将权力移交给苏哈托，并签署"命令书"，印度尼西亚人民以此为节日来纪念历史上的这天。

六、旅游业概况

（一）旅游业现状

印度尼西亚旅游业在东盟国家中起步较晚，长期受"单一经济"制约，旅游业规模有限。1969年起，政府开始设立旅游部门，专管旅游各项事务，旅游业不断发展；70年代初，每年接待外国游客仅为20余万人次，之后接待人数一直稳步增长；1987年，首次突破100万人次；2016年，接待外国游客达1200万人次。旅游业已成为印尼仅次于石油和纺织品的第三大创汇来源，游客主要来自东盟各国以及澳大利亚、日本、美国。印尼出境旅游也迅速发展，每年出境旅游约100万人，主要去新加坡、中国香港、日本等地旅行，旅游者以侨居印尼的移民和半居留公民为主，出访主要目的是参观旅游和探亲访友。

🔗 知识链接

苏拉威西岛

苏拉威西岛（Sulawesi），旧称西里伯斯岛（Celebes），是印度尼西亚中部的一个大型岛屿，是世界第11大岛。在印尼五大岛屿中面积排名第四。苏拉威西岛岛形奇特，类似一个大写的英文字母"K"，由四个半岛向东北方、东方、东南方和南方伸出。多高山深谷，少平原，是印尼山地面积比重最大的岛屿。

苏拉威西岛最早的人类居住痕迹是托阿拉石器文化，得名于岛上最古老居民的后裔托阿拉人。科学家发现了 11.8 万年前的石器，可能是矮小史前人种留下来的。但偶遇还没有相关的人类化石能够证明这些石器与人类的联系，所以石器织造者的身份依旧是个谜。调查人员描绘的 311 个石器中，大多是有一种坚硬的石灰岩构成的。

（二）著名旅游城市和景点

印尼是东南亚旅游区旅游资源最具特点的一个国家，旅游资源丰富，这里曾经生活着古老的人类——爪哇人，也曾经诞生了东南亚历史上最伟大的帝国。作为世界上最大的伊斯兰教国家，印尼有自己灿烂的文化与独特的民俗。众多的岛屿星罗棋布地散落在赤道碧波荡漾的太平洋中，如一串晶莹的珍珠镶嵌在赤道带上。这里迷人的热带自然景观、悠久的历史古迹和多元的民族文化，构成了一幅幅令人向往的美丽图画，发展旅游业具有得天独厚的优越条件。

1. 雅加达

"雅加达"意为"胜利和光荣之堡"，是印尼的首都（图 2-55），位于爪哇岛西北岸的芝里翁河口，濒临雅加达湾，是全国的政治、经济、文化中心和海陆空交通枢纽，也是印尼和东南亚最大的城市、重要的旅游城市。雅加达是太平洋与印度洋之间的交通咽喉，也是亚洲通往大洋洲的重要桥梁，早在 14 世纪就已成为初具规模的港口城市，以输出胡椒和香料闻名，当时叫"巽他加拉巴"，意思是"椰子"，华侨称其为"椰城"。1527 年，印尼穆斯林领袖法勒特汉率领人民赶走葡萄牙侵略者，为纪念法勒特汉，便把这个城市改名为"查雅加尔达"，简称为"雅加达"，1961 年改为"大雅加达特区"至今。雅加达建城日为 6 月 22 日，每年这天都要举行大型纪念活动。市区分为两部分，以中央区为界，北面的旧市区称为下城；南面的新市区是国家的行政中心，称为上城。旧市区是繁荣的经济和商业中心，也是主要的旅游区，历史古迹多，有伊斯蒂赫拉尔清真寺等各类寺庙、教堂数百座，有著名的中央博物馆、独立广场、水族馆、植物园、印尼缩影公园、印尼最大的游乐场-安佐尔梦幻公园等著名的旅游景点。

图 2-55 雅加达

2. 巴厘岛

巴厘岛位于爪哇岛以东小巽他群岛西端，大致呈菱形，是世界旅游胜地之一和印尼众多岛屿中最耀眼的一个。巴厘岛地处热带，日照充足，温和多雨，全岛山脉纵横，地势东高西低，岛上的最高峰阿贡火山（图2-56）海拔3142米，被称为"世界的肚脐"。巴厘岛是印尼旅游业的领头雁，连续几年占印尼旅游收入的45%，以金色的海滩、蔚蓝的海洋、众多的庙宇、优美的舞蹈、美丽的湖光山色、灿烂的民族艺术、独特的工艺产品和迷人的风土人情闻名于世，素有"诗之岛""舞之岛""千庙之岛""神仙岛"的美誉，人们用"诗一般的情调，画一般的美丽"来形容巴厘岛的景色。巴厘岛北有风景优美的比都库湖、巴都湖，东南部的格龙宫是著名的古代巴厘王朝法庭所在地，宫殿气派雄伟，布撒基寺是众多寺庙中最著名、面积最大的一座印度教寺庙群，位于岛中部的乌穆是绘画中心，玛斯是著名的木雕中心，雕刻（木雕、石雕）、绘画和手工业技艺精湛、风格独特，居民每年举行的宗教节日活动近200个，每逢节日，歌舞杂陈。巴厘岛风情万种，景物甚为绮丽，还有多种别称，如"神明之岛""恶魔之岛""罗曼斯岛""绮丽之岛""天堂之岛""魔幻之岛"。

图2-56 阿贡火山

3. 日惹

日惹是位于爪哇中南部的直辖特区，北邻中爪哇省，南临印度洋。首府日惹是古代马特兰地区的中心，1755年日惹王国在此建都，悠久的历史孕育了日惹灿烂的文化，是爪哇国和爪哇文化的发源地。日惹名胜古迹云集，主要旅游景点有巴玛南神庙、婆罗浮屠（图2-57）、日惹王宫、麦拉比火山等。

图2-57 婆罗浮屠

第七节　越南

一、地理概况

（一）自然地理

越南全称为"越南社会主义共和国"，位于东南亚中南半岛东部。越南地处北回归线以南，属热带季风气候，高温多雨。年平均气温 24℃ 左右。年平均降雨量为 1500~2000 毫米。北方分春、夏、秋、冬四季；南方雨旱两季分明，大部分地区 5—10 月为雨季，11 月至次年 4 月为旱季。

越南矿产资源丰富，种类多样，主要有近海油气、煤、铁、铝、锰、铬、锡、钛、磷等，其中煤、铁、铝储量较大。有 6800 多种海洋生物，其中鱼类 2000 余种，蟹类 300 余种，贝类 300 余种，虾类 70 余种。森林面积约 1000 万公顷，曾种植大量橡胶树林。

（二）人文地理

1. 人口与民族

越南人口约 9946 万（2022 年，联合国统计司，http：//data. un. org），有 54 个民族，京族占总人口近 90%，大量聚集在冲积三角洲和沿海平原地区。京族作为一个最大的同系社会群体，控制国家的政治经济，主导文化事业，对社会生活施加巨大影响。少数民族中汉族、岱依族、泰族、芒族、高棉族、侬族人口均超过 50 万。少数种族（除汉族之外）多居住在占越南国土面积三分之二的高地。汉族是越南最大的少数民族，总数约 100 万（全国人口中占比 1.5%），其中半数集中在胡志明市（全市人口占比 12%）。

2. 语言与宗教

越南的主要语言为越南语（官方语言、通用语言、主要民族语言均为越南语），主要宗教有佛教、天主教、和好教与高台教。

3. 越南的国旗、国徽、国歌、国花、国鸟

国旗：越南国旗为长方形，自 1955 年 11 月 30 日开始采用，即通常说的金星红旗，长宽比例为 3∶2，国旗旗地为红色，旗中心为一枚五角金星。红色象征革命和胜利，五角金星象征越南共产党对国家的领导，五星的五个角分别代表工人、农民、士兵、知识分子和青年。

国徽：越南国徽为圆形、红底。国徽的正上方是一个五角金星，红底下面是半个齿轮。五角金星代表越南共产党，四周是稻穗和金色齿轮，代表工人阶层及农民阶层。金色齿轮下方有越南文"共和社会主义越南"。

国歌：越南国歌《进军歌》，写于 1945 年 8 月革命前，1946 年被国会正式选定为国歌。

国花：越南国花是莲花，民间把它作为力量、吉祥、平安、光明的象征（图 2-58）。

图 2-58　越南国花

二、简史

越南在历史上的称呼几经变更，最早被称为"交趾"。公元前 111 年汉武帝平定南越国，即在今越南北部设立交趾郡。唐朝时，设立安南都护府，因此越南又被称为"安南"。968 年丁朝独立，建国号"大瞿越"，这是越南历史上第一个正式国号。1054 年，李朝圣宗又改国号为"大越"。"大越"是越南历史上使用最久的国号，其间虽有 15 世纪时胡朝改国号为"大虞"的短暂变更，但李朝、陈朝、后黎朝诸朝均以"大越"为号。不过宋朝以来中国历代仍然以"安南国"称之（北宋时则多称为"交趾国"）。1802 年，阮福映统一大越，建立阮朝，欲改"大越"国号为"南越"，并请求宗主国中国清朝批准。清朝嘉庆帝认为历史上的"南越"涵括了广东、广西，字面含义与阮氏政权统治交州故地的现实不符而予以否决，并将"南越"颠倒为"越南"。1804 年，清朝遣使册封阮福映为"越南国王"，从此"越南"成为这个国家的新国号。1839 年，阮朝明命帝改国号为"大南帝国"，此后同时采用"大南"和"大越南"的双轨国号。19 世纪中叶以后，法国开始侵略蚕食越南。后清朝作为宗主国派兵抵抗，冯子材和刘永福所率黑旗军等参战。1885 年，中法战争结束，清政府与法国签订《中法新约》，放弃了对越南的宗主权。另一方面，越南则沦为法国殖民地，阮朝名存实亡，法国的印度支那联邦总督则驻扎西贡，对越南、老挝、柬埔寨进行殖民统治。1945 年 9 月 2 日胡志明建立越南民主共和国，1976 年越南南北统一，改名"越南社会主义共和国"。

三、政治、经济

（一）政治

越南是一党制的人民代表大会制度。越南国体为马克思列宁主义社会主义共和制人民共和国。越南现行宪法是第四部宪法，于 1992 年 4 月 15 日在八届国会十一次会议上通过，是 1946 年、1959 年、1980 年宪法的继承和发展，体现了越共"七大"提出的社会主义目标与国家全面革新路线。

宪法规定：越南社会主义共和国国家政权属于人民，越南共产党以马克思列宁主义和胡志明思想为指导思想。国会是国家最高权力机关，任期 5 年，通常每年举行两次例会。越南共产党是越南唯一合法政党，于 1930 年 2 月 3 日成立，同年 10 月改名为"印度支那共产党"，1951 年更名为"越南劳动党"，1976 年改用现名。

（二）经济

越南属发展中国家。1986 年开始实行革新开放。1996 年越共八大提出要大力推进国家工业化、现代化。2001 年越共九大确定建立社会主义定向的市场经济体制，并确定了三大经济战略重点，即以工业化和现代化为中心，发展多种经济成分，发挥国有经济主导地位，建立市场经济的配套管理体制。实行革新开放以来，越南经济保持较快增长速度，1990—2006 年国内生产总值年均增长 7.7%，经济总量不断扩大，三产结构趋向协调，对外开放水平不断提高，基本形成了以国有经济为主导、多种经济成分共同发展的格局。2006 年，越南正式加入 WTO，并成功举办 APEC 领导人非正式会议。2023 年越南国民生产总值为 10221.8 万亿越南盾，折合 4300 亿美元。

越南是传统农业国，农业人口约占总人口的 75%。耕地及林地占总面积的 60%。粮食作物包括稻米、玉米、马铃薯、番薯和木薯等，经济作物主要有咖啡、橡胶、腰果、茶叶、花生、蚕丝等。

越南主要贸易对象为美国、欧盟、东盟、日本以及中国。主要出口商品包括煤炭、橡胶、纺织品、石油、水产品、鞋类、大米、木材及木制品、咖啡等。主要出口市场为中国、欧盟、美国、日本。主要进口商品有摩托车、机械设备及零件、纺织原料、成品油、钢材、皮革。主要进口市场为中国大陆和台湾地区以及新加坡、日本、韩国。

四、文化

（一）教育

越南已形成包括幼儿教育、初等教育、中等教育、高等教育、师范教育、职业教育及成人教育在内的教育体系。普通教育学制为 12 年，分为三个阶段：第一阶段为 5 年小学，第二阶段为 4 年初中，第三阶段为 3 年高中。2000 年越南宣布已基本实现普及小学义务教育目标。2001 年开始普及 9 年义务教育。著名高校有河内国家大学、胡志明市国家大学、顺化大学、太原大学、岘港大学等。

（二）语言及文字

越南在古代使用汉字，而今日的越南是一个多语言、多民族的国家，京族人是狭义上的越南人，其母语就是越南语。若就语言分类的角度来看，越南的民族数量远多于 54 个。若不包含手语，越南境内共有 105 种语言。越南政府认定的 54 个民族分属于下面 5 个语系："南亚语系""壮侗语系""苗瑶语系""南岛语系"和"汉藏语系"。属于南亚语系的越南语被采用为全国性官方语言，用于教育体制及大众媒体。约90%的少数民族人口均可使用不同程度的越南语。

21世纪以来，随着少数民族语言意识的抬头，民族母语的教育权与传播权逐渐受到重视。譬如，在"越南之声"广播电台已经使用一些少数民族语如苗语、泰语、高棉语等放送。

（三）武术

越南武术自古受中国武术影响较大，同时来自东南亚各国的拳术也渗透入越南武术。然而，在吸收邻国武术精华的同时，越南武术也保留了大量自身的特点。越南武术多采用类似柔道、跆拳道式样的武服，并采用不同颜色的腰带以区分习武者的级别。目前最具影响的越南武术是越武道。越武道是越南武术之道，受中国南少林和泰拳的影响，自立流派发展起来的。

（四）体育

越南的传统体育项目丰富多彩、形式多样，流传较广的主要有武术、象棋、藤球和赛牛等，深受越南人民的喜爱。为了推动体育事业的发展，从1991年开始，越南将每年的3月27日定为"越南体育日"。

（五）戏剧

在越南，游人可以欣赏到世界上独一无二的木偶剧，那就是水上木偶戏（Mua Roi Nuoc）。正如越南大部分的传统艺术一样，水上木偶戏也起源于越南北部，然后逐渐传到全国各地。水上木偶戏的戏台极不寻常，它正好就是水平面，因此操纵木偶的师父必须站在及胸的水中，将自己藏在长布幔后，以竹棒来操纵木偶。（图2-59）

图2-59 水上木偶戏

五、民俗风情

（一）服饰

奥黛是越南的民族传统服装，被称为越南"国服"。

奥黛是中文对越语"Ao Dai"的音译。在现代越语里，"Ao"则指遮盖到颈部以下的服饰，而"Dai"的意思是"长"。它通常使用丝绸等软性布料，上衣是一件长衫，类似中国旗袍，胸袖剪裁非常合身，凸显女性玲珑有致的曲线，而两侧开高衩至腰部，走路时前后两片裙摆随风飘逸，下半身配上一条喇叭筒的长裤，因此无论日常生活的行、住、坐、卧都很方便。过去奥黛只用在外出、会客、年节以及婚宴（对乡村姑娘来说，奥黛几乎象征一生只穿一次的白纱礼服），如今在一般生活中随处可见。过去奥黛裙摆长到脚踝，后为了方便女性骑乘交通工具而改短，有的甚至短到膝盖。

过去奥黛的颜色代表了年龄与地区：少女是纯洁的白色，未婚女子是柔和的粉色，已婚妇女则是深色；北越女性喜好黄绢色，中越女性偏爱紫檀色，而南越女性则选择白色或刺绣花样。如今已经没有分别了，甚至会看到使用牛仔布、皮革、珠串甚至石头设计的现代化奥黛，而为了衬托女性优雅的身段，西式的高跟鞋也成了不可或缺的配件。（图2-60）

图2-60　奥黛

（二）饮食

越南民族的饮食代表了越南的文化特征，炎热的气候使越南有很多丰富的产物。越南人常吃的主食为大米、糯米、各种青菜、豆、水果与越南各地区的山珍海味。越南食品从简单的点心如米粉、粉丝、面汤、糯米饭、糖水至家庭饭中的红烧、汤、炒、凉菜等。越南菜酸辣甘甜，不油不腻，蔬菜水果种类繁多，清新爽口；椰汁退火，随手可得；"鱼露"更是越南餐桌不可或缺的作料。

（三）民居

越南的民居建筑与中国有明显的不同。每栋民房都比较狭窄，门面一般宽 3~5 米，多为两到三层，远远望去，就像一座座炮楼。海防、下龙、河内这些城市的民居与农村的民居布局相近，很少见到气势恢宏的高大建筑。（图 2-61）

图 2-61　越南民居

（四）节日

越南也使用阳历与阴历，除了国家法定的节日如元旦、国际劳动节、国庆节等外，越南也过清明节、端午节、中元节、中秋节、重阳节、春节等。与中国人一样，阴历的春节是一年之中最盛大的节日。越南有一句民谣："肥肉姜葱红对联，幡旗爆竹大粽粑。"意思是：春节到了，要为过节准备丰盛的肉菜，做好粽粑，门口贴上大红对联，高高的幡旗随风飘扬，爆竹鸣响。

六、旅游业概况

（一）旅游业现状

越南旅游资源丰富，有 5 处风景名胜被联合国教科文组织列为世界文化和自然遗产。据越南文化体育与旅游部国家旅游局称，越南旅游业正努力实现 2024 年国内游客和国际游客人数分别达 1.1 亿人次和 1800 万人次，旅游营业收入达约 840 万亿越盾（折合人民币 2470 亿元）的目标。目前，越南对 25 个国家的公民实施免签，其中单方面免签 13 个国家。自 2023 年 8 月中旬起，越南决定向所有国家和地区公民发放电子签证（e-visa），并将停留期限从 30 天延长至 90 天，期间无限次出入境；同时，将 13 个单边免签国家公

民的停留期限延长至45天。电子签证政策为越南旅游业吸引游客创造了更为便利的条件

（二）著名旅游城市和景点

1. 河内

河内，越南首都，也是越南第二大城市及政治中心，是越南历史上著名的城市，面积为3324平方千米。

河内地处红河三角洲西北部，坐落在红河右岸和红河与苏沥江（墩河）的汇流处。红河从市区旁边缓缓流过。河内无论是从南方到北方，还是从内地到沿海，均是必经之地，地理位置十分重要，拥有北方最大的河港，多条铁路在这里相联结，是北方公路的总枢纽，郊区有内排机场和嘉林机场，水、陆、空交通便利。

河内有一千多年的历史，11世纪起成为越南历史多个朝代的都城，历史文物丰富，名胜古迹遍布，享有"千年文物之地"的美称。1831年正式命名为河内。今天的河内市，许多街道依然沿用旧时的名称、如皮行、铜行、棉行、糖行、麻行、桃行、帆行，一些街道依然保持昔日专业性的传统，如皮行街专售皮货，铜行街专售铜器。市内主要景点有巴亭广场、历史博物馆、还剑湖等。（图2-62）

图2-62 河内

2. 胡志明市

胡志明市（原名"西贡"）位于湄公河三角洲东北、同耐河支流西贡河右岸，为越南最大的城市，是越南的五个中央直辖市之一，也是前越南共和国（南越）的首都，是越南南方经济、文化、科技、旅游和国际贸易的中心，曾有"东方巴黎"之称。

胡志明市是一个风景优美的城市，美丽的西贡河绕城而过，景色迷人，乘游船泛舟西贡河，欣赏两岸景色，别有一番情趣。市内的国光寺、舍利寺、永严寺、天后庙、圣母大教堂、草禽园、查匈植物园、骚坛公园等都是游览胜地。

胡志明市因其不同于首都河内的风格，被越南人民称为"东方明珠"，是越南人民引

以为傲的标志性城市。(图 2-63)

图 2-63　胡志明市

3. 下龙湾

下龙湾是越南著名的风景胜地,以景色瑰丽、秀美而著称,并被列入了《世界自然遗产名录》。这里有大大小小 2000 多块姿态各异的岩石矗立在平静的海面上,因酷似中国广西的桂林山水,又被称为"海上桂林"。(图 2-64)

每年 11 月至次年 2 月是下龙湾的旱季,最适合前往。乘船观光是游览下龙湾最常见的方式,不仅可以游离在小岛之间欣赏海上山水美景,还能上岛参观一些漂亮的溶洞。在下龙湾一带的城镇,许多当地民宅都带有法式风格,还有随处可见的舢板、帆船及划船售卖物品的渔家商贩,乡土风情浓郁。

图 2-64　下龙湾

4. 岘港

岘港，位于越南中部，古都顺化的附近，是越南第四大城市。

岘港濒临南中国海，下辖五区两岛；距离北方的河内 764 千米、南方的胡志明市 964 千米；北连顺化，南接芽庄，背靠五行山，东北有山茶半岛作为屏障，海湾呈马蹄形，港阔水深，形势险要，为天然良港，现为海军基地，可停靠万吨级军舰。有制碱、纺织、橡胶、水泥、造纸等工业，郊区产稻、玉米、橡胶。西南约 70 千米的美山有古代占婆塔群遗址。东南 35 千米则为联合国世界文化遗产会安古镇，从会安古镇码头搭乘摆渡船出发则可以游览秋盆河明珠之迦南岛，迦南岛主要以水椰林及原生态自然风光而闻名。（图 2-65）

图 2-65　越南岘港金桥

5. 芽庄

芽庄位于越南南部海岸线的最东端，其海滨沙滩一望无际，幼滑的白沙，潮平水清，海底千姿百态的珊瑚，色彩斑斓成群追随在潜水者身旁的鱼类，就足够让海底探险者乐此不疲。芽庄是海滨旅游的理想胜地。早在越战时期，美军便将芽庄作为度假胜地。现在的芽庄海滨顺应了休闲、健身、旅游的潮流，芽庄度假区还提供温泉浴、矿泥浴等休闲健身服务。（图 2-66）

图 2-66　芽庄

第八节　澳大利亚

一、地理概况

(一)自然地理

澳大利亚全称"澳大利亚联邦",源于拉丁语中的"terraaustralis"一词,意为南方的土地,指赤道以南的陆地和海洋。欧洲人在17世纪初叶发现这块大陆时,误以为这是一块直通南极的陆地,故取名"澳大利亚"。

澳大利亚地处太平洋西南部和印度洋之间,四周环海,由澳大利亚大陆、塔斯马尼亚岛及大洋中的其他一些小岛和海外领土组成。澳大利亚南北距离约为3700千米,东西之间的距离约为4000千米,国土面积约769.2万平方千米,仅次于俄罗斯、加拿大、中国、美国和巴西,居世界第六位,是世界上唯一一个国土跨越整个洲的国家,故也称为"澳洲"。

澳大利亚海岸线绵长,总长约3.67万千米,虽四面环水,沙漠和半沙漠却占全国面积的35%。全国分为东部山地、中部平原和西部高原3个地区,澳洲大陆古老而又平坦。海拔230米的科修斯科山为全国最高峰,最长河流墨尔本河长3490千米。内陆中部的埃尔湖是澳大利亚的最低点,湖面低于海平面12米。在东部沿海有全世界最大的珊瑚礁——大堡礁。

澳大利亚位于南纬10°41′~43°39″之间,北部为热带,中部为干旱地带,南部为温带,其季节和北半球正好相反,每年的12月到次年2月是夏季,3月到5月为秋季,6月到8月为冬季,9月到11月为春季。由于没有特别高的山脉阻隔,加之大洋环绕带来的调节作用,气候的主要特征是炎热干燥,雨量较小,是除南极洲以外降雨量最少、最干燥的大陆。年平均气温从最北部的27℃到最南部的13℃,最冷的地区位于塔斯马尼亚的高原地区和东南大陆的边缘地带。平均年降雨量为465毫米,每年雨量的变化幅度很大,分布也很不均匀,最湿润的地方是东北热带地区和塔斯马尼亚州西南地带。

澳大利亚生物原始性明显,生物旅游资源独特。澳大利亚大陆从第三纪以来,就与世界其他大陆相脱离,在漫长的年代里生物界长期独立发展,渐渐形成了独特的演化过程,与其他大陆上的生物区别显著,又因没有受到第四纪冰川的影响,使得古老的动植物得以繁衍,故有"世界活化石博物馆"的美称,如这里有最具代表意义的两大哺乳动物——有袋类动物和有胎类动物,最古老的原始哺乳动物——单孔目动物(主要包括针鼹和鸭嘴兽)。这里还是植物的王国,澳大利亚是世界上桉树的原产地和集中地,现已发现600多种,金合欢树种类在世界居前列。

(二)人文地理

1. 人口与民族

澳大利亚人口约2500万(2022年,联合国统计司,http://data. un. org)。由于大部分地区极为干旱或是半沙漠，并不适宜居住，人口密度仅为 3.1 人/平方千米，是世界上人口密度最小的国家之一。人口分布很不平衡，85%以上的人口聚居在城市，土著居民大多生活在政府划定的土著人保护地内。

澳大利亚是典型的移民国家，被社会学家喻为"民族的拼盘"。自英国移民踏上这片美丽的土地之日起，已先后有来自世界 200 个国家、140 个民族的移民到澳大利亚谋生和发展。多民族形成的多元文化是澳大利亚社会一个显著特征。澳大利亚居民中 70%以上是英国及爱尔兰后裔，18%为欧洲其他国家后裔，亚裔占 6%，土著居民约占 2.3%。

2. 语言与宗教

澳大利亚的官方语言为英语，少数土著人讲本民族语言。土著语言有多种，在欧洲人到来之前大约有 250 种方言，现在仅存 100 来种，但大多面临消失的危险，真正在使用的只有 20 来种。

居民中 70.3%的人信奉基督教，少数人信奉犹太教、伊斯兰教和佛教。部分内地的土著居民保留着传统的宗教信仰，非宗教人口占 25.1%。

3. 澳大利亚的国旗、国徽、国歌、国花、国鸟

国旗：澳大利亚的国旗呈横长方形，长与宽之比为 2∶1。旗底为深蓝色，左上方是红、白"米"字，"米"字下面为一颗较大的白色七角星，右边有四颗白色七角星和一颗白色小五角星。"米"字为英国国旗图案，象征英联邦成员，表明两国的传统关系。最大的七角星象征组成澳大利亚联邦的六个州和联邦区（北部地区和首都直辖区）。五颗小星代表南十字星座（是南天小星座之一，星座虽小，但明亮的星很多），为"南方大陆"之意，表明该国处于南半球。

国徽：澳大利亚的国徽上左边是一只袋鼠，右边是一只鸸鹋，这两种动物均为澳大利亚所特有，是国家的标志、民族的象征；中间是一个盾，盾面上有六组图案分别象征这个国家的六个州。红色的圣乔治十字形（十字上有一只狮子、四颗星），象征新南威尔士州；王冠下的南十字形星座代表维多利亚州；蓝色的马耳他十字形代表昆士兰州，伯劳鸟代表南澳大利亚州；黑天鹅象征西澳大利亚州；红色狮子象征塔斯马尼亚州。盾形上方为一枚象征英联邦国家的七角星。周围饰以国花金合欢，底部的饰带上用英文写着"澳大利亚"。

国歌：澳大利亚的国歌《前进，美丽的澳大利亚》，从 1984 年 4 月 19 日起正式使用。

国花：澳大利亚的国花是金合欢（图 2-67）。

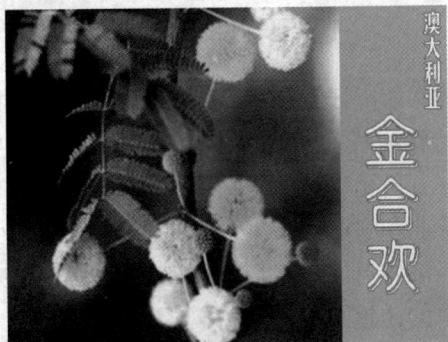

图 2-67 澳大利亚的国花

二、简史

澳大利亚是全世界最古老的大陆之一。人类在澳大利亚的居住历史估计已达6万年之久。在欧洲移民到来之前，土著人和托雷斯海峡岛民就已居住在澳洲的大部分地区。17世纪初，西班牙、葡萄牙和荷兰人先后到此，1770年4月20日，英国航海家詹姆斯·库克在澳大利亚东海岸登陆，并宣布此处为英王的属地。自此，詹姆斯·库克船长的名字与澳大利亚紧密地连在一起。1788年1月26日，英国航海家菲利普率首批移民（750名罪犯、294名海军官兵和官员）抵达杰克逊湾，发现了"世界上最好的港口"，为了向英国内政大臣悉尼勋爵致以敬意，将其命名为"悉尼"。此年现为澳大利亚建国之年，此日为国庆日。此后，英国陆续在澳洲各地建立了一些分散的殖民区，随着拓荒者的涌进，尤其是金矿的发现，移民剧增，各殖民区先后成立自治政府。1900年7月英国议会通过《澳大利亚联邦宪法》，1901年1月1日，各殖民区改为州，组成澳大利亚联邦，成为英国自治领地。1931年获得内政、外交独立的自由权，澳大利亚成为英联邦内的独立国家。1986年，英议会通过《与澳大利亚关系法》，澳大利亚获得完全立法权和司法终审权。1999年11月6日，在全民公决决定澳大利亚是实行共和还是维持现在体制的表决中，54%的投票者同意继续拥戴英国女王为他们的国家元首。这块土地十分古老，但是作为一个国家的历史则很短，故有"古老土地上的年轻国家"之称。

三、政治、经济

（一）政治

澳大利亚为英联邦成员国，采用英国的议会制度，实行政党政治和责任内阁制，联邦议会是澳大利亚的最高立法机构，由代表英王的总督和参议院、众议院两院组成。英国女王是澳大利亚名义上的国家元首，由女王任命的总督为法定的最高行政长官。总督由总理提名，由女王任命。澳大利亚总督代表英国女王行使在澳大利亚联邦内的职权。联邦行政议会是联邦最高行政机构，由总督、担任议员的各部部长和一些名誉委员组成。内阁是行政领导机构，内阁总理由众议院多数党领袖担任，并经联邦总督任命。联邦议会和政府负责处理涉及全国利益的所有事务。

（二）经济

澳大利亚地处南太平洋和印度洋，是南太地区经济最发达的国家。自20世纪90年代以来，澳大利亚经济保持持续增长。2022年，澳大利亚国内生产总值达1.67万亿美元，人均国内生产总值约为6.5万美元。

服务业、制造业、采矿业和农业是澳大利亚的四大主导产业。服务业是澳大利亚的优势产业。近年来，在新兴经济体对原材料巨大需求的带动下，澳大利亚采矿业快速增长。澳大利亚农业在国民经济中的比重虽有所下降，但农业的产量、产值和效益均不断提高，农产品出口也在大幅增加。

澳大利亚矿产资源丰富，是世界重要的矿产资源生产国和出口国，有"坐在矿车上的国家"之称。矿产不仅储量大，而且具有埋藏浅、易开采、品位好、质量优等特点，已探明的矿产资源多达70余种，其中铅、镍、银、钽、铀、锌的储量居世界首位，是世界上最大的铝矾土、氧化铝、钻石、铅、钽生产国，最大的烟煤、铝矾土、铅、钻石、锌及精矿出口国，第二大氧化铝、铁矿石、铀矿出口国和第三大铝、黄金出口国。

澳大利亚是世界主要贸易国家之一，对国际贸易依赖很大，以出口初级农牧产品和矿产品而闻名于世，主要贸易对象是日本、美国、欧洲共同体、中国、东盟和新西兰等。

四、文化

（一）教育

澳大利亚教育比较发达。宪法规定，各省中小学及工业学院均由各省教育部负责领导、管理，由联邦政府拨款资助，大学则由联邦政府统一管理。凡澳大利亚的公民，都是免费接受教育的。学校分为公立和私立两种，实行学龄前教育、中小学12年义务教育和高等教育。澳大利亚的职业培训教育由职业技术学院以及私人机构，如企业公司、私立学院、社区团体、专业组织和学校等负责提供。著名高等院校有澳大利亚国立大学、格里菲斯大学、墨尔本大学、悉尼大学、新南威尔士大学、莫那什大学等。

（二）科学技术

澳大利亚重视科学研究与科学教育。基础科学研究主要在各大学和政府的研究机构中进行。科研工作主要服务于农牧业和矿业。澳大利亚科学技术委员会于1978年成立，是总理的顾问机构。其他研究机构有联邦科学和工业研究组织、澳大利亚科学院、原子能委员会和海洋科学研究所。政府已出台名为"科学创新、成就未来——提升澳大利亚国力"的行动计划，以坚持不懈地支持积极创新、追求卓越。

（三）文学艺术

1. 文学

澳大利亚政府在"自由、民主、公正"的原则下倡导多元文化政策。这一特色一方面反映在土著人的绘画、文学和音乐中，另一方面又在从西方传统中吸收来的艺术、文学、现代舞蹈、电影、歌剧和戏剧中得到了体现。亚太地区的文化是影响澳洲文化的一个重要因素。在现代英语著作方面，澳大利亚的文学作品在国际上享有盛誉。澳大利亚的作家们的文学创作活动日益兴盛，长篇、中篇、短篇小说作品不断问世，曾多次获奖，著名作家帕特里克·怀特获得1973年诺贝尔文学奖，使澳大利亚文学在世界上产生了新的影响。

2. 体育

澳大利亚人酷爱运动，认为体育运动才是生活，对运动不感兴趣是衰颓的表现。冲浪、帆板、赛马、滑雪、钓鱼都有众多的热衷者和爱好者。澳式橄榄球、网球、滚球、游泳、钓鱼都是热门项目。特别是网球和游泳最受澳大利亚人的青睐。在历次奥运会上，游泳都是澳大利亚队的重点夺金赛事，澳大利亚代表团几乎有 1/3 的奖牌来自游泳。澳大利亚与英、法、美三国并称世界四大网球王国。澳大利亚人赛马成癖，赛事频繁，赌马之风盛行。

五、民俗风情

在澳大利亚人口中，白种人占 99%，其中绝大多数人形成了接近英国传统的习俗，只有土著人仍保持着自己特有的习俗。

（一）服饰

澳大利亚人，特别是英国后裔十分注重公共场所的仪表，脑力劳动者和体力劳动者之间亦有"白领阶层"和"蓝领阶层"之分，但是现在这类区别不甚明显。男子出席正式场合时西装革履，女性是西服上衣和西服裙。在购物、游览等闲暇活动中，人们更加偏爱便装，时至今日，各式各样的土著艺术已融入时装设计之中，土著的古代艺术对现代澳大利亚时装潮流有重大影响，这也是澳大利亚时装与众不同，具有线条硬朗、色彩鲜明的原始风格的原因。

（二）饮食

澳大利亚人在饮食上与欧美国家相似，家庭中一般是三餐加茶点。早餐主要食品有牛奶、麦片粥、火腿、煎蛋、黄油、面包；午餐多食快餐，通常食冷肉、凉茶、三明治、汉堡包、热狗等；晚餐是一天中的正餐，食物丰盛，多有热菜、炖煮、烧烤肉食等，并饮用配餐酒和啤酒等。早茶、午茶以咖啡和茶为主，加上饼干、小点心等甜食。澳大利亚人注重菜品的质量，讲究菜肴的色彩，喜吃鸡、鸭、鱼、海鲜、牛肉、蛋类等，偏爱煎、炸、炒、烤烹调制成的菜肴；十分喜欢野餐，喜欢饮酒，在郊外的野餐通常是以烤肉为主；非常喜欢中国菜，特别爱吃中国风味的清汤饺子，华人餐馆在各大城市中均可见到。其特色的食品有袋鼠肉、皇帝蟹、鲍鱼等。

（三）民居

在澳大利亚通常能见到的是宽大的住宅而不是高楼大厦，72% 的澳大利亚人有自己的单家独院，这些院落在中国被称为别墅，是澳大利亚最普遍的住宅形式。大部分住宅的建筑格局是有 4~6 个房间的一层庭院式，房舍周围为种满花草和蔬菜的花园和菜园，人口较多、十分富有的人家多为二层房。澳大利亚人的住宅或公寓都有很高的建筑标准，而且住宅内一般都拥有现代化的家用电器设备，绝大多数住宅装有空调和现代化供暖设备，而且大部分澳大利亚人都拥有自己的汽车。

（四）礼貌、礼节

澳大利亚人流行西方礼仪，讲究礼貌。人们相见总是热情打招呼，彼此称呼对方的名字。握手是一种相互打招呼的方式，拥抱亲吻的情况比较少见，但在亲朋好友之间通常贴面以示感情。在社交场合，澳大利亚人待人接物非常随和，喜爱同陌生人交往，对待外来客人也是这样，在公共场合从来不大声喧哗。"保持距离"是社交场合、日常交谈以及茶余饭后闲聊时所必须注意的行为准则。澳大利亚人崇尚自信、自强，对弱者不大表示同情，也无意打探他人的事情。与澳大利亚人交谈时不要涉及金钱、婚姻、年龄、职业、宗教等私事，避免提出"您上哪儿去""您吃饭了吗"这类问题。澳大利亚人的时间观念很强，约会必须事先联系并准时赴约，比预定时间晚到 5 分钟还是可以接受的，但是迟到方必须道歉，并简单说明原因。澳大利亚人请客一般提前一周左右向被邀请人发出邀请。被邀请者是否赴约应明确告知邀请人。接受邀请后因故不能前往者，应及时通知邀请人，否则便是失礼。被邀请到澳大利亚人家中做客，最合适的礼物是给女主人带上一束鲜花，也可以给男主人送一瓶葡萄酒。吃东西发声大、刀叉碰撞声大、边咀嚼边讲话都被认为是失礼的。

（五）禁忌

澳大利亚人忌讳数字"13"，视"13""星期五"为不祥日；忌讳兔子及兔子图案，喜爱袋鼠、琴鸟和金合欢花图案；忌送菊花、杜鹃花、石竹花和黄颜色的花。澳大利亚人平等意识浓厚，交往时应注意一视同仁，不要厚此薄彼。乘出租车必须有一人与司机并排坐，以示尊重。切忌对其国内事务发表议论，也不要说"自谦"的话。不可竖大拇指表示赞扬（在当地被认为下流动作），切忌对人眨眼。

（六）节日

澳大利亚全国性的节日有：元日（1 月 1 日）、国庆日（1 月 27 日）、复活节（3 月 28 日—3 月 31 日）、澳纽兵团日（4 月 25 日）、女王诞生日（6 月 9 日）、圣诞节（12 月 25 日）、开盒节（12 月 26 日）。此外，各州也有自行设立的节日。

六、旅游业概况

（一）旅游业现状

澳大利亚是个年轻的国家，旅游业起步也较晚。澳大利亚属世界高收入地区，居民出国观光的人数持续增长。每年 1 月份是盛夏，圣诞节、新年刚过，又正值学校放暑假，形成了一年一度的旅游高峰；7、8 两月为冬季，是旅游淡季。

（二）著名旅游城市和景点

澳大利亚旅游资源极为丰富，著名的旅游城市和景点遍布全国。其季节和北半球正好相反，奇异的自然风貌、独特的生态环境、对比强烈的多元文化和发达的经济是旅游业高速发展的基本条件。这里明媚秀丽的海滩、色彩斑斓的海底花园、险峻奇绝的壮丽峡谷、辽阔荒凉的内陆风光、举世无双的动物奇观、奇特古老的民俗风情，吸引着世界各地的旅游者前来度假休闲。

1. 堪培拉

堪培拉是澳大利亚的首都，全国的政治中心。位于澳洲东南部山脉区的开阔谷地上，处于墨尔本和悉尼之间，东北距悉尼 240 千米，西南距墨尔本 500 千米，面积约 2357 平方千米，50% 以上的面积为国家公园或保留地，城市的设计受到花园城市风潮影响，抛掉以公园作为点缀的旧有观念，将许多重要区域直接融入天然植被，因而享有"天然首都"美誉，堪培拉是一座典型的政府城市，始建于 1913 年，1927 年联邦政府从墨尔本迁到这里，现在已经是全国的政治中心城市，以服务业为主要经济支柱，无重工业，气候温和，全年降雨量平均，四季都有阳光普照的日子。每年 9 月，堪培拉都举办花节，以数十万株花迎接春天的到来，被誉为"大洋洲的花园城市"，其人均绿地面积仅次于华沙，居世界第二位。这座在旷野上建造起来的城市，从城市的布局到整齐划一的街道，从唯美时尚的建筑物到鲜花遍地的绿茵草坪，从庄严堂皇的国会大厦到精美小巧的外国使馆，从幽静的人工湖到喷云吐雾的喷泉柱，无不显示出一幅幅刻意追求、精心雕琢的美丽图画。著名的建筑和景点有国会大厦、战争纪念馆、国家图书馆、国家艺术馆、水族馆、格里芬湖等，而国会大厦位于堪培拉的中心，是世界上最著名的建筑之一。(图 2-68)

图 2-68　堪培拉

2. 悉尼

历史名城悉尼位于澳大利亚的东南岸，是澳洲第一州新南威尔士州的首府，全国的文化、经济和金融中心，也是澳大利亚最大的城市和港口。悉尼作为城市的历史始于 1788 年，以菲利普船长率领的首批英国殖民者在悉尼登陆为开端，1842 年 7 月 20 日正式建市，第二次世界大战后，大量欧洲、中东、东南亚的移民涌入澳大利亚。广义的悉尼即所谓大悉尼，包括悉尼市和附近 44 个小城市，面积约为 1.2 万平方千米，居民来自 160 多个国家和地区，占澳洲总人口的 1/5，是澳洲人口最稠密的地方。悉尼是世界上最美丽的海港城市之一，连续多年被评为世界最佳旅游城市，有白帆逐浪的海港、细腻迷人的沙滩、终年阳光明媚的地中海式气候，空气清新，绿草葱茏，繁花似锦，与碧水蓝天相映，美不胜收。悉尼有南半球最大的海港大桥、风格独特的歌剧院、南太平洋地区最大的国际机场、305 米高的悉尼塔、维多利亚大厦、唐人街、水族馆、皇家植物园和野生动物园等景观，几乎是外国游人的必到之地，有"澳大利亚门户"和"南半球的纽约"之称。

悉尼歌剧院（图 2-69）与悉尼塔、海港大桥并列为悉尼三大标志性建筑，登上悉尼塔可以鸟瞰整个市景。

图 2-69 悉尼歌剧院

3. 墨尔本

墨尔本是澳大利亚第二大城市，是有花园之州美誉的维多利亚州的首府，位于澳大利亚东南部的亚拉河畔，也是澳大利亚经济、文化、金融中心之一，有"金融首都"之称。大墨尔本地区包括墨尔本中心区和几百个郊区，有来自全球 233 个国家和地区的移民和 116 种宗教信仰，被使用的语言超过 180 种，为墨尔本带来多元文化的丰富情趣。现在每年大约有 10 万名新移民抵达澳大利亚，约 1/3 到墨尔本定居。墨尔本市建立于 1835 年，1927 年以前是澳大利亚联邦政府的首都，在墨尔本的发展史中，"淘金热"始终占有重要的位置。1851 年在墨尔本附近发现了金矿，大量的人从世界各地前来墨尔本淘金，城市得到迅速发展，所以也有"新金山"之称，以别于美国的旧金山。墨尔本城西的巴拉腊特和城北的本迪戈这两个过去的淘金地都建有主题公园，再现了当年采金时期的生活与习俗。公园中的服务员都仿照当时的情况进行穿着打扮，并且仿造了当年采金者的遗物、店铺、铁匠铺、四轮马车等设施和交通工具，真实地再现了淘金时期的生活风貌。

墨尔本是座充满活力和欢乐的城市，以浓厚的文化气息、绿化、时装、美食、娱乐及体育活动而著称，春秋季气候最为宜人，全年雨量平均，林荫茂盛，公园众多，绿化覆盖率高达 40%，是澳洲最具有欧洲风味的大城市。1990—2006 年，其先后 10 次被国际人口行动组织评选为"世界上最适合人类居住的城市"。目前市内仍保留许多 19 世纪华丽的维多利亚式、哥特式建筑，与绿树成荫的花园、街道构成了墨尔本市典雅的风格。市内古老的环形电车专为游客设计，沿途经过皇家展览馆、墨尔本会议中心、皇家赌场、旧监狱等许多游览景点，另外还有维多利亚艺术中心、维多利亚国立美术馆、动物园、疏芬山、菲利普岛等景观。从文化艺术层面的多元性，到大自然风光之美，墨尔本应有尽有，在满足感官娱乐方面，墨尔本更可以说是澳大利亚之冠。(图 2-70)

图 2-70　墨尔本

4. 黄金海岸

澳大利亚四面环海，海岸线绵长，拥有许多优良的海滨浴场，其中位于东海岸昆士兰州内布里斯班市区以南 96 千米处，长约 32 千米的一段金黄色沙滩最令人叫绝，被称为"黄金海岸"(图 2-71)。这里是太平洋暖流冲击地带，终年阳光普照，气候宜人，有蔚蓝色清澈见底的海水、洁净如粉的细沙，最适于人们游泳和滑水，是澳大利亚首屈一指的避暑胜地。这里拥有世界一流的住宿饭店、风景名胜，各种富有吸引力的主题游览区 30 多个，世界级的主题公园 3 个，因此享有"主题公园之都"的美誉。各种游乐项目应有尽有：华纳兄弟电影世界、儿童公园、鸟瞰名胜的空中缆车、海豚表演、展示奇花异兽的公园、全国最大的海洋公园、梦幻世界、直升机的低飞游览、令人眼花缭乱的水上芭蕾等，还可以到天堂农庄去体验澳洲最原始的生活方式，使游客各得其所，流连忘返。

图 2-71　黄金海岸

4. 大堡礁

世界自然遗产大堡礁，从大陆小镇道格拉斯港口向南延伸至班达伯格，绵延 2000 多千米，堪称举世无双的水上奇观。

大堡礁是世界上最大、最长的珊瑚礁区，是世界七大自然景观之一，也是昆士兰州最大的观光招牌、澳大利亚人最引以为豪的天然景观，被誉为"透明清澈的海中野生王国"。它位于巴布亚湾与南回归线之间的热带海域，南太平洋珊瑚海西部，北起托雷斯海峡，南至弗雷泽岛附近，沿着昆士兰州的海岸线绵延 2400 千米，最宽处 161 千米，宛如一道天然的防波海堤，像堡垒护卫着海岸，故称"堡礁"（图 2-72），总面积 20 多万平方千米。大堡礁约由 3000 个不同阶段的珊瑚礁、珊瑚岛、沙洲和潟湖组成。这里是海洋中的热带雨林，是 350 多种活珊瑚、1500 多种鱼类、4000 多种软体生物及 240 多种鸟类和海龟等成千上万种海洋生物的安居之所，构成了世界最大的生态系统，色彩绚丽，千姿百态，形成一处举世无双的海底大花园，成为地球上最让人向往的海上乐园。大堡礁形成于中新世时期，距今已有 2500 万年的历史，面积还在不断扩大，退潮时，约有 8 万平方千米的礁体露出水面；而涨潮时，大部分礁体被海水掩盖，剩下 600 多个岛礁忽隐忽现，在其中 17 个较大的岛屿上，建有旅馆和公寓，其中以绿岛、丹客岛、磁石岛、海伦岛、哈密顿岛、琳德曼岛、芬瑟岛等较为有名，每年都会吸引无数的游客。1975 年澳大利亚政府颁布了《大堡礁海洋公园法》，1981 年整个区域被划入《世界遗产名录》。

图 2-72 大堡礁

5. 蓝山

蓝山是澳洲东部最高的山脉，位于澳大利亚新南威尔士州东部，悉尼市以西约 65 千米，之所以得名为"蓝山"，是因为当地的桉树所挥发的油滴在空气中经过阳光折射呈现出独一无二的蓝色景观（图 2-73）。这里溪谷幽深狭长，风景秀丽，溪流经年累月地冲刷砂岩形成了一个个竖直的缝道。很多溪谷深达 50 米，但入口宽度却不到 1 米。浩大的原始森林里藏有瀑布、深潭、岩洞、隧道和各种珍奇漂亮的动植物，成为澳洲人理想的郊游场所。最值得称道的是游客可以乘坐火车登山，这是一条世界上最陡的铁路，澳大利亚人称这段铁路为"之"字形铁路。在山顶上有巨大的宽银幕电影院，仅银幕就有 6 层楼高。三姐妹峰是蓝山的标志性景观，三块巨石并排屹立在高出云雾的山崖之上，酷似三位亭亭玉立的少女；温特沃思瀑布从一个悬崖上飞泻而下，银花四溅，气势磅礴。蓝山西麓100多千米处有个锦瑙兰洞，山洞中分布着大量形态各异的钟乳石，是一处著名的旅游胜地。

图 2-73　蓝山

课后练习

一、知识练习

(一) 选择题

1. 日本人忌讳的花卉是 (　　)。
   - A. 荷花
   - B. 兰花
   - C. 牡丹花
   - D. 樱花

2. 日本人忌讳的数字是 4 和 (　　)。
   - A. 6
   - B. 7
   - C. 8
   - D. 9

3. 世界上人口最稠密的大洲是 (　　)。
   - A. 非洲
   - B. 澳洲
   - C. 欧洲
   - D. 亚洲

4. 在 (　　) 国，人们忌讳说"恭喜发财"。
   - A. 马来西亚
   - B. 新加坡
   - C. 印尼
   - D. 泰国

5. 泰国人最喜欢的食品是 (　　)。
   - A. 泡菜
   - B. 寿司

C. 手抓饭   D. 咖喱饭

6. 马来西亚的货币名称是（   ）。

    A. 铢   B. 卢比

    C. 吉林特   D. 比索

7. 在韩国，被誉为"没有围墙的文化博物馆"的城市是（   ）。

    A. 首尔   B. 济州岛

    C. 釜山   D. 庆州

8. 印尼传统体育运动中，（   ）被称为"国球"。

    A. 柔道   B. 羽毛球

    C. 剑道   D. 乒乓球

9. 澳大利亚农牧业发达，素有"（   ）"之称。

    A. 羊背上的国家   B. 马背上的国家

    C. 牛背上的国家   D. 兔子王国

10. （   ）是世界上最大的珊瑚礁群。

    A. 西沙群岛   B. 大堡礁

    C. 南沙群岛   D. 三亚堡礁

（二）判断题

1. 印度尼西亚的国花是茉莉。 （   ）

2. 历史上的"马六甲王朝"是指今天的新加坡。 （   ）

3. 泰国的三大国宝是指玉佛、金佛、卧佛。 （   ）

4. 印度的泰姬陵被誉为"印度的珍珠"。 （   ）

5. 悉尼的黄金海岸世界著名。 （   ）

6. 全球第一位成功登上珠穆朗玛峰顶的人是新西兰人艾德蒙·希拉里爵士。 （   ）

7. 日本的首都是京都。 （   ）

8. 韩国的国技是跆拳道。 （   ）

9. 韩国的首都是首尔。 （   ）

10. 越南的首都是河内。 （   ）

（三）填空题

1. 日本的主要民族是_____。

2. 世界上有"白象之国"之称的国家是_____。

3. 日本的国花是樱花，国鸟是_____。

4. 新加坡的行政用语是英语，国语是_____。

5. 东京是日本第一大城市，而_____是其第二大城市。

6. 日本最高峰是_____，被誉为"圣岳"。

7. _____是韩国纬度最低，位于本土以南、黄海与东海交界处。

8. 澳大利亚的第一大城市是_____。

9. 佛教的主要教派包括_____、小乘佛教和_____。

10. 最有影响力的世界三大宗教是基督教、伊斯兰教和_____。

（四）简答题

1. 请描述一下韩国国旗及其寓意。

2. 被联合国定为国际通用语言的有哪六种语言？其中，使用人数最多的和使用最为广泛的分别是哪种语言？

二、职业技能训练

查找资料，讨论分析韩国、新加坡、日本、泰国的旅游特色是什么。

欧洲地区

学习目标 》》

知识目标： 了解欧洲地区主要客源国的地理位置，自然环境、人口、语言及宗教等概况，掌握各国的人文地理、民俗、旅游资源的基本知识。

技能目标： 能够对欧洲地区各主要客源国概况做出简要分析，能够正确运用民俗知识接待主要客源国游客，能够设计符合客源国游客需求的国内旅游线路，能够根据客源地区的旅游资源设计简单可行的旅游线路。

素质目标： 能够运用所学相关知识，分析相关客源国的基本情况，为了解和分析客源市场打下基础。

思政目标： 帮助学生了解欧洲国家发展历程及当前现状，对比国内发展现状，拓宽学生眼界，提升国家认同感和民族自豪感，加强学生人文素养，培养学生良好道德情操。

第一节　英国

一、地理概况

（一）自然地理

英国是由大不列颠岛上的英格兰、威尔士和苏格兰以及爱尔兰岛东北部的北爱尔兰以及一系列附属岛屿共同组成的一个西欧岛国。东濒北海，面对比利时、荷兰、德国、丹麦和挪威等国；西邻爱尔兰，横隔大西洋与美国、加拿大遥遥相对；北过大西洋可达冰岛；南穿英吉利海峡行 33 千米就到法国。

英国属温带海洋性气候，终年温和湿润，多雨雾，天气多变，一日之内时晴时雨。最低气温不低于-10℃，最高气温不高于 32℃。英国主要的矿产资源有煤、铁、石油和天然气。硬煤总储量 1.700 亿吨。铁的蕴藏量约为 38 亿吨。西南部康沃尔半岛有锡矿。在柴郡和达腊姆蕴藏着大量石盐。

（二）人文地理

1. 人口与民族

英国总人口数约为 6702 万人（2021 年，联合国统计司，http：//data. un. org）。英国是个多民族国家，主要有英格兰人、苏格兰人、威尔士人、北爱尔兰人构成。其中英格兰人占绝大部分，约八成。除此之外还包括少数阿拉伯人、印度人、巴基斯坦人等。

2. 语言与宗教

英国以英语为主要语言。少数地区也有使用其他语言，例如，威尔士北部还使用威尔士语，苏格兰西北高地及北爱尔兰部分地区仍使用盖尔语。

在英国，每个人都享有宗教自由，因此，在英国各中心地区也形成了多种不同宗教信仰蓬勃发展的局面。英国居民多信奉基督教新教，主要分英格兰教会（亦称英国国教圣公会）和苏格兰教会（亦称长老会，有成年教徒 59 万）。另有天主教会及伊斯兰教、印度教、锡克教、犹太教和佛教等较大的宗教社团。

3. 国歌、国花、国鸟

国歌：《天佑女王》（God Save The Queen）。

国花：玫瑰。

国鸟：知更鸟，又叫红胸鸲。

二、简史

公元前 2000—1500 年，古印欧人的一支——凯尔特人（罗马人称其为高卢人）西进。公元前 1200—1000 年，日耳曼人迫使凯尔特人继续西进到了不列颠岛。在他们之前在岛上居住的是皮克特人，皮克特人的首都是斯康宫，被苏格兰人称作历史中心，该宫殿以"斯康石"闻名苏格兰，史称"定命石"，因为继承苏格兰王位的每一位王公贵族都要到这里来举行加冕仪式。直至 1296 年，英格兰国王爱德华一世决定把这种仪式改在伦敦威斯敏斯特大教堂内举行。直到诺曼征服后，苏格兰仍有皮克特王国。史前英国（凯尔特英国，史前—43 年），盎格鲁–撒克逊英国与七国时代（约 440 年—850 年）与丹麦律法施行区时期（850 年—1066 年）。诺曼底王朝：1066—1154 年；金雀花王朝：1154—1399 年；兰卡斯特王朝：1399—1461 年；约克王朝：1461—1485 年；都铎王朝：1485—1603（近代英国开始）；斯图亚特王朝：1603—1714 年；汉诺威王朝：1714—1917 年；温莎王朝：1917—1920 年。

三、政治、经济

（一）政治

英国政体为议会制的君主立宪制。国王是国家元首、最高司法长官、武装部队总司令和英国圣公会的"最高领袖"，形式上有权任免首相、各部大臣、高级法官、军官、各属地的总督、外交官、主教及英国圣公会高级神职人员等，并有召集、停止、解散议会，批准法律、宣战等权力，但实权在内阁。议会是最高司法和立法机构，由国王、上院和下院组成。英国法官一律采用任命制。大法官、法官上院议员、上诉法院法官由首相推荐，英王任命。英国没有司法部，大法官拥有对司法人员的任免权。法官必须是"法律协会"的出庭律师，并有一定年限的司法实践。法官一经任命，非经本人同意，一般不能被免职。最高法院法官则为终身职。地方法院法官 72 岁以后才可以退休。法官待遇优厚。

（二）经济

英国作为一个重要的贸易实体、经济强国以及金融中心，是世界第五大经济体系，也是全球最富裕、经济最发达和生活水准最高的国家之一。私有企业是英国经济的主体，占据了生产总值的 82% 和总就业的 79%。英国工业在国民经济中的比重逐步下降，服务业所占的比重不断增大，其中商业、金融业和保险业发展较快。

英国的主要工业有：采矿、冶金、机械、电子仪器、汽车、食品、印刷、出版、建筑等。此外，英国的航空、电子、化工等工业比较先进，海底石油开采、信息工程、卫星通讯、微电子等新兴技术近年有较大发展。服务业是衡量现代国家发达程度的标准之一。英国的服务业从业人口占其就业总人口的 77.5%，服务业产值占国内生产总值的 63% 以上。

四、文化

（一）教育

英格兰、威尔士和苏格兰实行 5 至 16 岁义务教育制度，北爱尔兰地区实行 4 至 16 岁义务教育制度。义务教育归地方政府主管，高等教育则由中央政府负责。

英国重视教育和科研工作，全国有 110 多所大学和高等教育学院。著名的高等院校有牛津大学、剑桥大学、帝国理工学院、伦敦政治经济学院、圣安德鲁斯大学、伦敦大学学院、华威大学、曼彻斯特大学、爱丁堡大学和卡迪夫大学等。现有 30 多万海外学生在英大专院校学习。在教育投资上，中小学公立学校学生免交学费，约占学生总数的 90% 以上。私立学校师资条件与教学设备较好，但收费高，学生多为富家子弟，约占学生总数的 7%。英国文盲率仅为 1%。约有 40% 中学毕业生能够接受高等教育。

（二）科学技术

英国是世界高科技、高附加值产业的重要研发基地之一，其科研几乎涉及所有科学领域。以世界 1% 的人口，从事世界 5% 的科研工作，所发表学术论文占 9%，引用量达 12%，仅次于美国。英国在各研究领域全面发展并表现卓越。尽管仅占全球人口的 1%，但英国产出了 15.2% 的全球被引用率最高研究论文，引用权重影响达到全球平均水平的 1.57 倍。英国还继续吸引着全球最优秀的研究人员，保持其作为国际合作和流动性关键合作伙伴的强大地位。

（三）文化艺术

1. 文学

英国文学源远流长，经历了长期、复杂的发展演变过程。在这个过程中，文学本体以外的各种现实的、历史的、政治的、文化的力量对文学发生着影响，文学内部遵循自身规律，历经盎格鲁-撒克逊、文艺复兴、新古典主义、浪漫主义、现实主义、现代主义等不同历史阶段。战后英国文学大致呈现从写实到实验和多元的走势。

2. 音乐

英国音乐文化，较为复杂，通常可追溯到 7 世纪开始形成封建制度前凯尔特族的吟唱诗人音乐。稍后，则有凯尔特和盎格鲁、撒克逊人将罗马天主教的格列高利圣咏曲调传入英国。和欧洲许多国家一样，在中世纪初，以格列高利圣咏为基础，形成了早期的复调音乐，例如奥加农、吉默尔和福布尔东等音乐样式。1226 年里丁教堂僧侣福恩塞特的约翰谱写了朴素纯净的世俗六声部卡农曲《夏天来临》，是欧洲初期复调音乐文献中最卓越的代表作。

英国人十分热爱音乐。整个国家对音乐很痴迷，在英国，每天都会有数百场现场音乐表演，包括从流行音乐、摇滚乐、舞曲到古典音乐、乡村音乐、金属音乐、爵士及其他音乐，应有尽有。

3. 舞蹈

英国人最爱的舞蹈毋庸置疑是国标舞，礼节和标准是舞蹈的核心。英国是社交舞、国际舞的发源地，第二次世界大战后，英国皇家舞蹈教师协会整理了拉丁舞蹈，并将它纳入国标舞范畴。

🔗 知识链接

国标又称为"体育舞蹈"，前身就近来说是社交舞，也称交际舞、交谊舞。体育舞蹈可分为两个发展阶段，第一个阶段，是1924年英国皇家交际舞专业教师协会对当时的交谊舞进行了整理，将各种舞种的舞步、舞姿、跳法加以系统化和规范化。早在1947年在柏林就举行了首届世界交谊舞锦标赛，1960年拉丁舞也正式成为世界锦标赛项目，这便是体育舞蹈发展的第一个阶段。体育舞蹈可分为两大类，共10个舞种。第一大类，为摩登舞，包括：华尔兹、探戈、狐步、快步、维也纳华尔兹；第二大类，为拉丁舞，包括伦巴、恰恰、桑巴、斗牛、牛仔。1964年以后，又增加了新的表演比赛内容，那就是"集体舞"。集体舞是由8对选手，不限舞步的按照一个主体表演，使和谐的配合，出神入化的队形变化，欢快的音乐和高超的技艺达到完美的统一。拥有74个会员国的"国际舞蹈运动总会"于1997年9月4日正式成为国际奥林匹克委员会会员，2000年成为悉尼奥运会表演项目，2008年成为正式比赛项目。

（资料来源：百度百科，2024-4-2，经整理。）

五、民俗风情

（一）服饰

英国人非常讲究服饰，整体穿搭给人以端庄、典雅、绅士、多变之感。英伦风格，从字面上理解就是"英国的风格"（英国又称英伦），源自英国维多利亚时期。英伦风格以自然、优雅、含蓄、高贵为特点，运用苏格兰格子、良好的剪裁以及简洁修身的设计，体现绅士风度与贵族气质，个别带有欧洲学院风的味道。英国的民族服饰，一是英国绅士的圆顶硬礼帽——波乐帽，礼帽为黑色；二是苏格兰人的"基尔特"，一种用花格子呢料制作的裙子，这是一种男式裙子；三是英国人的各种传统工作服，如：法官的黑袍，牧师的长袍，女王的白色长裙和王冠、白马裤、黑长靴等。

（二）饮食

英国人讲究口味清淡，菜肴要求质好量精，花样多变，注意营养成分。他们喜欢吃牛肉、羊肉、鱼、禽类、甜点水果等食品。夏天喜欢吃各种水果冻、冰激凌，冬天喜欢吃各种热布丁。进餐时一般先喝啤酒，还喜欢喝威士忌等烈性酒。

英国人对早餐非常讲究，英国餐馆中所供应的餐点种类繁多，有果汁、水果、蛋类、肉类、麦粥类、面包、果酱及咖啡等。时下所流行的下午茶也是传自于英国，内容包括各式小点、松糕、水果挞及三明治等。晚餐对英国人来说也是日常生活中最重要的一部分，他们选择的用餐时间通常较晚，而且都是边吃边喝边聊，以促进用餐人之间的情谊，而一顿晚餐对他们来说可能要花上好几个钟头。

（三）民居

英国民居的传统风格主要为哥特式和罗马式，另外还有在二者影响下产生的英国民居式、安妮女皇式、史迪克式、都铎式等。英国民居的传统风格具有重视建筑的外观形式、轻视建筑功能的特点。这就使得其建筑的空间布局落后，实际居住效果不佳。英国民居式有木架建筑结构的，也有砖结构的。木结构的房屋一般将烟囱设在中央，砖结构的房屋一般将烟囱设在两侧，烟囱都明显而精致。英国民居式房屋的每一层都有多个房间，它由一个吃饭、起居用的中央大厅，以及厨房、储藏室、餐具室、阁楼以及日光浴室等组成，可谓麻雀虽小，五脏俱全。英国民居式房屋的屋顶多为侧三角形，比较陡峭，屋檐上极少装饰。

(四) 礼节

英国人待人彬彬有礼，讲话十分客气，"谢谢""请"字不离口。英国人特别讲究绅士风度，对妇女是非常尊重的，女士优先的社会风气很浓，如走路时，要让女士先行；乘电梯让妇女先进；乘公共汽车、电车时，要让女子先上；斟酒要给女宾或女主人先斟；在街头行走，男的应走外侧，以免发生危险时，保护妇女免受伤害；丈夫通常要偕同妻子参加各种社交活动，而且总是习惯先将妻子介绍给贵宾认识。英国的礼俗丰富多彩，彼此第一次认识时，一般都以握手为礼，不会像东欧人那样常常拥抱。切忌随便拍打客人，这会被认为是非礼的行为。

(五) 禁忌

英国人对于被视为死亡象征的百合花和菊花，十分忌讳。英国人平时十分宠爱动物，但对于黑色的猫、孔雀和猫头鹰十分厌恶。在色彩方面，英国人偏爱蓝色、红色与白色，这是英国国旗的主要色彩。英国人所反感的色彩，主要是墨绿色。在图案方面忌讳甚多，人像以及大象、孔雀、猫头鹰等图案，都会令他们大为反感。在握手、干杯或摆放餐具时，无意之中出现了类似十字架的图案，他们也认为是十分晦气的。英国人忌讳的数字主要是"13"与"星期五"。当二者恰巧碰在一起时，不少英国人都会产生大难临头之感。英国人在日常生活中也有些禁忌须注意，如他们不从梯子下走过，在屋里不撑伞；从不把鞋子放在桌子上。

(六) 节日

英国的主要节日有：

1. 情人节

爱侣的节日。源于3世纪殉教的圣徒圣华伦泰逝世纪念日，情人们在这一天互赠礼物，故称"情人节"。

2. 愚人节

通常朋友或同事之间开些无伤大雅的玩笑，但必须是在中午12点以前。

3. 母亲节

送贺卡、鲜花或礼物以答谢母亲。

4. 复活节

该节日是庆祝基督的复活，过节时人们多吃复活节彩蛋，送给儿童巧克力做的复活彩蛋作为礼物。

5. 女王诞辰日

每年4月21日，该节日是庆祝女王的诞辰。

6. 父亲节

送贺卡、鲜花或礼物以答谢父亲。

7. 万圣节

万圣节也称鬼节，传统以南瓜灯、化装舞会或游街来庆祝。孩子敲邻家的门讨零钱或糖果。

8. 烟花节

烟花节也称盖夫克夜（俗称柴火夜）。庆祝欲烧毁国会大楼的盖夫克被捕并处死。传统烧柴火放烟花庆祝。

六、旅游业概况

（一）旅游业发展现状

随着英国物质财富的日益丰富，人们追求高质量精神生活的欲望变得越来越强烈。托马斯·库克把握住时代赋予的机遇，创办了世界上第一家旅行社。世界上第一家旅行社出现在英国，是各种内在因素和外在条件相互作用的结果，它标志着现代旅游业的诞生，谱写了世界旅游业的新篇章。

英国有着丰富的旅游资源、处于领先地位的饭店服务和得天独厚的物质基础。作为世界上第一个城市化的国家，英国拥有大批潜在的旅游需求者。这些英国所独家拥有的优势，是以旅行社为标志的现代旅游业出现在英国的先决条件和基本要素。多年来，旅游业一直在英国国民经济中排名前列，收入仅次于化工和金融行业。据英国文化传媒体育部统计，英国从事旅游业的企业有20余万家，每年直接为英国国内生产总值贡献520亿英镑。旅游全行业每年对英国国内生产总值的贡献高达900亿英镑，如果算上供应链，贡献高达1150亿英镑。

（一）著名旅游城市和景点

英国是一个多元、美丽的国家，文物古迹比比皆是，自然风景秀丽，旅游资源丰富。首都伦敦是欧洲最大和最具国际特色的城市。还有北方雅典"爱丁堡"，大学城牛津、剑桥，古色古香的约克城，莎翁故乡斯特拉特福，都是享有世界声营的旅游名城。英国还辟有湖区等几十座国家公园和风景保护区。目前，被联合国列入世界文化和自然遗产的名胜古迹和天然景观就有伦敦塔等14处。它们都富有特色、各擅其长，是极受游客青睐的观光热点。

1. 伦敦

伦敦是大不列颠及北爱尔兰联合王国首都，世界金融中心，与纽约和香港并称为"纽伦港"。同时伦敦也是英国的政治、经济、文化、金融中心，是全世界博物馆、图书馆和体育馆数量最多的城市。伦敦是一座全球领先的世界级城市，是全球最富裕、经济最发达、商业最繁荣、生活水平最高的城市之一，是全球化的典范。

景点推荐：白金汉宫、大本钟（图3-1）、圣保罗大教堂、伦敦塔、福尔摩斯博物馆、威斯敏斯特教堂、维多利亚与艾伯特博物馆等。

图 3-1　伦敦大本钟

2. 都柏林

横跨利费伊河的都柏林是一座文化之都，这里的大学、科学院、美术馆为数众多，有上百年历史的老房子随处可见，各种美丽的门窗种满花草，城市里洋溢着一种浓浓的田园气息。都柏林是爱尔兰的政治、经济、文化、旅游和交通中心，这里的大学、科学院、美术馆为数众多，这里出生并成就了许多著名的文学家，如叶芝、王尔德、萧伯纳等。都柏林有欧洲最古老的图书馆。

景点推荐：都柏林圣三一学院、健力士啤酒展览馆、凤凰公园、都柏林城堡（图 3-2）、半便士桥等。

图 3-2　都柏林城堡

3. 牛津

这里是"学霸"的聚集地，也是名胜古迹的聚焦点。远离学术，看向蓝天衬托着的哥特式塔尖，一簇簇进入你的瞳孔，你好像看到哈利·波特骑着扫把向你飞来。

牛津因它是世界一流学府的地位和遍布各地的古迹而闻名，使它成为人们极度梦想的城市。牛津从 7 世纪起便有人居住。9 世纪建立的，距今有 1100 多年历史的牛津城是英国皇族和学者的摇篮。如今遍布城市各个角落的商业企业，特别是高科技企业，又使牛津这座古老的城市焕发了青春的活力。

景点推荐：牛津大学（图3-3）、牛津基督教堂学院、丘吉尔庄园、赫特福德桥等。

图3-3　牛津大学

第二节　法国

一、地理概况

（一）自然地理

法兰西共和国简称"法国"，法国为欧洲国土面积第三大、西欧面积最大的国家。法国本土地势东南高西北低，大致呈六边形，三面临水，南临地中海，西濒大西洋，西北隔英吉利海峡与英国相望，科西嘉岛是法国最大岛屿。法国平原占总面积的三分之二。主要山脉有阿尔卑斯山脉、比利牛斯山脉、汝拉山脉等。法国本土西部属海洋性温带阔叶林气候，南部属亚热带地中海气候，中部和东部属大陆性气候。平均降水量从西北往东南由600毫米递增至1000毫米以上。1月平均气温北部1℃~7℃，南部6℃~8℃，7月北部16℃~18℃，南部21℃~24℃。法国主要矿藏为铁矿，次为铝矾土和钾盐矿。

（二）人文地理

1. 人口与民族

法国总人口约为6564万人（2022年，联合国统计司，http：//data. un. org）法兰西民族是由多个民族混合构成的，除了主体法兰西人外，边境地区还有阿尔萨斯人、布列塔尼人、科西嘉人、佛拉芒人、巴斯克人等少数民族，大约占了总人口的7.9%。法国在欧盟各国人口数量排名第二，仅次于德国。

巴黎大区是法国人口最多的地区，居民总数1221万人。法国国家经济统计局人口统计中心发布的报告显示，2020年，法国移民人口为680万，占总人口的10.2%，其中250

万移民，即 36% 获得了法国国籍。

在法国的外国人口达 510 万人，占总人口的 7.6%。生活在法国的非洲移民占 47.5%，欧洲移民占 32.2%，一半的移民来自阿尔及利亚、摩洛哥、葡萄牙、突尼斯、意大利、土耳其和西班牙这七个国家。

2. 语言与宗教

法国通用语言为法语，属于欧洲印欧语系罗曼语族的独立语言，法语是继西班牙语之后，使用者人数最多的罗曼语言独立语言之一。现在全世界有 8700 万人把它作为母语，以及其他 2.85 亿人使用它（包括把它作为第二语言的人）。

在宗教信仰方面，居民中 64% 信奉天主教，3% 信奉伊斯兰教，3% 信奉新教，1% 信奉犹太教，28% 自称无宗教信仰。

3. 国歌、国花、国鸟

国歌：自由的赞歌——《马赛曲》，作于 1792 年奥地利、普鲁士武装干涉法国革命的危急时刻，表达了法国人民争取民主、反对暴政的坚强信心和大无畏精神。

国花：香根鸢尾。

国鸟：高卢鸡。

二、简史

法国在 18 世纪至 20 世纪早期是仅次于英国的西欧第二强国，当今的法国是联合国安理会五大常任理事国之一，也是欧洲联盟和北约创始会员国、八国集团和《申根公约》成员国，更是欧洲大陆主要的经济与政治实体之一。

(一) 史前与高卢时期 (5 世纪以前)

远古时期，在法兰西的土地上就有人类居住，迄今为止，已在法国发现从旧石器时代到铁器时代各个时期相当系统的人类文化遗迹，包括 30 万~40 万年前的人类颌骨化石，法国西南部拉斯科等地洞穴里约 2 万年前的人物雕刻和动物壁画，法国西部的 3000~4000 年前布列塔尼巨石墓碑和土坟，以及各种式样的生产工具与艺术创造。481 年法兰克人占领了除勃艮第王国和地中海沿岸外的全部高卢，并移驻巴黎，建立法兰克王国。

(二) 中古初期 (5—10 世纪)

该时期包括两个王朝：墨洛温王朝和加洛林王朝。墨洛温王朝是法兰克王国的第 1 个王朝。8 世纪初，加洛林王朝，普瓦蒂埃击退阿拉伯人的入侵，重新统一法兰克王国。

(三) 中古中期 (10—15 世纪)

从 11 世纪起，一些城市发动公社运动，通过武装起义或金钱赎买取得了自治权。随着城市的兴起，出现了一个新的社会阶级——市民阶级。腓力四世统治时期（1286—1314 年）加强吏治，整饬军队，因坚持向教会征收财产税与教皇发生冲突。1328 年建立了瓦卢瓦王朝。到 15 世纪末，最后几块贵族领地——勃艮第、比卡第、布列塔尼、普罗旺斯、鲁西永也并入法兰西王国的版图。

（四）中古晚期（16—18世纪）

这一时期是法国从封建社会向资本主义社会过渡的重要时期，这个时期的后半期在法国历史上称为"旧制度"。1774年路易十六即位，资产阶级日益感到政治地位与经济实力愈来愈不相称，他们对关卡制度、行会条例和不公平的征税制度极为不满，特别反对贵族和教士的特权，代表资产阶级利益的启蒙运动蓬勃发展起来，他们抨击天主教会和专制王权，传播科学知识，宣扬民主、自由、平等、理性，法国封建制度陷于严重的危机。

（五）革命时期

1789年开始的法国大革命是法国历史上重要的分水岭，它结束了1000多年的封建统治，开始了资本主义确立和发展时期。

（六）一战时期

普法战争后，法国对外政策的主要目标是准备对德复仇和进行殖民扩张，第一次世界大战中，法国虽然是战胜国，收复了阿尔萨斯和洛林，夺取德国一些殖民地，但损失惨重，战后经济严重困难，政局不稳。

（七）二战时期

1934年2月6日，几万名法西斯武装暴徒借反对斯塔维斯基贪污案，在巴黎举行示威，冲向议会大厦波旁宫，达拉第政府被迫辞职，共和制再度面临危机。

（八）战后时期

1946年1月戴高乐辞职，1946年10月通过第四共和国宪法，宣告法兰西第四共和国成立，基本上保留第三共和国的政治制度。第四共和国时期，法国通过几个复兴计划完成了设备更新，工业生产迅速增长，人民生活逐渐富裕，在对外关系上，法国接受马歇尔计划，1949年成为北大西洋公约组织的成员国。1957年根据《罗马条约》，法国与联邦德国、意大利、荷兰、比利时、卢森堡建立了西欧六国共同市场。

三、政治、经济

（一）政治

现行第五共和国宪法是1958年9月公民投票通过，是法国历史上第16部宪法。宪法规定，总统为国家元首和武装部队统帅，任期5年，由选民直接选举产生。总统任免总理并批准总理提名的部长；主持内阁会议、最高国防会议和国防委员会；有权解散议会，但一年内不得解散两次；可不经议会将某些重要法案直接提交公民投票表决；在非常时期，总统拥有"根据形势需要采取必要措施"的全权。在总统不能履行职务或空缺时，由参议

115

院议长暂行总统职权。法国实行多党制。

（二）经济

法国是世界主要发达国家之一，国内生产总值位居世界第五。法国是仅次于美国的世界第二大农产品出口国，第三产业在法国经济中所占比重逐年上升，其中电信、信息、旅游服务和交通运输部门业务量增幅较大，服务业从业人员约占总劳动力的70%。法国是欧盟最大的农业生产国，也是世界主要农产品和农业食品出口国，拥有29家全球500强企业。法国的法定货币为欧元。1999年1月1日，法国和其他11个欧洲国家共同参与使用欧元，并在2002年初正式开始使用欧元硬币和纸币，完全取代之前的法国法郎。法国外汇储备主要由黄金、外汇存款及外国有价证券、在国际货币基金组织中的特别提款权组成。

四、文化

（一）教育

法国强调教育治理要统一，教育部垂直治理基础教育。基础教育结构全国统一，小学为五年制，初中为四年制，高中为三年制。法国的职业高中属于短期教育，学制为两年，通常出路只有就业，做普通技术工作，但对进入职业高中的优秀学生，政府为其打通了进入普通与技术高中的通道。

法国政府非常重视教育，确立了教育的优先地位，强调公民受教育的权利和机会均等；规定中小学实行学校、家长、学生合同制；设立"国家教学大纲委员会"，定期审查修改教育内容，改革学制，简化考试；加强教师队伍建设，鼓励大学毕业生从教，建立教师培养学院，强调教师接受继续教育的必要性；重视教育改革，重点放在消除教育治理中的官僚主义和加强技术教育上，强调教育、科研与企业发展紧密结合。法国的高等教育制度分为公立学校和私立学校。法国的公立大学一律免费，只需支付一定的注册费。法国的高等教育历史悠久，现有80余所大学和300多所专业高校和研究中心。十分发达的教育体制使法国的高等教育质量得以保证，法国的文凭国际公认，并且学费低廉。

（三）科学技术

法国历史悠久，不仅有灿烂的文化和艺术，而且拥有辉煌的科学技术成就。从19世纪逐步发展起来的法国现代科学技术，到19世纪初叶曾经达到世界最先进的水平。尽管后来一度落伍，但20世纪初法国仍然是世界首屈一指的技术创新国家。1901—1915年间，法国人先后获得11项诺贝尔奖。同期，英国人仅获得7项，美国人仅获得5项。居里夫妇、让·佩兰等均是当时蜚声世界的著名物理学家。

第二次世界大战结束后，戴高乐将军认识到强国的竞争在经济领域主要表现为工业竞争，其关键是科学水平和技术实现能力的竞争。因此，法国一方面狠抓战后的恢复和发展，一方面采取积极有效措施大力发展科学技术，先后创建了一批全国性的科研机构，如法国钢铁研究院、国家空间研究中心、国家科研中心、原子能委员会、海洋开发研究院、国家信息自动化研究院、石油开发研究院等，逐步建立起一套完整的科学研究体系。由于长期苦心孤诣地发展科学技术，法国已经在若干基础研究和应用领域确立了自己的优势领域和特长技术。它们是：军民用飞机、高速火车和地铁技术、天文学、生物学、神经系统、遗传学等。

（四）文化艺术

1. 文学

17世纪开始，法国的古典文学迎来了自己的辉煌时期，相继出现了莫里哀、司汤达、巴尔扎克、大仲马、维克多·雨果、福楼拜、小仲马、左拉、居伊·德·莫泊桑、罗曼·罗兰等文学巨匠。他们的许多作品成为世界文学的瑰宝。其中的《巴黎圣母院》《红与黑》《高老头》《基督山伯爵》《悲惨世界》和《约翰·克利斯朵夫》等，已被翻译成世界文学作品，在世界广为流传。侦探小说方面有莫里斯·勒布朗的《侠盗亚森·罗平》和乔治·西姆农的《梅格雷探长》。

2. 歌剧

一提到法国，大家会想到它是时尚和艺术的结合体，是浪漫和爱情的发酵地。歌剧则展现了法国的另一面，歌剧起源于意大利，但在法国最先得到改造，与法兰西的民族文化结合起来，得到进一步发扬。法国歌剧可分为四类：

拯救歌剧：是法国大革命时期产生的一种歌剧体裁。格雷特里的《狮心王理查》被认为是第一部拯救歌剧；德国音乐家贝多芬的歌剧《菲岱里奥》成为拯救歌剧的代表作品。

大歌剧：是19世纪上半叶流行于法国的一种严肃歌剧，相对于当时的喜歌剧。最重要的代表作是奥柏的《波尔蒂奇的哑女》和耶比尔的《恶魔罗勃》。

轻歌剧：轻歌剧与喜歌剧一样，是一种生活气息与娱乐性较强的歌剧，产生于19世纪中期的法国，与大歌剧相对。奠基人是法国作曲家奥芬巴赫，代表作品有《地狱中的奥菲欧》《美丽的海伦》《霍夫曼的故事》。

抒情歌剧：抒情歌剧形成于19世纪后半叶的法国，是一种规模介于大歌剧与轻歌剧之间的歌剧形式，它的篇幅比一般喜歌剧长，但没有大歌剧的浮华。代表作品有古诺的《浮士德》《罗密欧与朱丽叶》；马斯涅的《曼侬》《泰伊斯》；托马斯的《迷娘》；圣-桑《参孙与达里拉》等。比才，法国作曲家《阿莱城的姑娘》的问世，他自身的音乐才华才真正显示出来，《卡门》成为法国及世界歌剧史上划时代的作品。

🔗 **知识链接**

世界十大歌剧包括：《浮士德》《乡村骑士》《卡门》《图兰朵》《阿依达》《茶花女》《弄臣》《托斯卡》《奥赛罗》《蝴蝶夫人》和《艺术家的生涯》。但另外有些排名也将罗西尼的《塞维利亚的理发师》和莫扎特的《魔笛》、《费加罗的婚礼》排在十大歌剧当中。

（资料来源：百度百科，2024-4-2，经整理。）

3. 舞蹈

康康舞起源于法国，原是一种轻快粗犷的舞蹈。通常由 4 名女子表演，是洗衣妇、女裁缝等劳动妇女载歌载舞的一种形式，之后于歌舞厅风行。高踢腿是康康舞的经典动作，这个动作是把腿直踢到人侧耳边的高难度动作。那不是随便踢踢腿，需将脚踢至高过鼻尖。舞者在练习这个动作时通常用的办法是：准备一个气球，将气球挂在门上，一直练习到踢到那个气球为止。一个专业的康康舞舞者一周的踢腿次数 1500 次以上，这种踢腿不仅会造成腿部肌肉的酸痛和拉伤，还会影响背部肌肉。另一个康康舞经典动作是跳起来然后做一个落地大劈叉。

五、民俗风情

(一) 服饰

法国的男士和女士都穿戴极为讲究。法国人对于衣饰的讲究，在世界上是最为有名的。所谓"巴黎式样"，在世人眼中即与时尚、流行含意相同。在正式场合，法国人通常要穿西装、套裙或连衣裙，颜色多为蓝色、灰色或黑色，质地则多为纯羊毛。出席庆典仪式时，一般要穿礼服。男士所穿的多为配以蝴蝶结的燕尾服，或是西装套装。女士所穿的则多为连衣裙式的单色大礼服或小礼服。对于穿着打扮，法国人认为重在搭配是否得法。在选择发型、手袋、帽子、鞋子、手表、眼镜时，都十分强调要使之与自己着装相一致。

(二) 饮食

法国人一年到头似乎离不开酒，但贪杯而不过量。一日三餐，除早餐外，顿顿离不开酒。他们习惯于饭前用开胃酒疏通肠胃，饭后借科涅克（白兰地）之类的烈性酒以消食，佐餐时吃肉类配红葡萄酒，吃鱼虾等海味时配白葡萄酒，玫瑰红葡萄酒系通用型，既可用于吃鱼，也可用于下肉。

(三) 礼节

法国人在社交场合与客人见面时，一般以握手为礼，少女和妇女也常施屈膝礼。在男女之间，女士之间见面时，他们还常以亲面颊或贴面来代替相互间的握手。法国人还有男性互吻的习俗。两个男人见面，一般要当众在对方的面颊上分别亲一下。在法国一定的社会阶层中，"吻手礼"也颇为流行。施吻手礼时，注意嘴不要触到女士的手，也不能吻戴手套的手，不能在公共场合吻手，更不得吻少女的手。法国人在餐桌上敬酒先敬女后敬男，哪怕女宾的地位比男宾低也是如此。走路、进屋、入座，都要让妇女先行。

(四) 禁忌

法国人非常浪漫喜欢送花，但注意一般不宜送菊花、牡丹、杜鹃、水仙、纸花等；对于颜色法国人大多喜爱蓝色、白色与红色，他们所忌讳的色彩主要是黄色与墨绿色，在挑选礼物的时候一定要注意颜色的选择；在数字禁忌上受历史传统的影响，法国当地大部分人信奉的是天主教，在法国人的认知中，"13"和"星期五"代表的是不吉利；在人际交往之中，法国人对礼物十分看重，但又有其特别的讲究，宜选具有艺术品位和纪念意义的物品，不宜以刀、剑、餐具或是带有明显的广告标志的物品；男士向一般关系的女士赠送香水，也是不合适的。

（五）节日

1. 元旦（1月1日）

新年期间，亲朋会聚会，馈赠礼品或钱。有趣的是，法国人在新年到来之前，各家一定要把家中的余酒全部喝光，以致许多人喝得酩酊大醉。他们认为，新年时如果家中还有剩余的酒，新的一年定交厄运。

2. 主显节（1月6日）

圣诞节之后的第12天是"主显节"，这12天代表着月亮历和太阳历的时间差。在法国，主显节也被称为"三王来朝节"，以纪念东方三王。主显节一词来自希腊语，表示"显现、降临"。主显节是一个基督教的节日，但是对东西方基督徒有着不同的意义：西方的基督徒们认为这是纪念三王对耶稣的爱护，东方的基督徒们（东正教）认为这是耶稣受洗的日子。

3. 复活节（春分月圆之后的第一个星期天）

复活节也称"主复活节"或"耶稣复活节瞻礼"，是法国民间为纪念耶稣复活所设的传统宗教节日。人们以彩蛋作为礼物互相赠送，更有大人、孩子三五成群地聚在一处，用彩蛋做游戏。巴黎各巧克力店的橱窗里，精心制作的彩蛋也作为一件独特的艺术品供人们观赏。

4. 五一国际劳动节/铃兰节（5月1日）

当天各工会举行大规模游行。在法国，这一天还是另一个传统的节日——铃兰节。可爱洁白的铃兰花在法国被视为能带来幸福的幸运之花，而在5月1日这天给亲朋好友赠送铃兰则是祝愿对方能在这一年里健康幸福。

六、旅游业概况

（一）旅游业发展现状

2010年，法国连续五年被评为全球最适合居住的国家。首都巴黎、地中海和大西洋沿岸的风景区及阿尔卑斯山区都是举世闻名旅游胜地，此外还有一些历史名城、卢瓦尔河畔的古堡群、布列塔尼和诺曼底的渔村、科西嘉岛等。

2023年，法国旅游业兴起。第一份官方报告显示，今年夏季，法国旅游市场欣欣向荣，夏季末旅游业依旧强劲发展。综合法媒《费加罗报》、BFM报道，2023年，大巴黎游客人数有望打破去年4400万人次的纪录。酒店餐饮业工会Umih大巴黎地区的数据显示，万圣节期间酒店民宿预订量上涨5%；法国旅游发展署（Atout France）的数据显示，全法酒店民宿预定量上涨3%。

法国财政部表示，与去年同期相比，今年八月法国旅游业收入猛增7亿欧元，单月创下 81 亿欧元的旅游业收入纪录。截至 8 月底，外国游客为法国带来 443 亿欧元的收入，比 2022 年的收入高出 50 亿欧元，法国政府期待着 2023 年法国旅游业的全新纪录。

（二）著名旅游城市和景点

法国是欧洲浪漫的中心，它的悠久历史、具有丰富文化内涵的名胜古迹及乡野风光吸引着世界各地的旅游者。风情万种的花都巴黎、美丽迷人的蓝色海岸、盛开着薰衣草的普罗旺斯、美酒飘香的波尔多，都是令人神往的旅游胜地。法国有 20 多处风景名胜被联合国列入世界文化和自然遗产，如以卢浮宫和巴黎圣母院为中心的巴黎塞纳河滨、凡尔赛宫、枫丹白露宫、香波堡。

1. 巴黎

首都巴黎素有"世界花都"之称。这座美丽的城市不仅是法国的政治、文化、经济中心，而且是著名的旅游胜地。巴黎有 70 多座博物馆，众多的名胜古迹、教堂广场，值得细细品味。巴黎是文艺爱好者的天堂，众多顶级博物馆带你领略欧洲艺术的灿烂荣光，名人故居让你追寻大师成长的轨迹。

巴黎也是法兰西民族悠久历史和灿烂文化的集中展现地，一座座美轮美奂的建筑静静地看着这个城市的变化，也在诉说这个城市的故事。作为享誉世界的浪漫之都，巴黎也是蜜月圣地，你大可不必去热门景点排长队，牵着恋人的手在塞纳河畔悠游漫步，走过一座座桥，或者在法式花园的草坪上晒太阳都是体验这里浪漫风情的绝佳方式。

卢浮宫：作为世界四大博物馆之一，馆藏多达 40 万件，可谓是万宝之宫。这里的镇馆三宝是世人皆知的《米洛的维纳斯》《蒙娜丽莎》和《胜利女神》。同时，这里也是电影《卢浮魅影》《达·芬奇密码》的取景地。可以看到享有盛名的镇馆之宝以及那些名声不甚远播但魅力丝毫不逊的经典之作。（图 3-4）

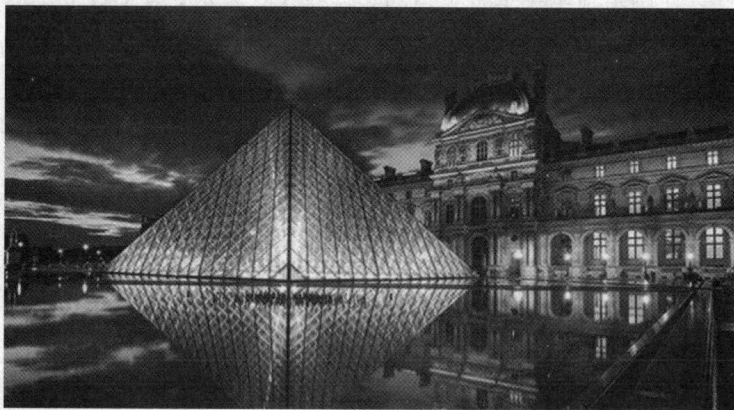

图 3-4　巴黎卢浮宫

香榭丽舍大道："香榭丽舍"这个美丽浪漫的中文名字，是由徐志摩先生留法时所取。它东起协和广场，西至戴高乐广场（凯旋门），是巴黎诸多大街的中心。以圆点广场为界，香榭丽舍又可分成两部分：东段以自然风光为主，两侧是平坦的英式草坪，在法国梧桐下

漫步，可体会它的宁静和舒适；而西段为商业区，众多世界名品琳琅满目，展示出香榭丽舍的时尚和繁华。（图3-5）

图 3-5　巴黎香榭丽舍大道

埃菲尔铁塔：是1889年巴黎世博会及纪念法国大革命100周年的产物，也是如今巴黎的地标和最高的建筑物。白天，铁塔结构分明，晚上探照灯和灯泡会制造闪烁的效果，从夜幕降临起至凌晨1:00。第一层眺望台面积最大，设有会议厅、电影厅、餐厅、商店等各种服务设施。每年7月14日法国国庆节可前往铁塔下方的战神广场欣赏音乐会，观看国庆焰火。（图3-6）

图 3-6　巴黎埃菲尔铁塔

2. 尼斯

尼斯属于典型的地中海气候带，终年温暖，蔚蓝的地中海与巍峨的阿尔卑斯山是这座城市永恒的地标，神圣的古罗马历史文化、普罗旺斯薰衣草田散发出的浪漫芬芳，以及带有异域风情的地中海美食，无论从哪个角度，尼斯都是法国人心中绝对的度假天堂。

天使湾：位于尼斯市南部海滨，距尼斯市中心约1.8千米，紧邻英国人漫步大道，因形似天使的翅膀而得名，是法国最美丽的海滩。这里的海湛蓝，是消夏的好地方，爬上城堡山从东面俯瞰是欣赏天使湾的最佳角度。尼斯的海滩很特别，都是由鹅卵石铺成的，踩上去有些扎脚，却别有一番趣味。可直接将背包作为枕头，躺在海岸边，享受最奢华的阳光浴，听着潮水打击鹅卵石时海水从石缝中流淌的声音。（图3-7）

图 3-7　尼斯天使湾

3. 戛纳

戛纳位于法国南部港湾城市尼斯附近,是地中海沿岸风光明媚的休闲小镇。和法国其他城市一样,戛纳最好的旅游季节是在 6—10 月。当今世界最具影响力、最顶尖的国际电影节之一的戛纳国际电影节每年 5 月中旬在此举办。戛纳小城依偎在青山脚下,濒临地中海之滨,里维拉海湾把临海的几个小城镇环锁了起来,占据了得天独厚的地理位置,5000 米长的沙滩,四时不谢之花,漫步城中,白色的楼房、蔚蓝的大海,以及一排排高大翠绿的棕榈树相互映衬,构成一幅美丽的自然风光。"精巧、典雅、迷人"是大多数人对戛纳的评价。

戛纳影节宫:著名的戛纳电影节举办地,万众瞩目的金棕榈奖在此颁布。(图 3-8)

图 3-8　戛纳影节宫

马丁内斯海滩:在这里可以尽情享受欧洲的温暖阳光和美丽景色,是夏季避暑娱乐的好地方。(图 3-9)

图 3-9　马丁内斯海滩

第三节 德国

一、地理概况

(一) 自然地理

德国全称为德意志联邦共和国,是位于中欧的联邦议会共和制国家,北邻丹麦,西部与荷兰、比利时、卢森堡和法国接壤,南邻瑞士和奥地利,东部与捷克和波兰接壤,由16个联邦州组成,以温带气候为主。德国地形变化多端,有连绵起伏的山峦,高原台地,丘陵,有秀丽动人的湖畔,及辽阔宽广的平原。德国处于大西洋东部大陆性气候之间的凉爽的西风带,温度大起大落的情况很少见。降雨分布在一年四季。德国是自然资源较为贫乏的国家,除硬煤、褐煤和盐的储量丰富之外,在原料供应和能源方面很大程度上依赖进口,约2/3的初级能源需进口。

(二) 人文地理

1. 人口与民族

德国总人口约为8448万人(2023年,联合国统计司,http://data.un.org),主体民族是德意志人,有少数丹麦人和索布人。另外外籍人占人口总数的8.9%。

2. 语言与宗教

德语为官方语言,分为低地德语和高地德语两类方言。低地德语主要指荷兰语、佛来米语和德国北部及沿海地区的语言;高地德语是指德国中部、南部以及瑞士、奥地利等地的语言。书面德语是统一的,但口语在各地区却有很大差别。

德国的主要宗教信仰是基督教,居民中信奉基督教新教和罗马天主教的各占约30%,还有一小部分人属于其他的基督教团体。

3. 国歌、国花、国鸟

国歌:《德意志之歌》。

国花:矢车菊。

国鸟:白鹳。

二、简史

很早以前德国就居住着日耳曼人,公元2—3世纪逐渐形成部落。公元476年推翻了罗马帝国(西罗马)。843年德意志从法兰克帝国分裂出来,962年建立神圣罗马帝国。通过长期的对外征服,神圣罗马帝国占领了捷克、意大利北部和波兰西部,并远征俄罗斯、匈牙利。13世纪中期走向封建割据。1157年,这一帝国得到了"神圣帝国"的称号。1254年,帝国第一次开始使用头衔"神圣罗马帝国",1512年的科隆帝国会议后颁布敕令，使用"德意志民族的神圣罗马帝国"，此后作为官方名称沿用直至 1806 年。

18 世纪初，普鲁士崛起，与奥地利争雄于德意志。至 19 世纪，随着神圣罗马帝国的解体，建立一个统一的现代民族国家反而显得更加紧迫。根据 1815 年维也纳会议，德意志邦联成立。1848 年德国各地爆发革命，此后普鲁士越发成为德意志统一的主导力量，尤其是普鲁士首相俾斯麦领导了艰苦卓绝的内政、军事和外交斗争。

1864 年，普鲁士联合奥地利击败丹麦，收回北方被丹麦占领的土地；1866 年的"七星期战争"中，普鲁士又击败奥地利，次年建立北德意志邦联；1870 年发动普法战争，德国南部多个邦脱离法国统治，1871 年完成了德意志统一并建立了德意志帝国。

德意志帝国在 1914 年挑起第一次世界大战，1918 年因战败而宣告崩溃，德皇威廉二世退位。1919 年 2 月德意志建立魏玛共和国。1933 年希特勒上台实行独裁统治，建立了纳粹德国。德国于 1939 年发动第二次世界大战。在同盟国打击下，1945 年 5 月 8 日德国战败投降。

第二次世界大战后，根据雅尔塔协定和波茨坦协定，1945 年 8 月德国分别由美、英、法、苏四国划分占领，并由四国组成盟国管制委员会接管德国最高权力。柏林市也划分成 4 个占领区。

1989 年东欧剧变，包括东德在内的多国社会主义政权纷纷垮台；1990 年，在美国、英国、法国、苏联同意下，东德和西德终于达成两德统一条约。

三、政治、经济

(一) 政治

《德意志联邦共和国基本法》于 1949 年 5 月 23 日生效。基本法确定了德国五项基本制度：共和制、民主制、联邦制、法治国家和社会福利制度。议会由德国联邦议院和德国联邦参议院组成。每届任期 4 年。参加联邦议院的各党议员分别组成议会党团。联邦议院行使立法权，监督法律的执行，选举联邦总理，参与选举联邦总统和监督联邦政府的工作等。联邦宪法法院是最高司法机构，主要负责解释《基本法》，监督《基本法》的执行，有 16 名法官，由联邦议院和联邦参议院各推选一半，由总统任命，任期 12 年。正、副院长由联邦议院和联邦参议院轮流推举。德国实行多党制，政党有：德国基督教民主联盟，简称"基民盟"，现有党员 41.5 万人（2018 年 12 月）。基督教社会联盟，简称"基社盟"，1945 年成立，现有党员 14.1 万人（2018 年 12 月）。德国社会民主党，简称"社民党"，成立于 1863 年，是世界上成立最早的工人党之一。德国选择党：2013 年 2 月成立，现有党员 3.3 万人（2019 年 2 月）等。

(二) 经济

德国是欧洲最大经济体，全球国内生产总值第四大国（国际汇率），以及国内生产总值第五大国（购买力评价）。从工业革命时期以后，德国一直是日益全球化的经济的先驱、创新者和受益者。德国的经济政策基于社会市场经济的概念。德国是高度发达的工业国。

经济总量位居欧洲首位，世界第四。

德国是世界贸易大国，同 230 多个国家和地区保持贸易关系。德国产品以品质精良著称，技术领先，做工细腻，但成本较高。德国出口业素以质量高、服务周到、交货准时而享誉世界。主要出口产品有汽车、机械产品、化学品、通信技术、供配电设备和医学及化学设备。主要进口产品有化学品、汽车、石油天然气、机械、通信技术和钢铁产品。主要贸易对象是西方工业国，其中进出口一半以上来自或销往欧盟国家。德国农业发达，机械化程度很高。

四、文化

（一）教育

德国教育和文化艺术事业主要由各州负责，联邦政府主要负责教育规划和职业教育，并通过各州文教部长联席会议协调全国的教育工作，在中小学教育、高等教育以及成人教育和进修方面，主要立法和行政管理权属于各州。全国性的文化艺术活动由联邦政府予以资助。对外文化交流由外交部负责协调。

大、中、小学和职业教育发达。实行 12 年制义务教育，公立学校学费全免，教科书等学习用品部分减免。小学学制 4~6 年，中学学制 5~9 年，高等学校享有一定自主权，对高中毕业生原则上实行自由入学，对部分学科规定名额限制。职业教育实行双元制，即职业学校理论学习和企业中的实践相结合。成人教育和业余教育十分普及。教师为终身公务员，必须受过高等教育。

（二）科学技术

德国在科学方面的成就相当显著，而投入研究开发为整体经济的一部分。有 103 位德国人获颁诺贝尔奖，在 20 世纪，德国的诺贝尔奖得主较其他国家为多，尤其是在物理、化学、生理学或医学等科学领域。

阿尔伯特·爱因斯坦及马克斯·普朗克为近代物理学的重要奠基者，维尔纳·海森堡及马克斯·玻恩进一步发展。在此之前的重要物理学家包括赫尔曼·冯·亥姆霍兹、约瑟夫·夫琅和费、加布里埃尔·华伦海特。威廉·伦琴发现 X 射线，并于 1901 年获得首届诺贝尔物理学奖。奥托·哈恩为放射及放射化学领域的先驱，并发现核裂变。费迪南德·科恩及罗伯特·科赫建立了微生物学。德国数学家包括卡尔·弗里德里希·高斯、大卫·希尔伯特、波恩哈德·黎曼、戈特弗里德·莱布尼茨、卡尔·魏尔斯特拉斯、赫尔曼·外尔及菲利克斯·克莱因等人。德国研究机构包括马克斯·普朗克学会、亥姆霍兹联合会、弗劳恩霍夫协会。戈特弗里德·威廉·莱布尼茨奖每年颁予 10 名科学家或学术研究者，奖金最高为 250 万欧元，为世界上资助研究奖金最高者之一。

德国也有许多著名发明家及工程师，如汉斯·盖革发明了盖革计数器；康拉德·楚泽建造了首部全自动数位电脑。斐迪南·冯·齐柏林、奥托·李林塔尔、戈特利布·戴姆勒、鲁道夫·狄塞尔、雨果·容克斯及卡尔·本茨等人形塑了现代汽车及航空运输科技。

航空航天工程家沃纳·冯·布劳恩开发了第一枚太空火箭，而后于美国国家航空航天局开发土星 5 号运载火箭，使阿波罗计划得以实现。海因里希·赫兹证实电磁波存在，对现代电信发展具有相当重要的意义。

德国在环境科技开发及运用上较为成熟，企业投入于环境科技领域达 2000 亿欧元以上，德国环境科技重点包括发电、永续能源交通工具、原料效率、能源效率、废弃物管理、资源回收及永续水管理。

(三) 文学艺术

1. 文学

19 世纪 30 年代在法国"七月革命"影响下，德国民主力量日益强大。海涅成了继歌德以后德国最杰出的抒情诗人和政治诗人。19 世纪中叶以后出现诗意现实主义，主要代表是施托姆、F. 黑贝尔，1871 年德国统一前后，现实主义文学得到很大发展，代表作品是冯塔纳的小说《艾菲·布里斯特》。19 世纪 80 年代中期自然主义兴起，它以"科学的"客观态度描写社会现实和生活的丑恶和肮脏面，代表作有豪普特曼的《日出之前》等。19 世纪末 20 世纪初，在尼采哲学和弗洛伊德精神分析学的影响下出现了各种思潮和流派，如印象主义、象征主义、新浪漫主义、新古典主义、新客观主义、唯美主义等。20 世纪上半期德国现实主义文学迎来了繁荣时期。曼氏兄弟、黑塞、孚希特万格、茨威格、S. 雷马克等一大批作家崛起。托马斯·曼的《布登勃洛克一家》《魔山》，亨利希·曼的《垃圾教授》和《臣仆》等小说反映了德国自由资本向垄断资本过渡的历史进程，是德国现实主义文学的高峰，在世界文学史上占有重要地位。

德国在历史上被称作"诗人与思想家的国家"。诺贝尔文学奖获得者有：塞道尔·蒙森、欧肯、海泽、霍普特曼、托马斯·曼、黑塞、伯尔因、君特·格拉斯、赫塔·穆勒。诺贝尔和平奖获得者有：施特莱斯曼、奥西茨基、勃兰特。

2. 音乐

德国以音乐闻名于世，是世界上著名的音乐之乡。德意志民族是极具音乐天赋的民族，音乐方面取得了无与伦比的成就，世界上几乎没有哪一个国家在其历史发展过程中，能像它一样造就如此之多的音乐名家。巴赫、贝多芬、舒伯特、舒曼、勃拉姆斯等，一代代的音乐家延续着数百年的音乐传统，也向世界传播着他们的文化。

音乐是德国人生活中不可缺少的组成部分。德国造就了各个不同时期的音乐大师，柏林爱乐乐团、德累斯顿国家交响乐团更是享誉世界。德国为欧洲第一大及世界第三大音乐市场。

3. 哲学

德国哲学就是西方文化中最值得一观的风景。德意志民族历来被称为"哲学的民族"，这个民族为人类精神所贡献出来的杰出人物和思想财富，多到与这个民族的人口基数不成比例。德国哲学可以说奠定了西方哲学的基石。进入 21 世纪，德国与法国、奥地利、瑞士及斯堪的纳维亚各国持续发展当代分析主义。著名哲学家有：

（1）黑格尔（图 3-10）

黑格尔（1770—1831），德国最负盛名的哲学家，他的哲学思想是 19 世纪德国哲学的顶峰，费尔巴哈、马克思等都受其哲学思想的影响，代表作有《精神现象学》《历史哲学》《逻辑学》等。黑格尔的哲学认为世界的本原是一种绝对理念，自然界、社会历史和人的思维都是绝对理念的一种表现，绝对理念按照正、反、合的三段式发展进行一系列的辩证推进，其过程分为逻辑、自然和精神三个大的阶段。

图 3-10　德国哲学家黑格尔

（2）费尔巴哈（图 3-11）

费尔巴哈维护宗教的统治，认为各个时期的人类仅仅由于宗教的变迁而彼此区别开来。然而，宗教变迁与人们之间的情感演变紧密相连，这种情感关系在费尔巴哈那里就是爱。费尔巴哈主张建立人与人之间的以感情为基础的爱的宗教。费尔巴哈认为，道德是适应于任何时代、任何环境的道德。费尔巴哈的道德观面对现实问题时是软弱无力的，道德总是会随着时代的变化而变化，不同的时代、不同的社会就会产生不同的道德。

图 3-11　德国哲学家费尔巴哈

（3）卡尔·马克思（图 3-12）

马克思的哲学认为几千年来，人类历史发展中最大的矛盾与问题就是不同阶级的利益的掠夺与斗争，鉴于这种阶级斗争，未来资本主义将被共产主义所取代，这个实现过程的中间过渡就是社会主义。马克思是德国的思想家、政治学家、哲学家、经济学家、革命理论家、历史学家和社会学家。主要著作有《资本论》《共产党宣言》等。马克思创立的广为人知的哲学思想为历史唯物主义，其最大的愿望是对于个人的全面而自由的发展。马克思创立了经济理论《资本论》。马克思认为资产阶级的灭亡和无产阶级的胜利是同样不可避免的。他和恩格斯共同创立的马克思主义学说，被认为是指引全世界劳动人民为实现社会主义和共产主义理想而进行斗争的理论武器和行动指南。

图 3-12　德国哲学家
卡尔·马克思

五、民俗风情

（一）服饰

现代德国人对服饰最显著的特征是穿戴整齐。在不同的场合，着装上都有不同的讲究和规定，不论是服装、鞋帽，还是手套、手包都要求在样式、颜色上搭配。每年春秋两季的慕尼黑国际时装博览会是久负盛名的世界五大时装博览会之一，也是德国面向世界的时装橱窗，对国际时装的发展趋势有着决定性的影响。

（二）饮食

德国由于身处欧洲大陆之中心，饮食文化与内陆地区之物产分布息息相关。整体上德国人较为爱好肉类和啤酒（大致上德国啤酒可以分为白啤酒、清啤酒、黑啤酒、科什啤酒、出口啤酒、无酒精啤酒等六大类）。德国人尤其爱吃猪肉，大部分有名的德国菜都是猪肉制品，例如香肠。相较于欧洲中南部精致饮食，德国的传统饮食普遍较粗犷，但仍具特色；传统菜肴如烤猪肘、烤猪膝，常佐以马铃薯泥、酸甜甘蓝食用。德国人饮食有自己的特色，是名副其实的"大块吃肉、大口喝酒"的民族。每人每年的猪肉消耗量为66公斤，居世界首位。由于偏好猪肉，大部分有名的德国菜都是猪肉制品。德国有名的食品是种类繁多的香肠，约有1500种以上，并且都是猪肉制品，最有名的"黑森林火腿"销往世界各地，味道奇香无比。面包是德国人一日三餐不可缺少的最重要的主食。据统计，德国人每人年平均吃面包81.5公斤。德国是当今世界上著名的啤酒王国，德国人均啤酒消费量居世界首位。

（三）礼貌、礼节

在德国，朋友见面以握手礼为主。十分要好、长时间未见的朋友相见时可以相互拥抱。在交往过程中，大多数人往往用"您"以及姓氏之前冠以"先生"或"女士"（也作"夫人"）作为尊称。只有亲朋好友和年轻人之间互相用"你"以及名字称呼。对女性，不管其婚否及长幼，都可以称"某女士"，但对已婚妇女应以其夫姓称之。与人交谈时应避免涉及如年龄、收入等私人问题。应邀去别人家做客时，应备鲜花、画册或书等礼物，所送礼物要事先用礼品纸包好。德国人不习惯送重礼，所送礼物多为价钱不贵但有纪念意义的物品，以此来表示慰问、致贺或感谢之情。在收到礼物后应打开观看，并向送礼人表示感谢。德国社会重视性别平等及障碍者权利。

（四）禁忌

德国人忌讳数字13。视13日、星期五为不祥。不喜欢红色，红黑相间色以及褐色，尤其是墨绿色。法律禁用纳粹或其军团的符号图案，讨厌菊花、蔷薇（只用于悼亡）图案和蝙蝠图案。忌讳核桃。送花时禁止送菊花、玫瑰、蔷薇，枝数和花朵数不能是13或者双数，鲜花不用纸包扎。禁止送太个人化的物品。礼品包装纸不用黑色、白色和棕色，也不能用彩带包扎。

（五）节日

德国的节日有：新年（1月1日）、耶稣受难节（复活节前一周的星期五）、复活节（春分后第一个满月后的星期日）、劳动节（5月1日）、耶稣升天节（复活节后第40天）、圣灵降临节（复活节后第7个星期日和星期一）、德国统一日（10月3日）、第一圣诞节日（12月25日）、圣诞节（从12月25日持续至1月6日）。

六、旅游业概况

（一）旅游业现状

德国旅游业发达。每年有大量国内外游客在德国旅游。德国有 38 处世界文化和自然遗产，数量仅次于意大利、中国和西班牙，与法国并列世界第四，其中 36 个是文化遗产，仅有 2 处是自然遗产。著名景点有科隆大教堂、柏林国会大厦、罗滕堡、慕尼黑德意志博物馆、海德堡老城、新天鹅堡、黑森林、国王湖、德累斯顿画廊等。

柏林、慕尼黑、法兰克福、科隆、德累斯顿、斯图加特、汉堡、杜塞尔多夫和纽伦堡被评为最受外国游客喜欢的十个德国大城市。

（二）著名旅游城市和景点

德国拥有丰富的自然和人文旅游资源。南部的阿尔卑斯山是欧洲重要的夏季疗养地和冬季运动中心。中部黑森山地犹如绿色海洋，是德国最受欢迎的旅游区之一。莱茵河是德国的黄金水道和最大河流，多瑙河沿岸景色秀丽，博登河是世界著名的疗养胜地。德国历史悠久，古建筑以王宫、教堂、古城堡、市政厅等为主要代表。德国还拥有 3000 多家不同种类和规模的博物馆，是世界著名的博览会与展览会举办国。

1. 柏林

作为德国的首都，柏林不仅因为"二战"历史而广为人知，同时它也作为在冷战中东德、西德的分裂象征而存在。1989 年柏林墙倒塌后，现在的柏林是一个巨大的、统一的、多样化的民族聚集区。这里不仅有丰富的观光旅游景点和博物馆，还有热闹非凡的体育赛事、文化活动和夜生活。

无忧宫：柏林近郊最著名的宫殿，被称为"普鲁士的凡尔赛宫"，被列为世界文化遗产。（图 3-13）

图 3-13　无忧宫

德国国会大厦：德意志帝国和魏玛共和国时期国家议会所在地，玻璃的圆形穹顶是俯瞰柏林全貌的绝佳地点。（图 3-14）

图 3-14　德国国会大厦

柏林大教堂：柏林最大的教堂，在穹顶回廊可以俯瞰博物馆岛的迷人风光。(图 3-15)

图 3-15　柏林大教堂

东区画廊：现存的三段柏林墙中最长最著名的一段，世界最大的露天涂鸦画廊，柏林分裂与统一的历史证明。(图 3-16)

图 3-16　东区画廊

2. 慕尼黑

慕尼黑啤酒节闻名于世，除此之外，慕尼黑也因其各种各样的文化活动吸引着世界各地的游客。这里拥有许多久负盛名的歌剧院和剧场，如国家大剧院。慕尼黑市中心的建筑风格体现了古典建筑和现代建筑的完美融合。在这里，你不仅可以见到历史悠久的教堂、中世纪的城墙和皇家宫殿，还能徜徉在熙攘繁华的购物中心和夜生活场所里，不亦乐乎。

景点推荐：慕尼黑奥林匹克公园、慕尼黑凯旋门、宁芬堡宫、德意志博物馆等。

3. 新天鹅堡

新天鹅城堡是德国出镜率最高的建筑，也是欧洲最热门的旅游景点之一。这个童话般的城堡坐落在美丽的巴伐利亚阿尔卑斯山脉附近的菲森小镇，是迪斯尼动画《睡公主城堡》的原型。

4. 海德堡老城

海德堡老城因其丰富的历史资源而广为人知，如中世纪的古桥、海德堡城堡、圣灵教堂和骑士圣乔治楼等。海德堡老城市中心主街道两旁遍布酒吧、餐馆、博物馆，依旧售卖啤酒杯、布谷鸟钟和德国香肠的商店和集市，令游客流连忘返。

5. 吕贝克

吕贝克坐落在德国最北部的石荷州，是波罗的海最大的港口之一。吕贝克建立于1143年，曾在数个世纪内作为汉萨同盟的首都。

尽管在二战中，吕贝克是首个遭受轰炸和破坏的德国城市，不过如今吕贝克依旧大体上保留了许多中世纪的建筑。这也令其成了一个热门的旅游胜地。

第四节　意大利

一、地理概况

（一）自然地理

意大利全称"意大利共和国"。国土面积为301333平方千米，位于欧洲南部，包括亚平宁半岛以及西西里岛、撒丁岛等岛屿。亚平宁半岛占其全部领土面积的80%，它像一只巨大的长筒靴伸入蔚蓝色的地中海之中，海岸线长7200多千米。西西里岛上的埃特纳火山是欧洲最大的活火山。意大利最长的河流是波河，发源于阿尔卑斯山南坡，水能蕴藏丰富。

意大利大部分地区属亚热带地中海型气候。意大利自然资源贫乏，仅有水力、地热、天然气等能源和大理石、黏土、汞、硫黄以及少量铅、铝、锌和铝矾土等矿产资源。石油和天然气产量只能满足一小部分国内市场需求，75%的能源供给和主要工业原料依赖国外进口。意大利传统重要可再生能源为地热和水力，地热发电量为世界第二，仅次于美国，水力发电为世界第九。

（二）人文地理

1. 人口与民族

意大利人口约为 5903 万人（2022 年，联合国统计司，http：//data.un.org），波河平原是全国人口分布最稠密的地区。意大利是个多民族国家，总人口的 94% 为意大利人，少数民族有法兰西人、加泰隆人、弗留里人、拉丁人等。

2. 语言与宗教

意大利的官方语言是意大利语，个别地区讲法语和德语。意大利语同时还是圣马力诺和梵蒂冈的官方语言，是瑞士的四种正式语言之一。在意大利，90% 以上的居民信奉天主教，还有少数居民信奉基督教新教、犹太教、伊斯兰教等。

3. 国歌、国花、国石

国歌：《马梅利之歌》。

国花：雏菊。

国石：珊瑚。

二、简史

意大利是欧洲历史古国。在旧石器时代就已有人类在这片土地上生活，为罗马帝国的发祥地，公元 754 年罗马建城。古罗马先后经历王政（前 753—前 509 年）、共和（前 509—前 27 年）、帝国（前 27—476 年）三个阶段，存在长达一千多年。共和时期，罗马基本完成疆域扩张；帝国时期，成为以地中海为中心，跨越欧、亚、非三大洲的大帝国。

962 年至 11 世纪，意大利北部和中部成为"日耳曼民族神圣罗马帝国"的一部分，而南部则为拜占庭领土，直至 11 世纪诺曼人入侵意大利南部并建立王国。12—13 世纪，在意大利的神圣罗马帝国统治瓦解，分裂成许多王国、公国、自治城市和小封建领地。随着经济实力增强，文化艺术空前繁荣。15 世纪末，法国和西班牙争夺亚平宁半岛的斗争激化，导致了持续数十年的意大利战争。16 世纪起，大部分领土先后被法、西、奥占领。18 世纪民族精神觉醒。19 世纪民族复兴运动兴起。1861 年 3 月建立王国。1870 年攻克罗马，完成领土统一。此后，意大利同其他欧洲列强一样进行殖民主义扩张，1922—1943 年墨索里尼推行法西斯统治，与德国建立"柏林—罗马轴心"，参与了第二次世界大战并沦为战败国。1946 年 6 月 2 日全民公投，废除君主立宪，同年 7 月 12 日组成共和国第一届政府。二战后，意大利参加"马歇尔计划"签署（大西洋公约）并积极参加欧洲一体化进程，系欧盟创始国之一。

三、政治、经济

（一）政治

现行宪法是 1947 年 12 月 22 日由立宪大会通过。宪法规定意大利是一个建立在劳动基础上的民主共和国。总统对外代表国家，由参、众两院联席会议选出。总理由总统任命，对议会负责。议会是最高立法和监督机构，由参议院和众议院组成。两院具有同等权力，各自可通过决议，但两院决议相互关联。除少数终身参议员外，参、众议员均由普选产生，任期5年。议会的主要职能是：制定和修改宪法和法律，选举总统，审议和通过对政府的信任或不信任案，监督政府工作，讨论和批准国家预算、决算，对总统、总理、部长有弹劾权，决定战争状态和授予政府必要的政治决定权力等。最高司法委员会是最高司法权力机构，拥有独立司法体制和任命法官的权力，有法官的任命、分配、调遣、提升和规定措施等项权力。由33人组成，总统任主席，最高法院院长和总检察长为当然成员。其他成员由议会选举的10位委员（律师和司法教授）和全体法官选出的20位法官组成，任期4年，不得连任和兼职。意大利实行多党制，各主要政党或党派联盟大多分布在中左和中右两大阵营，主要政党有：五星运动、北方联盟、意大利民主党、意大利力量党、新中右、意大利公民选择党等。

（二）经济

意大利是发达工业国，欧洲第四大、世界第八大经济体。中小企业发达，被誉为"中小企业王国"，中小企业数量占企业总数的98%以上。地区经济发展不平衡，北方工商业发达，南方以农业为主，经济较为落后。意大利实体经济发达，是欧盟内仅次于德国的第二大制造业强国。各类中等技术含量消费品和投资产品在世界市场上占有相当份额，但高技术产品相对较少。主要工业有石油化工、汽车制造、家用电器、电子仪器、冶金、机械、设备、纺织、服装、制革、家具等。中小企业专业化程度高，适应能力强，传统上以出口为导向，在制革、制鞋、服装、纺织、家具、厨卫、瓷砖、丝绸、首饰、酿酒、机械、大理石开采及机械工业等领域具有较强的国际竞争力。由于多山和缺乏肥沃土壤，农业可耕地面积仅占全国总面积的10%（2010年），意大利农业出口产品主要由葡萄酒、橄榄油、硬小麦加工的面和面粉以及蔬菜肉类加工制成品四大部分组成。

巨额赤字和公共债务一直是意大利经济的两大难题。1992年开始，意先后对国民劳动银行、意大利信贷银行和意大利商业银行以及伊利、埃尼、国家保险公司、国家电力公司、高速公路公司等大型国有企业实施私有化。2011年，受希腊债务危机影响，意主权债务形势一度十分严峻，此后，意政府实施一系列紧缩措施并推行结构性改革，主权债务问题逐步缓解。

对外贸易是意大利经济的主要支柱。外贸产值占国内生产总值40%以上。个人消费品、机械设备以及服务在国际市场占据非常重要的地位。意大利是世界著名的汽车跑车生产国，相关品牌包括法拉利、兰博基尼、玛莎拉蒂、布加迪（现法国）、阿尔法·罗密欧等。

四、文化

（一）教育

意大利教育事业发达。教育体系分为三个阶段：5年初级教育（小学），8年中级教育（3年初中，5年高中），大学、专科院校等高等教育。16岁以下可享受义务教育，之后，学生可以选择上高中，亦可选师范学校、职业学校或艺术学校。职业学校学制2~5年。高等学校分综合性大学和专科学院两种，学制一般4年，工程、建筑专业为5年，医学专业为 6 年。意大利的艺术、设计、时尚类的教育在世界范围内都处于领导地位。

高等教育院校众多，包括公立大学、私立大学。著名大学有：博洛尼亚大学：成立于 1088 年，是世界上第一所大学，有"大学之母"的美誉。米兰理工大学：成立于 1863 年，世界著名理工大学，设立 18 个科系，招收超过 4 万多名学生，有 5 个校区，主校区位于意大利米兰市。都灵理工大学：成立于 1800 年，是一个研究性的大学，学校优势专业是建筑设计、汽车设计、生态设计等。热那亚大学：成立于 1471 年，是意大利一所老牌的综合类公立大学，热那亚大学是意大利唯一一所把造船学和船内设计列入学位课程的大学。威尼斯卡福斯卡里大学：成立于 1868 年，简称"威尼斯大学"，威尼斯大学的商学和经济学具有悠久的传统。博科尼大学：成立于 1902 年，是意大利最负盛名的商业大学，意大利前总理马里奥·蒙蒂是该校毕业生并且曾经担任博科尼大学校长职务。

（二）科学技术

意大利有良好的科学传统，20 世纪先后有 9 位科学家获得过诺贝尔物理、化学、医学奖。基础研究中的物理与天文（如超导托卡马克、同步辐射加速器、宇宙射线的研究和大型天体望远镜的研制）、临床医学、生物医学、化学等领域处于世界前列。高新技术领域如空间技术、信息通信、高性能并行计算机（运算速度已经达每秒万亿次）、核能等有一定的竞争力。同时意大利十分重视科学研究，把科技进步视作发达国家"经济扩大和社会进步的不可取代的决定性条件"。

（三）文学艺术

1. 文学

意大利的文学艺术在世界艺术宝库中占有相当重要的地位。早期意大利文学中，宗教文学占有重要位置，民间文学在中古时期也获得发展。13 世纪末至 16 世纪具有现实主义倾向的文学艺术的发展，使意大利成为欧洲文艺复兴的发源地，这个时期是意大利文学艺术的黄金时代，在欧洲居领先地位。但丁以其代表作《神曲》成为意大利和欧洲文学史上继往开来的伟大诗人；彼特拉克和薄伽丘分别以《歌集》和《十日谈》，开了欧洲近代抒情诗和短篇小说的先河。19 世纪末，意大利儿童文学也获得丰硕成果，如科洛迪的《木偶奇遇记》产生了广泛的影响。到了 20 世纪，意大利文坛出现了"微暗派""隐逸派"和"未来派"。

2. 绘画和雕塑

意大利的雕塑和绘画在世界上享有极高的声誉。乔托是文艺复兴初期著名的画家、雕刻家、建筑师，绘画成就尤为突出，绘画题材几乎都是基督和圣母的故事，表现了善与恶的拼搏，最著名的作品有《圣佛朗西斯之死》《逃亡埃及》《犹大之吻》等。15 世纪的画家马萨乔发现的远近透视规律促进了绘画艺术的发展。意大利是人文主义文学的发源地，但丁、彼特拉克、薄伽丘是文艺复兴的先驱者，被称为"文艺复兴三颗巨星"，也称为"文坛三杰"（文艺复兴前三杰）。14—16 世纪意大利文艺复兴时期绘画艺术臻于成熟，其代表画家有被誉为"美术三杰"（文艺复兴后三杰），他们分别是列奥纳多·达·芬奇、米开朗基罗·布奥纳罗蒂和拉斐尔·桑齐奥。列奥纳多·达·芬奇多才多艺，在绘画、雕刻、建筑、工程、数学、哲学等领域都取得了杰出的成就，其壁画《最后的晚餐》和油画《蒙娜丽莎》（图3-17）是誉满全球的杰作。拉斐尔·桑齐奥是罗马画派的杰出代表，他为梵蒂冈画了以"教权的建立和巩固"为总题目的壁画，最有名的当数《圣礼的辩论》和《雅典学派》。米开朗基罗·布奥纳罗蒂在雕刻、绘画和建筑方面都取得了杰出的成就，具代表作有雕塑《大卫》《被束缚的奴隶》及壁画《创世记》和《末日的审判》等。

图3-17 《蒙娜丽莎》

3. 歌剧

意大利是歌剧的故乡，它的歌剧发展史亦可称为意大利的音乐史。歌剧诞生于17世纪的意大利，传世的第一部歌剧于1600年在佛罗伦萨公演。以后，佛罗伦萨、罗马、威尼斯和那不勒斯先后成为意大利歌剧艺术的中心，涌现了许多歌剧艺术家。19世纪上半叶最著名的歌剧艺术家是焦阿基尼·罗西尼和朱塞佩·威尔第。罗西尼的两部重要代表作是《塞维利亚的理发师》和《威廉·退尔》；威尔第的作品有《纳布科》《茶花女》《阿伊达》《假面舞会》《奥赛罗》等。20世纪意大利著名歌剧作家是贾科莫·普契尼，代表作有《曼侬·列斯科》《艺术家的生涯》《托斯卡》《蝴蝶夫人》等。作为歌剧的故乡，意大利拥有许多闻名世界的歌剧院，如米兰的斯卡拉歌剧院、那不勒斯的圣卡洛歌剧院和罗马歌剧院。

4. 体育

意大利是一个体育强国，开展的体育运动比较广泛，是体育运动的一个浪漫国度。另外，在这里每年还举行环意大利自行车赛，吸引了世界各地的众多顶尖车手。在奥运会的众多项目中，田径、足球、自行车、击剑、男篮、女排、拳击、体操、花样游泳等项目是意大利的强项。意大利历史上涌现出一大批奥运冠军，例如：曼贾罗蒂、内纳迪、高迪尼、德芬诺、阿哈蒂、梅迪奇等。意大利是最早参加国际奥林匹克运动的国家之一。国际奥委会的创始委员中，有两位就是意大利人。意大利的体育宣传，在欧洲享有盛誉。《罗马体育邮报》《都灵体育报》《米兰体育报》三大媒体的知名度非常高，成为当地奥委会的有力助手。意大利也被誉为"世界足球王国之一"。

五、民俗风情

(一) 服饰

意大利服装制造业享誉全球，不仅款式新颖、花色繁多，而且品种齐全，高、中、低档一应俱全。意大利服装可以分为民族服装、普通服装、正式服装和流行服装四类。在重大节日、喜庆活动或表演传统节目时，人们会穿上五彩缤纷的民族服装，以增添欢乐的气氛。在公共场所工作时，男士才穿上西服、系好领带；女士则穿西服套裙，以示庄严和隆重。日常衣着以西服为主，但夹克衫、T恤衫和牛仔裤现已很普遍。

意大利有众多享誉全球的服装品牌，如：阿玛尼，是1975年由时尚设计大师乔治·阿玛尼创立于意大利米兰，他以使用新型面料及优良制作而闻名，阿玛尼品牌标志是由一只正往右看的雄鹰变形而成。古驰，由古驰奥·古驰在1921年于佛罗伦斯创办，古驰的产品包括时装、皮具、皮鞋、手表、领带、丝巾、香水、家居用品及宠物用品等，古驰品牌时装一向以高档、豪华、性感而闻名于世，以"身份与财富之象征"品牌形象成为富有的上流社会的消费宠儿，一向被商界人士垂青，时尚之余不失高雅。古驰现在是意大利最大的时装集团。范思哲，创立于1978年，品牌标志是神话中的蛇发女妖美杜莎，代表着致命的吸引力，它的时尚产品统领了生活的每个领域，其鲜明的设计风格、独特的美感、极强的先锋艺术表征让它风靡全球。

(二) 饮食

意大利人饮食特点：味浓香烂，以原汁原味闻名，烹调上，以炒、煎、炸、红焖等方法著称，并喜用面条、米饭做菜，而不作为主食用。意大利的美食如同它的文化：高贵、典雅、味道独特。精美可口的面食、奶酪、火腿和葡萄酒成为世界各国美食家向往的天堂。意大利面（图3-18）作为国家的名片又称为意粉，是西餐品种中国人最容易接受的。意大利最著名的甜点是冰激凌，其中奶油冰激凌和威士忌冰激凌是最为普遍的口味。意大利拥有全世界最悠久的起泡酒酿造历史，一直可上溯到罗马帝国时期。意大利起泡酒按照起泡的大小程度可以分为起泡酒和低起泡酒。按照酿造方法的不同，还可以分为化学式与古典式起泡酒。

图3-18　意大利面

知识链接

意大利十大美食推荐

1. 帕尼尼

帕尼尼是意大利非常有名的传统食品，看上去和汉堡差不多，但是里面的馅料比较丰富，在面包当中加入了奶酪西红柿等酱汁，吃起来非常美味。

2. 潘纳库塔

潘纳库塔是意大利非常有名的甜点，是那种光看外表就会有心动的感觉的美食，是用奶油制作而成的，热量很高。

3. 巴马干酪

巴马干酪是意大利非常受欢迎的美食，试用任鸡胸肉和干扰以及番茄酱搅拌在一起，然后制作而成，用它拌意大利面吃起来味道特别爽口。

4. Gelato 冰淇淋

意大利的冰淇淋可以说是世界闻名的，人们说其他地方的冰淇淋都比不上意大利的，这款冰淇淋不管是用料还是制作都非常好。

5. 烩饭

意大利的烩饭是当地知名的美食，用各种好吃的食材放在一起，把米饭也加入其中，制作而成口味，可以根据自己的喜好调节。

6. 烤宽面条

烤宽面条从外形上看有些类似我们的烤冷面，其实要比烤冷面宽很多，馅料也比较丰富，里面可以加入碎肉西红柿等蔬菜食材。

7. 提拉米苏

提拉米苏是意大利非常有名的传统甜品，吃起来甜中带着点咖啡的味道。可能会感觉有点腻，但吃起来特别好吃。

8. 饺子

饺子并不是中国特有的美食，只是中国人把饺子发挥了极致，而意大利饺子也是非常有名的，不过他们的饺子和我们制作的饺子会有所不同，会在做饺子的时候放上奶酪。

9. 蔬菜浓汤

蔬菜浓汤也是意大利有名的传统美食，一般在夏天的时候用新鲜的蔬菜加上意大利面或者米饭一起做成冷的蔬菜浓汤，味道非常爽口。

10. 菜肉馅煎蛋饼

菜肉馅煎蛋饼是一道非常令人有食欲的意大利美食，把各种蔬菜加上肉类，用面粉鸡蛋调和放在锅里面煎成蛋饼，是意大利早餐常见美食。

（资料来源：百度百科，2024-4-2，经整理。）

（三）礼貌、礼节

意大利人热情好客，待人接物彬彬有礼。在正式场合，穿着十分讲究。见面礼是握手或招手示意；对长者、有地位和不太熟悉的人，要称呼对方的姓，加上"先生""太太""小姐"和荣誉职称；在意大利，女士受到尊重，特别是在各种社交场合，女士处处优先。在就餐、乘车、乘电梯等情况下，都会让女士先行；宴会时，要让女士先吃，只有女士先动刀叉进餐，先生们才可用餐。意大利人的时间观念不强，特别是出席宴会、招待会等活动时常常失约或晚点。

（四）禁忌

意大利人90%以上居民信奉天主教。如果有人打喷嚏，旁边的人马上会说："萨路德（祝你健康）。"另外，当着别人打喷嚏或咳嗽，被认为是不礼貌的事，所以本人要马上对旁边的人说"对不起"。和意大利人谈话要注意分寸，一般谈论工作、新闻、足球，不要谈论政治和美式橄榄球。意大利人忌讳交叉握手，忌讳数字"13"。赠送纪念品时，切忌送手帕，认为手帕是亲人离别时擦眼泪用的不祥之物；送花时忌送菊花，因为菊花盛开的季节正是他们扫墓的时候；送花的花枝、花朵应为单数。无论男士还是女士都不得穿短裤、短裙或无袖衬衫到教堂或天主教博物馆参观。

（五）节日

1. 元旦（1月1日）

人们要在午夜前赶到城市的中心广场上，带着香槟酒和纸杯。新年钟声敲响之际，所有的人都要开香槟庆贺。而且开香槟酒时，一定要让瓶塞发出清脆的响声并让其飞上空中，然后看瓶塞落在谁的身上，谁就在新的一年里将会万事如意。

还有些地区的居民，还会从窗户往外扔旧东西，预示除旧迎新。

2. 主显节（1月6日）

每年1月6日，是纪念耶稣显灵的节日，也是意大利的儿童节。相传，东方三贤士见到一颗代表耶稣的明亮的星星，于是，在1月6日那天来到伯利恒拜见诞生不久的耶稣，这就是宗教上所说的耶稣显灵和三贤朝圣。传说中，在这天，会有一位骑着扫帚的巫婆从屋顶的烟囱钻进屋里来，把礼物装在靴子里送给小孩。听话的孩子可以收到很多礼物，而淘气的孩子只能收到黑炭块。于是，大人们就把给孩子的各种礼物装在长筒靴中，放在壁炉上。淘气的孩子会收到样子像黑炭块的糖。

3. 复活节（春分月圆后的第一个星期日）

复活节是最古老最有意义的基督教节日之一。是庆祝基督复活的节日，世界各地的基督徒每年都要举行庆祝。复活节还象征重生和希望。彩蛋、兔子和小鸡是这个节日的象征，代表着新生命的诞生。于是，人们要购买这些形象的装饰品并食用壳为巧克力，内包小礼物的复活节彩蛋。

4. 解放日（4月25日）

1945年4月25日，意大利北方人民举行起义，解放了米兰、都灵、热那亚等大城市，驱逐了希特勒德国占领军，结束了长达20年的法西斯统治。在这天，意大利人会庆祝第二次世界大战结束时脱离了法西斯和纳粹的统治。

5. 国庆节（6月2日）

意大利的国庆节为每年的6月2日。1946年6月2日，意大利全民公决，正式废除君主制，建立了意大利共和国。

每年这一天，许多人家挂上国旗，大街上一片喜气洋洋，而最重要的庆祝仪式是要在意大利罗马帝国大道（ViadeiForiImperiali）上举行盛大隆重的阅兵仪式。

6. 八月节（8月15日）

意大利的八月节又叫圣母升天日。这一宗教节日在夏季过半时庆祝，这也是意大利人举国放松游玩的时刻。说起它的历史来可以追溯到两千多年前的古罗马。当年，为了让人们尽情地欢乐，享受生活，皇帝奥古斯都（Augusto）定8月1日为节日。从17世纪末，八月节改为8月15日。人们要在八月节前后度假，避过在一年中最热的时候工作而充分体味炎热带来的激情与热烈。

7. 万圣节（11月2日）

和其他信奉基督教的国家一样，意大利人通常会在11月2日前后去扫墓，所以万圣节也被称作鬼节。每逢万圣节，意大利人纷纷离开住家，尤其是北方地区的人们必须去上坟扫墓。这一天，意大利人会在家中的餐桌旁多摆一把椅子，椅子空在那儿专为死去的亲人放着，甚至还会在空着的座位上放一盘食物，因为人们相信已故亲人的亡灵会在这一天回到家中。

8. 圣母受胎节（12月8日）

相传上帝在这一天选择圣母玛利亚怀上其儿子耶稣，圣母蒙受天恩而受孕。意大利人大多信奉天主教，所以12月8日也就成为国家法定节日，放假一天。

9. 圣诞节（12月25日）

圣诞节是纪念基督教的创始人耶稣出生的节日。每年圣诞节，意大利的每家每户都会布置Preseppe（一种再现耶稣诞生场景的布置），市中心的广场也会用漂亮的闪灯装饰，教堂也会布置大型的Preseppe来庆祝这个盛大的节日。届时，天主教教皇还会在梵蒂冈举行一系列盛大的宗教仪式以兹庆祝。

六、旅游业概况

（一）旅游业现状

意大利旅游资源丰富，气候湿润，风景秀丽，文物古迹很多，有良好的海滩和山区，公路四通八达，旅馆多为中小型，包括宾馆、露营地、旅游村和农业旅游住所等在内全国共有11.5万处。是世界第五大旅游国。旅游业是意大利成长最快且最具经济效益的产业，旅游业占国内生产总值近10%，是仅次于服装业的第二大产业。现在意大利既是重要的旅游接待国，又是重要的客源输出国，旅游业已成为意大利国民经济的重要部门。旅游收入成为弥补国家收支逆差的重要来源。意大利主要旅游城市包括罗马、威尼斯、佛罗伦萨等。旅游从业人员约32万人。据统计，2023年意旅游业表现超过了疫情前水平，根据OpenEconomics数据，意旅游业创收2550亿欧元，相当于GDP的13%，创造了300万个直接和间接就业机会。去年赴意游客人次超过 4.45 亿。

(二) 旅游城市和景点

意大利山清水秀,风光旖旎,旅游资源丰富,素有"欧洲的天堂和花园"之称。最令人向往的还是其人文旅游资源,尤其是众多的历史文化名城、古建筑和历史遗迹及雕塑等艺术珍品。作为歌剧的故乡,意大利拥有许多闻名世界的歌剧院。

1. 罗马

罗马是意大利的首都和最大的城市,也是全国政治、经济、文化和交通中心,已有2500 余年历史,是世界著名的历史文化名城,古罗马帝国的发祥地,因建城历史悠久而被称为"永恒之城"。公元 1-2 世纪是罗马历史上鼎盛时期,为西方最大帝国,与东方的汉帝国遥相呼应,并称"西罗马,东洛阳"。城市位于意大利半岛中西部、台伯河下游平原地的七座小山丘上,市中心面积有 1200 多平方千米。是意大利占地面积最广、人口最多的城市,也是世界最著名的游览地之一。罗马是全世界天主教会的中心,有 700 多座教堂与修道院,7 所天主教大学,市内的梵蒂冈是天主教教皇和教廷的驻地。罗马与佛罗伦萨同为意大利文艺复兴中心,现今仍保存有相当丰富的文艺复兴与巴洛克风貌。1980 年,罗马的历史城区被列为世界文化遗产。

圆形竞技场(又译罗马斗兽场)(图 3-19),是罗马时代最伟大的建筑之一,也是保存最好的一座圆形竞技场。位于罗马城中威尼斯广场的东南面,奥勒利安城墙内。古城结构保存良好,为世界典范。罗马斗兽场是世界八大名胜之一,也是罗马帝国的象征。斗兽场的外观像一座庞大的碉堡,占地 20000 平方米,围墙周长 527 米,直径 188 米,墙高57 米,相当于一座 19 层现代楼房的高度,场内可容纳 10.7 万名观众。

图 3-19　圆形竞技场

2. 米兰

米兰是世界时尚艺术中心,世界历史文化名城,欧洲四大经济中心之一。米兰是几乎世界半数奢侈品牌的诞生地,是 Armani(阿玛尼)、Versace(范思哲)、Fendi(芬迪)、Prada(普拉达)、Valentino(华伦天奴)、Dolce & Gabbana(杜嘉班纳)、Moschino(莫斯奇诺)、Mediolanium(米兰)等意大利时尚品牌的总部。拥有大量文化艺术机构,每年通过博物馆和艺术画廊吸引约 800 万名海外游客观光旅游。

米兰大教堂：亦称圣母降生教堂、多莫大教堂，雄踞在米兰市中心，于公元 1386 年开工建造，1500 年完成拱顶，1774 年中央塔上的镀金圣母玛利亚雕像（据说手已经被盗）就位。1897 年最后完工，历时 5 个世纪。拿破仑曾于 1805 年在米兰大教堂举行加冕仪式。(图 3-20)

图 3-20 米兰大教堂

3. 威尼斯

是意大利东北部著名的旅游与工业城市，也是威尼托地区（威内托大区）的首府。威尼斯曾经是威尼斯共和国的中心，被称作"亚得里亚海明珠"，堪称世界最浪漫的城市之一。威尼斯市区涵盖意大利东北部亚得里亚海沿岸的威尼斯潟湖的 118 个人工岛屿和邻近一个人工半岛，更有 117 条水道纵横交叉。

威尼斯其建筑、绘画、雕塑、歌剧等在世界有着极其重要的地位和影响。威尼斯有"因水而生，因水而美，因水而兴"的美誉，享有"水城""水上都市""百岛城"等美称。

圣马可广场（图 3-21）被誉为最浪漫的广场，鸽子是这里最大的特色。叹息桥连接的两座建筑物分别是法院和监狱。圣马可大教堂，强烈的拜占庭风格，相传是用来供奉福音作者圣马可的教堂。圣马可是威尼斯的守护神，标志物是狮子，因此，狮子也是威尼斯的标志物。

图 3-21 圣马可广场

第五节　西班牙

一、地理概况

（一）自然地理

西班牙王国简称西班牙，西班牙总面积约为 50.6 万平方千米，居欧洲第五位，本土最北端到最南端大约 830 千米，东西方向最长 1000 千米。地势以高原为主，间以山脉。海拔 3718 米的泰德峰为全国最高点。西班牙最长的河流是塔霍河，长 1007 千米，下游在葡萄牙境内。埃布罗河长 910 千米，全程在境内，有时被看作西班牙第一大河。西班牙中部高原属大陆性气候，北部和西北部沿海属海洋性温带气候，南部和东南部属地中海型亚热带气候。西班牙主要矿产储藏量：煤 88 亿吨，铁 19 亿吨，黄铁矿 5 亿吨，铜 400 万吨，锌 190 万吨，汞 70 万吨。森林总面积 1500 万公顷。森林覆盖率 30%，软木产量和出口量居世界第二。

（二）人文地理

1. 人口与民族

西班牙总人口约为 4743 万人（2022 年，联合国统计司，http：//data.un.org），主要是卡斯蒂利亚人（西班牙人），少数民族有加泰罗尼亚人、加里西亚人和巴斯克人。卡斯蒂利亚语（西班牙语）是官方语言和全国通用语言。少数民族语言在本地区亦为官方语言。96% 的居民信奉天主教。

2. 语言与宗教

西班牙有四种主要的语言，除了西班牙语为全国的官方语言外，其余三种为地区级官方语言：西班牙语（又称卡斯蒂里亚语），通行于西班牙全国各地，占 74%。加泰罗尼亚语（又称巴伦西亚语），用于加泰罗尼亚、巴伦西亚和巴利阿里群岛，占 17%。巴斯克语，用于巴斯克地区，占 2%。加利西亚语，用于加利西亚地区，占 7%。西班牙人在经贸往来时一般使用本国官方语言。从事对外事务的政府官员和商人一般会讲英语或法语。全球有 5 亿说西班牙语的人口，为世界上使用人数第三多的语言，并且是使用国家第二多的语言。

西班牙 96% 的居民信奉天主教。天主教的影响表现在西班牙人的日常生活中。像其他天主教徒一样，西班牙人一生中最重要的时刻都是在教堂中度过的：出生后的洗礼，第一次领圣餐，婚礼和葬礼。西班牙节日众多，有一个原因就是每一个城市、每一个村子、每一种职业都有一个圣徒作为守护神。每到圣徒生日的时候，这个城市或者行业公会就要举行大弥撒和宗教游行。西班牙人的名字大多取自圣徒，最常见的男女名字就是圣父圣母"何塞"和"玛丽亚"，而且不论男女，都经常把这两个名字连用。

3. 国歌、国花、国石、国宝

国歌：《皇家进行曲》。

国花：石榴花。

国石：绿宝石。

国宝：斗牛。

二、简史

早在公元前 50 万年，伊比利亚半岛就有人居住。公元前 9 世纪凯尔特人从中欧迁入。公元前 8 世纪起，伊比利亚半岛先后遭外族入侵，长期受罗马人、西哥特人和摩尔人的统治。西班牙人为反对外族侵略进行了长达 800 年的斗争，1492 年"光复运动"胜利后，建立统一的西班牙封建王朝。同年哥伦布抵达西印度群岛，此后西班牙逐渐成为海上强国，对外进行扩张，在欧、美、非、亚各洲均有殖民地，一度成为欧洲最大的国家。1588 年"无敌舰队"被英国击溃，开始衰落。1873 年爆发资产阶级革命，建立第一共和国，次年王朝复辟。1931 年建立第二共和国，1936—1939 年爆发内战，最终佛朗哥夺取政权，实行独裁统治。第二次世界大战中，佛朗哥与希特勒德国缔结军事同盟。1947 年佛朗哥宣布西班牙为君主国，自任终身国家元首，1975 年 11 月佛朗哥病逝，胡安·卡洛斯继承王位，恢复君主制，开始走上民主改革的道路；1978 年 12 月 29 日，西班牙宣布实行议会君主立宪制。

三、政治、经济

（一）政治

西班牙的政体为议会制君主立宪制，实行立法、行政、司法三权分立。国王为国家元首与武装力量总司令，首相则是政府最高首脑，由议会多数党提名后由国王任命。行政权由政府掌握，立法权则由两院制的议会行使。西班牙现行宪法于 1978 年 12 月 6 日全国公民投票通过，同年 12 月 29 日生效。西班牙议会由参议院和众议院组成，行使立法权，审批财政预算，监督政府工作。立法权以众议院为主，参议院为地区代表院。议员由普选产生，任期 4 年。西班牙司法领导机构是司法总委员会，由 20 名成员组成，最高法院院长兼任主席。司法机构分司法法院和行政法院两大系统。西班牙实行多党制。主要政党有人民党、工人社会党、"我们能"党、公民党等。

（二）经济

西班牙是中等发达的资本主义工业国，经济总量居欧盟第五位、世界第十三位。主要工业有纺织、钢铁、水泥、造船、汽车制造、电力等。农业现代化水平较高，橄榄油产量和葡萄种植面积均居世界第一。西班牙 2020 年第二季度经济环比下降 18.5%，国际货币基金组织预计西班牙 2020 年经济萎缩 12.8%。2020 年 3 月，西政府颁布总额 2000 亿欧元的注资计划，占国内生产总值 20%，系西班牙史上最大规模救助计划，旨在帮扶因疫情陷入困境的企业和个人，并分别设立 160 亿欧元和 100 亿欧元的援助基金，用以支持各自治区疫后重建和帮助有债务困难的企业。

西班牙农业用地面积占国土面积 13.8%，居欧盟第二位。农作物种植种类主要有葡萄、橄榄、柑橘等。猪肉、羊肉产量居欧盟第二位。橄榄的种植面积及橄榄油的产量均居世界首位，全世界 50% 的橄榄油产自西班牙。葡萄的种植面积居世界首位，达 95 万公顷，占世界总种植面积的 13%。

四、文化

(一) 教育

西班牙中、小学实行免费义务教育（6~16 岁）。小学为 6 年，中学为 4 年，大学 4~5 年。高等学府主要有：马德里康普顿斯大学、马德里自治大学、萨拉曼卡大学、巴塞罗那大学等。西班牙的教育是五育均衡的。西班牙是由 17 个自治区组成的王国，每个自治区是独立的，所以全国没有统一的各学科计划和大纲，有意思的是，西班牙政府严格规定了各科的教学时数。西班牙的老师有权根据学校的条件、学生的水平、当地的特点，决定他的教学内容和教学方法。这种没有统一大纲，只有规定时数的做法，既保证了各科教学的时间，又为各科的教学提供了创造的空间。在西班牙 1992 年颁布的规定里，学校规定义务教育下，每班学生不得多于 25 人，而且每周总学时数 25 小时，其中体育必须占 3 小时。西班牙学校每周 3 小时的体育课，根据学校地理环境的差别，有丰富的教学内容，舞蹈、足球、篮球、排球、艺术体操、体操、田径、游泳、拳术、柔道都包括在内。在西班牙，从上百万人口的大都市到几百人口的小山村，学校都有着现代化的体育教学设施。

(二) 科学技术

近年来，西班牙政府采取一系列政策，促进研发与创新的发展。具体目标是促进知识生产和技术创新。西班牙重新确定研发与创新重点，进一步加快生物学、生物医学、材料科技、农业与食品科技、物理学等优势领域的发展。同时，大力支持那些对总体经济起发动机作用的创新行业以及那些具有竞争力和先进技术的行业。另外，还大力资助大学和公共研究机构参与的急需研究项目，如干细胞研究。西班牙最重要的科研基地为西班牙科学研究高级委员会。该委员会在马德里设有 35 个中心，研究领域主要有生物医学、农学、物理、化学、新材料、新食品技术等。

(三) 文学艺术

1. 文学

西班牙最早的文学作品，是 10 世纪时出现的史诗。文艺复兴时期的代表作品是塞万提斯的《堂吉诃德》，这部脍炙人口的世界名著是欧洲长篇小说发展史上的一座里程碑，它对西班牙文学、欧洲文学乃至整个世界文学的影响都是不可估量的。20 世纪西班牙最著名的诗人加西·洛尔卡，其代表作《伊格纳西奥·桑切斯·梅希亚挽歌》被誉为西班牙文学中"最优秀的哀歌之一"。当代西班牙著名作家有卡米洛·何塞·塞拉（1989 年荣获诺贝尔文学奖）、米盖尔·德利维斯、埃德华多·门多萨、哈维尔·马利亚斯、费利克斯·德阿苏亚和穆尼奥斯·莫利纳等。自 19 世纪末以来，西班牙共有 6 位文学家荣获诺贝尔文学奖。

2. 美术

西班牙美术家在世界美术史上占有重要的地位，文艺复兴时期和 17 世纪画坛人才辈出，创造了许多传世佳作。戈雅是 18 世纪西班牙最伟大的画家之一，代表作有《卡洛斯四世一家》《裸女》《着衣女》《五·三大屠杀》等；毕加索是 20 世纪最具有创造性、影响最大的西班牙艺术巨匠，代表作有《格尔尼卡》《亚威农姑娘》《三个乐师》《镜前的女人》等；此外，当代著名艺术家还有抽象派画家米罗，代表作有《小丑狂欢节》《农场》《金蓝》等；意象派画家达利，代表作有《记忆的永恒》《哥伦布之梦》等。

3. 斗牛

西班牙是一个充满热情、富于活力的国家，有"斗牛王国"之称，西班牙斗牛是西班牙的国粹，起源于 1761 年。风靡全国，享誉世界，是西班牙独特的景象之一。尽管从动物保护的观点上看人们对此存在争议，但作为西班牙特有的古老传统还是保留到现代，并受到很多人的欢迎。斗牛季节是 3 月至 10 月，斗牛季节里，每逢周四和周日各举行两场。如逢节日和国家庆典，则每天都可观赏。疯狂的斗牛活动每年吸引着世界各国的游客前往。

4. 足球

足球是深受西班牙人欢迎的运动。据 2014 年的统计，西班牙全国有 80 万以上的注册球员和 2 万个注册俱乐部。西班牙国家男子足球队曾夺得 1964 年、2008 年、2012 年三届欧洲杯冠军以及 2010 年世界杯冠军。西班牙足球甲级联赛是欧洲顶级的国内联赛之一，其中皇家马德里、巴塞罗那、马德里竞技等球队是世界顶尖水平的球队。

5. 舞蹈

弗拉门戈舞（图 3-22）与斗牛并称为西班牙两大国粹。弗拉门戈是西班牙的一种综合性艺术，它融舞蹈、歌唱、器乐于一体，源于传统吉人赛人民居住的地方。如今，弗拉门戈俨然成为具有西班牙特色和代表性的艺术之一。秉持了吉人赛的自由随性，融合了欧洲的高贵华丽以及美洲的奔放热情的弗拉门戈早已享誉世界舞台，被越来越多的人接受和喜爱。

图 3-22　西班牙弗拉门戈舞

五、民俗风情

(一) 服饰

西班牙人穿着相对比较随意，在休闲场所以舒适为主，但在会谈等正式场合要求穿西装，特别隆重的场合要求穿礼服（如燕尾服），因此，到西班牙进行工作访问，肯定需要带西装等正式服装。按照西班牙人的礼仪要求，参加外事活动时建议男士穿西装，内穿白衬衫，打领带，穿黑色皮鞋；女士穿职业套装（或套裙），尽量避免下身穿裤子（而是穿裙子）。去剧院看演出或去赌场，也一定要穿正装。在出席外事活动时，应注意请帖上的服装要求，绝对避免穿便装（如牛仔裤）。

(二) 饮食

西班牙人的饮食习惯和东方人一样，也是一日三餐，但其饮食结构和时间却大相径庭。早餐简单快捷，中餐在外不大讲究，晚餐比较重视而丰盛，通常都在家里吃，大多数家庭的晚餐必备葡萄酒，而且常常作为饮料，大人和小孩一块儿用。饭后上一道水果和咖啡，有的家庭还吃点糕点、甜食和冰激凌等。西班牙人饭菜种类丰富，做法考究，口味偏重酸、辣，喜欢吃鱼和烤肉，尤喜海味，忌食油腻过重、味道过咸的食品。西班牙是美食家的天堂，每个地区都有著名的饮食文化。西班牙盛产土豆、番茄、辣椒、橄榄。烹调喜欢用橄榄油和大蒜。西班牙美食汇集了西式南北菜肴的烹制方法，其菜肴品种繁多，口味独特；主要美食有派勒利、鳕鱼、伊比利亚火腿、葡萄酒、虾、牡蛎、马德里肉汤等。

(三) 礼貌、礼节

西班牙民风奔放热情，当地人喜爱斗牛，并且热衷跳弗拉明戈舞。同时也是吉他之乡，近代古典吉他就发源并兴盛自西班牙。西班牙人通常在正式社交场合与客人相见时，行握手礼。西班牙人很重视信誉，总是尽可能地履行签订的合同，即便后来发现合同中有对他们不利的地方，他们也不愿公开承认自己的过失。如在这种情况下，对方能够善意地帮助他们，则会赢得西班牙人的尊重与友谊。西班牙人只有在参加斗牛比赛活动时才严守时间，但客人应当守时，即便对方晚到，也不要加以责怪。西班牙人性格开朗，热情，但容易激动，有时发生争吵是很正常的，他们对此已习以为常。

(四) 禁忌

当地女性有"扇语"，如当妇女打开扇子，把脸的下部遮起来，意思是：我是爱你的，你喜欢我吗？若一会儿打开一会儿合上，则表示：我很想念你。因此初到西班牙的女人，如果不了解扇语，最好不要使用扇子。在西班牙，不要对斗牛活动有非议，如果对情况不了解，最好不要对斗牛活动发表任何意见。到西班牙人家中做客，可送上鲜花，他们最喜爱石榴花。西班牙属基督教文化圈，许多禁忌与欧美国家相同，如视"13"为不吉利数字，忌用黄色、紫色、黑色，忌送菊花，等等。

（五）节日

西班牙节日众多，除了全国性的节日外，每个自治区、省、城镇都有自己的守护神节。全国性节日主要有：新年（1月1日）、三王节（1月6日）、圣周（每年4月，时间不定）、国际劳动节（5月1日）、圣母升天日节（8月15日）、国庆节（10月12日）、万圣节（11月1日）、宪法日（12月6日）、圣诞节（12月25日）

富有民俗风格的节日有狂欢节、巴伦西亚的法亚节（火节）、塞维利亚的四月节、马德里的圣伊西德罗节（又称斗牛节）等。

六、旅游业概况

（一）旅游业现状

西班牙旅游业发达，是国民经济的重要支柱之一。根据国家旅游观察（ObservaTUR）的数据，2023年成为西班牙旅游业的"纪录"年，有接近8500万游客，这一数字比疫情前的水平高出1%，比2022年高出19%。旅游业再次确立了其作为西班牙主要经济驱动力之一的地位，2024年预计旅游业仍将是经济的重要推动力。

游客人数创历史新高的同时，游客消费也创下新高。2023年，到访西班牙的外国游客共消费了1086.62亿欧元，比上一年的数字高出24.7%，比疫情前的2019年高出18.2%。自2022年11月以来，旅游消费一直处于历史最高水平。

西班牙的著名旅游胜地有马德里、巴塞罗那、塞维利亚、太阳海岸、美丽海岸等。世界旅游组织总部设在马德里。西班牙超过30万家商户和六成以上ATM可受理银联卡（卡号以62开头），覆盖首都马德里和巴塞罗那的主要商业区，主要包括机场免税店、品牌专卖店、酒店、餐馆等游客常到的场所，部分旅游景点的取款机设有中文操作界面。西班牙出境旅游市场相对较小，目的地主要为欧洲邻近国家。

（二）著名旅游城市和景点

西班牙位于欧洲西南伊比利亚半岛上，南隔直布罗陀海峡与非洲相望，东临地中海，是一个充满热情、富于活力的国家，一个挥洒艺术气息的乐土，素以斗牛、舞蹈、吉他名闻天下。部分国土气候温和，山清水秀，阳光明媚，风景绮丽。在3000多千米蜿蜒曲折的海岸线上，遍布着许多天然的海滨浴场，其中有闻名遐迩的三大海滨旅游区。并还拥有着许多王宫、教堂和城堡，许多古老的、独特的民族的文化传统和别具一格的民族文化娱乐活动。

1. 马德里

首都马德里位于伊比利亚半岛中部，马德里是西班牙政治、文化、经济和金融中心，它已发展成一座现代化的城市，通信、交通发达，与国内20多个城市有航线，6条公路干线延伸到全国各地，构成了一个密集的运输网，市内11条地铁线长达100多千米，日客运量在100万人次以上；现代建筑与文物古迹相映生辉，市内有36个古代艺术博物馆、

100 多个博物馆、18 家图书馆和 100 多个雕塑群。

景点推荐：马德里皇宫（图3-23）、蒙克洛亚宫、普拉多博物馆、蒂森博物馆、太阳门、大广场、西班牙广场、圣伊西卓大教堂、丽池公园、皇家剧院、欧洲门、阿尔卡拉门、瑞内索菲亚美术馆等。

图 3-23　马德里皇宫

2. 巴塞罗那

巴塞罗那是西班牙第二大城市，第一大工商城和港口。巴塞罗那交通发达，工商业繁荣。该市同它周围的卫星城构成西班牙三大工业基地之一，是全国纺织、化工、医药、机械、造纸、汽车、工业中心，拥有大小工厂企业 5000 余家。巴塞罗那市有两所重要大学——巴塞罗那大学和巴塞罗那自治大学，为西班牙东部地区文化、教育中心。另外，它还是西班牙有名的"音乐城"，西班牙许多音乐名家，如巴勃罗·卡萨尔斯，出生于该市。有名的音乐喷泉，每当开放，必定吸引着无数游客前往，喷泉水柱和激光光束随着音乐的强弱而变化，游人或沉浸于美妙的旋律之中，或随之翩翩起舞，流连忘返。巴市城建规划讲究，市容整洁美观。城市以北的"美丽海岸"为西班牙四大旅游区之一。

景点推荐：毕加索博物馆（图3-24）、加泰罗尼亚艺术博物馆、历史博物馆、圣家族大教堂、蒙锥克古城堡、圣兰布拉大街、歌德区、奥运中心。

图 3-24　毕加索博物馆

3. 塞维利亚

塞维利亚坐落在瓜达尔吉维尔河右岸，是塞维利亚省省会和安达卢西亚自治区首府，全国第四大城市，南部地区第一大城市，也是西班牙唯一有内河港口的城市。塞维利亚城建于公元前43年。它是西班牙南部经济、贸易、旅游和文化重镇，该市有汽车、机械等工业，塞维利亚大学也在这里。塞城街道宽阔、美观、整洁，绿化较好。

景点推荐：塞维利亚西班牙广场（图3-25）、塞维利亚大教堂、塞维利亚王宫。

图3-25 塞维利亚西班牙广场

第六节 俄罗斯

一、地理概况

（一）自然地理

俄罗斯联邦称俄罗斯，是由22个自治共和国、46个州、9个边疆区、4个自治区、1个自治州、3个联邦直辖市组成的联邦半总统制共和国。位于欧亚大陆北部，地跨欧亚两大洲，国土面积为1709.82万平方千米，是世界上面积最大的国家，也是一个由194个民族构成的统一的多民族国家，主体民族为俄罗斯人，约占全国总人口的77.7%。地形地貌以平原和高原为主的地形。地势南高北低，西低东高。大部分地区处于北温带，气候多样，以温带大陆性气候为主，但北极圈以北属于寒带气候。温差普遍较大，1月平均温度为-18℃～-10℃，7月平均温度为11℃～27℃。年降水量为150～1000毫米。西伯利亚地区纬度较高，冬季严寒而漫长，但夏季日照时间长，气温和湿度适宜，利于针叶林生长。俄有世界最大储量的矿产和能源资源，是最大的石油和天然气输出国，其拥有世界最大的森林储备和含有约世界25%的淡水的湖泊。

（二）人文地理

1. 人口与民族

俄罗斯总人口约为 1.47 亿人（2022 年，联合国统计司，http：//data. un. org），其中俄罗斯族占 77.7%。其中俄罗斯族占 77.7%。俄罗斯是世界上人口减少速度最快的国家之一，同时俄罗斯社会男女性别比率失调。

除主体民族俄罗斯人外，全国还有 193 个少数民族，主要少数民族有鞑靼人、克里米亚鞑靼人、楚瓦什人、巴什基尔人、车臣人、亚美尼亚人、哈萨克人、摩尔多瓦人、白俄罗斯人、阿瓦尔人、乌德穆尔特人、阿塞拜疆人、马里人、日耳曼人、卡巴尔达人、奥塞梯人、达尔金人、犹太人、布里亚特人、雅库特人、库梅克人、印古什人、列兹金人、科米人、图瓦人等。

2. 语言与宗教

俄语是俄联邦的官方语言。各共和国有权规定自己的国语，有 30 多种语言，并在该共和国境内与俄语一起使用。俄语是四个独联体国家的官方语言。

主要宗教为东正教，其次为伊斯兰教。2001 年俄权威社会调查机构抽样调查结果显示，俄罗斯居民 55% 信奉宗教，其中 91% 信奉东正教，5% 信奉伊斯兰教，信奉天主教和犹太教的各为 1%，0.8% 信奉佛教，其余信奉其他宗教。俄罗斯东正教会，又称"莫斯科宗主教区"，是世界上规模最大的正教会团体，其最高权力属于主教公会。俄罗斯人被认为是最具宗教品格的一个民族，在现实生活和文学作品中，东正教所宣传的爱与宽恕的思想处处可见。在陀思妥耶夫斯基、果戈理、列夫·托尔斯泰等著名俄罗斯作家的作品中都充满了种种宗教的哲理。

3. 国花、国歌、国鸟

国花：洋甘菊。

国歌：《俄罗斯联邦国歌》（2000 年 12 月 25 日至今）。

国鸟：铁翅。

二、简史

俄罗斯历史始于东斯拉夫人，亦是后来的俄罗斯人、乌克兰人和白俄罗斯人。基辅罗斯是东斯拉夫人建立的第一个国家。1988 年开始，东正教从拜占庭帝国传入基辅罗斯，由此拉开了拜占庭和斯拉夫文化的融合，并最终形成了占据未来 700 年时间的俄罗斯文化。13 世纪初，基辅罗斯被蒙古人占领后，最终分裂成多个国家，这些国家都自称为是俄罗斯文化和地位的正统继承人。13 世纪以后，莫斯科逐渐成为原先基辅罗斯文化的中心。16 世纪中叶伊凡四世时代，莫斯科大公国改称沙皇俄国。到 18 世纪彼得一世称帝，改称俄罗斯帝国，横跨从波兰到太平洋的广袤地域。1861 年，俄罗斯废除农奴制。随后农民不断增加，对土地的需求也不断增长，急剧加大了革命的压力。从废除农奴制度到 1914 年第一次世界大战爆发，俄国推出了斯托雷平改革、1906 年宪法和国家杜马，极大地改变了其经济和政治状况，只是沙皇尼古拉二世依然没有意愿放弃独裁统治。

军事战败和食物短缺引发了 1917 年俄国（十月）革命，此后列宁领导的布尔什维克（无产阶级）登上权力的舞台，建立了苏联。从 1922 年至 1991 年，苏联逐渐成长为一个超级大国。但随着经济和政治体制的缺点所引发的矛盾越来越尖锐，1991 年苏联解体。1991 年后，俄罗斯联邦成立并继承了苏联在国际事务中的地位。然而，俄罗斯已不再是超级大国。直至今日，俄罗斯的政治经济结构依然带有沙俄和苏联的特点。

三、政治、经济

（一）政治

俄罗斯联邦实行的是联邦民主制。以俄罗斯联邦宪法和法律为基础，根据资产阶级立法、司法、行政三权分立又相互制约、相互平衡的原则行使职能。总统是国家元首，由人民直选产生。俄罗斯联邦会议是俄罗斯联邦的代表与立法机关。联邦会议采用两院制，上议院称联邦委员会，下议院称国家杜马。俄罗斯联邦政府是最高国家权力执行机关。联邦政府由联邦政府总理、副总理和联邦部长组成。宪法还规定，各联邦主体（共和国、边疆区、州、自治州和自治区）的权利、地位平等。俄罗斯联邦各邦主体的地位只有在俄罗斯联邦和俄罗斯联邦主体根据联邦宪法进行相互协商后才能改变。俄罗斯实行多党制，主要有以下政党：统一俄罗斯党、俄罗斯联邦共产党、俄罗斯自由民主党、公正俄罗斯党、亚博卢联盟、右翼力量联盟等。

（二）经济

俄罗斯工业、科技基础雄厚，苏联曾是世界第二经济强国，1978 年被日本赶超。苏联解体后俄罗斯经济一度严重衰退，持续下滑，2000 年普京执政后，俄经济快速回升，连续 8 年保持增长（年均增幅约 6.7%），外贸出口大幅增长，投资环境有所改善，居民收入明显提高。工业主要工业部门有机械、冶金、石油、天然气、煤炭及化工等；轻纺、食品、木材加工业较落后；航空航天、核工业具有世界先进水平。

俄罗斯主要农作物有小麦、大麦、燕麦、玉米、水稻和豆类。经济作物以亚麻、向日葵和甜菜为主。畜牧业主要为养牛、养羊、养猪业。

四、文化

（一）教育

俄罗斯教育体系分为学前教育、普通教育和职业教育。学前教育涵盖托儿所和幼儿园。普通教育涵盖普通初等教育、普通基础教育和普通中等（完全）教育 3 个层次。职业教育则涵盖初等职业教育、中等职业教育、高等职业教育和大学后续职业教育 4 个层次。根据 1992 年《教育法》，所有公民受教育的机会均等，免费接受普通初等至中等教育，考试通过可免费接收高等以及大学后续职业教育。

目前，全国 22% 的人口受过中等职业教育。在经济和社会领域有 2160 万人受过中等职业教育，占全国劳动人口的 34%。苏联时期的高等教育结构单一，只有一个本科层次，大学毕业生一般获得相应专业的职业资格，不授学位。1996 年颁布的《高等及大学后续职业教育法》（1996 年 8 月）对高等职业教育的层次进行了规范。俄罗斯高等职业教育分为三个层次：学制 4 年的本科，授学士学位；学制 5 年，授相应专业职业资格证书；学制 6 年的硕士，授硕士学位。

（二）科学技术

从 18 世纪到 20 世纪中后期，俄罗斯的科学技术经历了学习和赶超西方的历程，并形成较为完备的体系，部分尖端技术接近或赶上工业发达国家。苏联解体后，俄罗斯继承了苏联科技体系，依然是当今世界的科技大国之一，在基础研究方面位居世界前列。俄罗斯宇航业发达，处于世界领先地位。1957 年 10 月 4 日，苏联发射了世界上第一颗人造地球卫星，开辟了人类征服太空的新纪元，也确定了苏联在世界宇航研究领域的领先地位。苏联科学家成为自动太空飞行和载人太空飞行的先驱。在制造多座位宇宙飞船、发射轨道站、太空焊接方面，苏联也是世界上的第一个国家。

（三）文学艺术

1. 文学

俄罗斯领土跨越欧亚两洲，融合了东西方两种文化。俄罗斯重视发展文化事业，大量出版图书和报刊，建立了许多图书馆、博物馆、文化馆、俱乐部等群众性文化设施。俄罗斯文学源远流长，出现了普希金、莱蒙托夫、果戈理、别林斯基、陀思妥耶夫斯基、托尔斯泰、契诃夫、高尔基、肖洛霍夫等世界驰名的大文豪和作家。俄罗斯的美术源远流长，绘画有着悠久的历史，著名的艺术大师有列维坦、列宾、苏里柯夫、克拉姆斯科伊等。俄罗斯的宗教音乐和民间音乐有着深远的历史传统，歌剧、交响乐和室内音乐具有鲜明的民族气质，奔放豪迈。俄罗斯的戏剧艺术体裁和形式多样，最早出现在皇宫内，19 世纪进入繁荣时期，果戈理的《钦差大臣》等社会戏剧充满强烈的时代气息，具有鲜明的民族特色，同时涌现出了许多杰出的艺术大师。亚·尼·奥斯特罗夫斯基是 19 世纪 50 年代以后俄罗斯文坛众多的戏剧作家中最杰出的代表，被称为"俄罗斯戏剧之父"。俄罗斯的马戏团在俄也很受人们的欢迎，马戏团团员训练有素，技艺精湛。

2. 舞蹈

俄罗斯人的民间舞蹈主要是轮舞、竞演舞和卡德里尔舞等。轮舞有古老的传统，广泛流行于俄罗斯各地。它是在圆圈舞的基础上发展变化的集体舞蹈，经常伴有抒情的轮舞歌曲，舞步平稳而流畅，以女子轮舞最为典型。有的轮舞模拟自然形象，如小白桦树等；也有的轮舞速度比较快，或带有游戏性质。竞演舞是即兴性的舞蹈，形式自由而热烈。舞蹈者独出心裁地运用节奏复杂的踏点、蹲跳、旋转、拍打等动作，或单个对单个、或一组对一组、或数人轮流，竞相炫耀自己的高超技巧，而以集体的合舞结束。男女均可参加，也有完全由男子或女子参加的竞演舞。卡德里尔舞在乌拉尔地区相当流行，是一种集体对舞，一般是四对或六对舞伴参加。卡德里尔舞由若干段各有特点的舞蹈组成，实际上是一种组舞，舞者按照规定的结构形式逐段表演，而段落的顺序和转换则由一个领舞者来指挥。各地的卡德里尔舞的段落安排和舞步不尽相同，但通常在结尾时都要跳加洛普舞。另外两种流行的舞蹈与季节有关：春季到夏初，少女们最喜欢跳春之舞，这是一种徐缓、优美的抒情舞蹈；在冬季的游乐活动中，麦切里查舞则是青年们的传统舞蹈，参加者围成大大小小的圆圈，车轮般飞快旋转，象征暴风雪席卷大地，情绪欢快奔放。

3. 民间艺术

在民间艺术方面，实用装饰艺术有金属、兽骨和石头的艺术加工，有木雕、木雕壁画、刺绣、带花纹的纺织品、花边编织等。最有名的工艺品有木制套娃（图 3-26）、木刻勺、木盒、木碗、木盘等木制品。

图 3-26 俄罗斯木制套娃

五、民俗风情

（一）服饰

俄罗斯人大都讲究仪表，穿衣的风格是整洁、端庄、高雅、和谐，穿着打扮考究，注重着装的整体协调，且很新潮。在俄罗斯民间，已婚妇女必须戴头巾，并以白色的为主；未婚姑娘则不戴头巾，但常戴帽子。在城市里，俄罗斯人当前多穿西装或套裙，俄罗斯妇女往往还要穿一条连衣裙。典型的俄罗斯民族服装是：男子是斜襟长袖衬衣，通常在领口和下摆有绣花，穿时在衬衣外面系一根腰带。衬衣一般是用麻纱布、白棉布做成，也有用色彩鲜艳的花布做成。裤子稍肥，是用白布或染色的花布做成。

（二）饮食

俄罗斯人比较讲究饮食，菜肴的品种丰富多彩，"俄式大餐"在世界上很有名气。珍贵的鱼子酱、正宗的罗宋汤（图 3-27），还有传统小煎饼，都是非常有民族特色的食品。通常在俄罗斯餐桌上最常见的就是各种各样的肉类食品，几乎每餐都会有牛肉、羊肉、牛排、香肠等。俄罗斯人常饮用的饮料有蜂蜜、格瓦斯等。

图3-27 俄罗斯罗宋汤

俄罗斯人爱喝酒是世界闻名的,其中最重要的酒类当属伏特加。俄罗斯人有喝茶的习惯,最喜欢的是红茶。

(三) 礼貌、礼节

俄罗斯人一般的见面礼是握手,但握手时要脱下手套。久别的亲朋好友常用亲吻拥抱礼,男士一般吻女士的手背。在隆重的场合,俄罗斯人用"面包加盐"的方式迎接贵宾表示最高的敬意和最热烈的欢迎。应邀到俄罗斯人家做客,进屋后应脱衣帽,先向女主人问好,再向男主人和其他人问好。男士吸烟,要先征得女士们的同意。

(四) 禁忌

俄罗斯人特别忌讳"13"这个数字,认为它是凶险和死亡的象征。相反,认为"7"意味着幸福和成功。俄罗斯人不喜欢黑猫,认为它不会带来好运气。俄罗斯人认为镜子是神圣的物品,打碎镜子意味着灵魂的毁灭。但是如果打碎杯、碟、盘则意味着富贵和幸福,因此在喜筵、寿筵和其他隆重的场合,会特意打碎一些碟盘表示庆贺。

(五) 节日

俄罗斯的重要节日有:公历新年(1月1日)、东正教圣诞节(1月7日)、俄历新年(一月十三日)、祖国保卫者日(2月23日,原苏联建军节)、国际妇女节(3月8日)、劳动者团结日(5月1日,国际劳动节)、胜利日(5月9日,卫国战争胜利日)、国家主权宣言通过日即国庆日(6月12日)、人民团结日(11月4日,2004年设立)、宪法日(12月12日)。此外还有谢肉节、奔跑节等传统节日。

谢肉节又称"送冬节",是俄罗斯最古老、最盛大的节日,也是俄罗斯一年中最热闹的节日之一。举办时间在复活节过后的第八周,一共有7天,每一天都有不同的名称:第一天为迎春日,第二天为始欢日,第三天为宴请日,第四天为狂欢日,第五天为姑爷上门日，第六天为小姑子聚会日，第七天为宽恕日。人们会在谢肉节期间举行各种娱乐活动，比如举办化装晚会跳假面舞等。

奔跑节每年 9 月 11 日，各地成千上万的人在欢乐气氛中参加各种跑步活动。近年来，青年人往往选定此节举行婚礼仪式，新婚夫妻赛跑。人们认为，在奔跑节举行婚礼，是健康向上的表现，预示着新人的爱情生活将沿着幸福的方向发展。

六、旅游业概况

（一）旅游业现状

俄罗斯国内旅游发展态势良好，旅游服务业规模不断扩大，国内旅游近年来呈现出良好的发展势头。俄罗斯旅游者近年来更青睐在国内休闲度假，国内游人次是出境游人次的 5 倍。近几年随着经济形势的好转，俄罗斯的入境旅游开始恢复并实现增长。出境旅游的人数也日益增多，但由于受地缘、民俗、交通和价格等因素的影响，目前俄罗斯人大都选择距离较近的欧洲出游。低廉的价格、短暂的距离和便捷的交通工具都使得欧洲成为俄罗斯人出游的首选，欧洲作为俄罗斯传统的旅游市场不可能被远东的亚洲市场所替代。

（二）著名旅游城市和景点

俄罗斯是世界上面积最大的国家，其旅游资源非常丰富，碧蓝的天、茂密的森林、白皑皑的雪、或古老或恢宏的建筑、纯净的空气……都令人向往。

1. 莫斯科

俄罗斯首都莫斯科，有着举世闻名的克里姆林宫、辉煌的红场、经典的特列季亚科夫画廊、奢华无比的莫斯科大剧院、令人激动的当代艺术景象和发达的地铁系统，众多地铁站本身就是一个景观。除了随处可见的经典以外，莫斯科还极具创意能力，以前的旧工厂和仓库如今成了前卫的美术馆和画廊，而经典的艺术场馆也在不断扩张。

红场：俄罗斯的象征、国家的心脏以及历史大事件的见证地，走进了红场就走进了俄罗斯人的精神家园。（图 3-28）

图 3-28　俄罗斯红场

亚历山大花园：莫斯科人休息游玩最喜欢去的场所之一，喷泉、雕塑随处可见。（图 3-29）

图 3-29　亚历山大花园

莫斯科罗蒙诺索夫国立大学：俄罗斯最古老的综合性大学，20 世纪 50 年代中国优秀学子留学苏联的首选地。（图 3-30）

图 3-30　莫斯科罗蒙诺索夫国立大学

2. 圣彼得堡

圣彼得堡是俄罗斯第二大城市，拥有俄罗斯欧洲大门之称的圣彼得堡，是世界上最美丽的城市之一。整个城市由 42 个岛屿组成，由 360 多座桥梁连接起来，由于河渠纵横、岛屿错落、风光旖旎，素有"北方威尼斯"之称。美丽的涅瓦河、童话般的欧式风格建筑、各式各样金碧辉煌的宫殿、蓝天白云等，这一切令人无法不爱上这个城市。

夏宫：历代俄国沙皇的郊外离宫，其所在的夏园是圣彼得堡最漂亮的地方之一（图 3-31）。

俄罗斯冬宫博物馆与冬宫：原为俄国沙皇皇宫，现在是世界四大博物馆之一。

图 3-31　俄罗斯夏宫

3. 符拉迪沃斯托克

符拉迪沃斯托克是俄罗斯远东地区最大的城市，位于俄中朝三国交界之处，背靠内陆，三面临海，地理位置优越，是俄罗斯在太平洋沿岸最重要的港口，同时也是俄罗斯太平洋舰队司令部的驻扎地。符拉迪沃斯托克是天然的不冻港，也是俄罗斯太平洋沿岸最大的港口城市。作为海滨城市，符拉迪沃斯托克的旅游资源丰富，它是一个风景秀丽的疗养胜地，在俄罗斯家喻户晓。

课后练习

一、知识练习

（一）选择题

1. （　　）是俄罗斯远东地区最大的城市，位于俄中朝三国交界之处，是俄罗斯在太平洋沿岸最重要的港口。

    A. 符拉迪沃斯托克　B. 圣彼得堡　　　C. 莫斯科　　　　　D. 谢尔吉耶夫

2. （　　）是发达工业国，欧洲第四大、世界第八大经济体。中小企业发达，被誉为"中小企业王国"，中小企业数量占企业总数的 98% 以上。

    A. 法国　　　　　　B. 英国　　　　　　C. 意大利　　　　　D. 德国

3. （　　）人口总人数约为 8315 万人，是欧盟人口最多的国家。

    A. 德国　　　　　　B. 西班牙　　　　　C. 法国　　　　　　D. 俄罗斯

4. 在英国购物，最忌讳的是（　　），认为这是很丢面子的事情。

    A. 砍价　　　　　　B. 迟到　　　　　　C. 大声说话　　　　D. 穿着不体面

5. 英国的国花是（　　　）。

　　A. 百合　　　　　　B. 仙人掌　　　　　C. 向日葵　　　　　D. 玫瑰

（二）判断题

1. 法国首都巴黎素有"世界花都"之称。这座美丽的城市不仅是法国的政治、文化、经济中心，而且是著名的旅游胜地。（　　）

2. 英国的礼俗丰富多彩，彼此第一次认识时，一般都以握手为礼，不会像东欧人那样常常拥抱。切忌随便拍打客人，这会被认为是非礼的行为。（　　）

3. 德国人对于被视为死亡象征的百合花和菊花，十分忌讳。（　　）

4. 法国歌剧可分为四类：拯救歌剧，大歌剧，轻歌剧，抒情歌剧。（　　）

5. 英国属温带大陆性气候，温和湿润，多雨雾，一日之内时晴时雨。（　　）

（三）填空题

1. 法国人是最著名的"自由主义者"。_____被法国宪法定为国家箴言。

2. _____起源于法国，原是一种轻快粗犷的舞蹈。通常由4名女子表演，是洗衣妇、女裁缝等劳动妇女载歌载舞的一种形式，之后于歌舞厅风行。

3. 西班牙是一个充满热情、富于活力的国家，有_____之称。

4. 英国人最爱的舞蹈毋庸置疑是_____，礼节和标准是舞蹈的核心。英国是社交舞、国际舞的发源地。

5. _____是欧洲最大经济体，全球国内生产总值第四大国。

（四）简答题

1. 英国人日常禁忌有哪些？

2. 德国人饮食特点有哪些？

3. 法国主要旅游景点有哪些？

二、职业技能训练

1. 选择欧洲地区某一旅游景点进行简要介绍。

2. 分析欧洲旅游市场现状和未来发展趋势。

3. 设计一条欧洲5日游旅游线路。

第四章

美洲地区

学习目标 》》

知识目标：了解美洲旅游区主要客源国的地理位置、语言、宗教、自然环境，掌握各国人文地理的基本知识。

技能目标：掌握美洲旅游区主要客源国的人文概况、发展简史、政治、经济、文化、民俗、主要旅游资源等社会概况，能够对各主要客源国概况做出简要分析。

素质目标：能运用所学相关知识，分析相关客源国的基本情况，为了解和分析美洲旅游区市场打下基础。

思政目标：通过对多元文化的学习，促进学生对全球多元文化社会的思考，增强学生文化自信，促进团结与合作。

第一节　美国

一、地理概况

(一)自然地理

美利坚合众国（United States of America），简称美国，位于北美洲中部，领土还包括北美洲西北部的阿拉斯加和太平洋中部的夏威夷群岛。北与加拿大接壤，南靠墨西哥湾，西临太平洋，东濒大西洋。国土面积937万平方千米，东西长4500千米，南北宽2700千米，海岸线长22680千米。大部分地区属大陆性气候，南部属亚热带气候。中北部平原温差很大，芝加哥1月平均气温-3℃，7月24℃；墨西哥湾沿岸1月平均气温11℃，7月28℃。

(二)人文地理

1. 人口与民族

截至2023年，美国人口数量已增长至约3.38亿，稳居世界第三大国，仅次于中国和印度。作为一个典型的移民国家，美国素有"民族熔炉"之美誉。其人口构成多元化，非拉美裔白人约占61.8%，拉美裔占比上升至17.2%，非洲裔占13.1%，亚裔占6.1%，混血人口占2.9%，印第安人和阿拉斯加原住民占1.4%，而夏威夷原住民或其他太平洋岛民约占0.3%（部分人口在多个族群间存在重复统计）。

2. 语言与宗教

美国没有法定的官方语言，但英语是事实上的国家语言和最通用的交流语言，一些美国人呼吁把英语提升为官方语言，有27个州已经通过地方法律确保英语的官方地位。除英语外，使用人口超过100万人的语言还有西班牙语、汉语、法语、塔加洛语、越南语和德语。

美国没有国教，人人有信仰或不信仰宗教的自由，是一个多民族、多宗教的国家。人口中约46.5%信仰基督教，20.8%信仰天主教，1.9%信仰犹太教，0.9%信仰伊斯兰教，0.7%信仰佛教，0.5%信仰东正教，1.2%信仰其他宗教，22.8%无宗教信仰（少部分人群属于多宗教信仰被重复统计）。

3. 国旗、国歌、国花、国鸟

国旗：星条旗（Starsand Stripes）。呈横长方形，长与宽之比为19∶10。主体由13道红、白相间的宽条组成，7道红条，6道白条；旗面左上角为蓝色长方形，其中分9排横列着50颗白色五角星。红色象征强大和勇气，白色代表纯洁和清白，蓝色象征警惕、坚韧不拔和正义。每年6月14日为"美国国旗制定纪念日"，在这一天，美国各地举行纪念活动，以示对国旗的敬重和对合众国的热爱。

国徽：主体为一只胸前带有盾形图案的白头海雕（秃鹰）。白头海雕是美国的国鸟，它是力量、勇气、自由和不朽的象征。盾面上半部为蓝色横长方形，下半部为红、白相间的竖条，其寓意同国旗。鹰之上的顶冠象征在世界的主权国家中又诞生一个新的独立国家——美利坚合众国；顶冠内有 13 颗白色五角星，代表美国最初的 13 个州。鹰的两爪分别抓着橄榄枝和箭，象征和平和武力。鹰嘴叼着的黄色绶带上用拉丁文写着"合众为一"，意为美利坚合众国由很多州组成，是一个完整的国家。

国歌：《星光灿烂的旗帜》。

国花：玫瑰花，象征着美丽、芬芳、热忱和爱情。1985 年经参议院通过定为国花。

国鸟：白头海雕（秃鹰），它代表着勇猛、力量和胜利。美国是世界上最先确定国鸟的国家。

二、简史

美国原为印第安人聚居地。15 世纪末西班牙、荷兰、法国、英国等开始向北美移民。到 1773 年，英已建立 13 个殖民地。1775 年爆发独立战争。1776 年 7 月 4 日通过《独立宣言》，正式宣布建立美利坚合众国。1787 年制定联邦宪法，1788 年华盛顿当选为第一任总统。在 1776 年后的 100 年内，美国领土几乎扩张了 10 倍。此后美国经济高速发展，19 世纪后期，工业生产已跃居世界首位。20 世纪以来，美国的科学技术、文化教育和国内生产总值一直居领先地位，成为世界最强国之一。为纪念 1776 年 7 月 4 日大陆会议在费城正式通过《独立宣言》，将每年的 7 月 4 日定为美国独立日（国庆日）。

三、政治、经济

（一）政治

美国的政体是共和制，实行三权分立的政治制度，立法权、司法权和行政权相互独立、互相制衡，但立法、司法、行政三大机构中，又以掌握行政和军事权的总统为核心。根据美国《宪法》，美国的行政制度是总统制，总统是内阁首脑，被授予美国联邦政府的行政权。总统集国家元首、政府首脑和武装力量总司令三大职务于一身，享有立法倡议权和立法否决权，又是政党的当然领袖。总统任期 4 年，可通过竞选连任一届。辅助总统实施行政权力的有副总统、总统行政办公机构、内阁行政各部、军事各部和行政独立机构等。美国实行总统内阁制，政府内阁由各部部长和总统指定的其他成员组成。国会是美国最高立法机构，由参议院、众议院两院组成，两院议员由各州选民直接选举产生。美国司法机构设联邦最高法院、联邦法院、州法院及一些特别法院，联邦最高法院有权宣布联邦和各州的任何法律无效。

（二）经济

美国是一个资源大国，不论是土地资源还是矿产资源都非常丰富。现代工业所需的主要原料，如铁、银、铝、铜、锌、煤、石油、天然气、硫黄以及磷灰石等储藏量都居世界前列。工业以技术先进、门类齐全、资源丰富、生产实力雄厚、劳动生产率高而著称于世，成为世界上最大的工业国家。传统工业包括钢铁工业、汽车工业、建筑业、化学、食品加工、木材制作、橡胶和纺织等工业部门，以钢铁、汽车制造和建筑业为三大支柱。以高技术工业为核心的新兴工业部门则呈现蓬勃趋势，在微电子工业、计算机技术、激光技术、宇航技术、核能利用和新材料研制与开发方面，均处于世界领先地位。

美国有高度发达的现代市场经济，是世界第一经济强国，其劳动生产率、国内生产总值和对外贸易额均居世界首位。2019年美国国内生产总值（GDP）21.4万亿美元（按当年价格计算），人均国内生产总值65111万美元（按当年价格计算），人均可支配收入45579美元。

🔗 知识链接

美国货币

美国的法定货币单位是美元（United States Dollar），标准货币符号为"USD"，辅助货币为分，1美元等于100分。美元的发行机构是美国联邦储备银行（U. S. Federal Reserve Bank），主管部门是国库，发行权属于美国财政部。目前流通的纸币面额有1、2、5、10、20、50、100美元等7种，硬币有1美元和50、25、10、5和1美分等6种。

四、文化

总体上说，美国文化最显著的影响来自北欧，特别是德意志、英格兰和爱尔兰，以及后来的意大利、希腊和中欧犹太人的文化影响。来自世界各地不同的民族在此交汇、碰撞形成了别具特色的一种文化，即熔炉文化。不同文化不同种族的人移居美国，共同生活、融合创造了美国文化，包括文学艺术、行为规范、思维方式、价值观等。美国文化的特点在于多样性。

（一）教育

美国是世界上教育事业最发达的国家之一，联合国的经济指数调查中将美国的教育水准列为世界第一。在美国中小学教育主要是由各州教育委员会和地方政府管理，学校分公立、私立两类，多数州实行十年义务教育，各州学制不一，大部分为小学六年、初中三年、高中三年。高等教育有两年制的初级学院和技术学院，四年制的大学本科和二至四年的研究生院。在世界排名前500名大学中，美国占168所，前20名中，美国占17所。著名高等学府有哈佛大学、普林斯顿大学、耶鲁大学、宾夕法尼亚大学、杜克大学、斯坦福大学、加州理工学院、麻省理工学院、哥伦比亚大学、达特茅斯学院、华盛顿大学圣路易斯分校、西北大学、康奈尔大学、约翰·霍普金斯大学、布朗大学、芝加哥大学、莱斯大学和加利福尼亚大学伯克利分校等。

（二）科学技术

美国是科学技术高度发达的国家，在核能利用、集成电路、激光、超导材料、电子计算机、合成材料、电子通信和宇航技术等领域的科研和开发处于世界领先水平。人类工业史上许多最重要的发明，包括轧棉机、通用零件、生产线等都是源自美国，其中工业的生产线尤其重要，它使得工业的大量生产从梦想变为现实。据统计，战后资本主义国家最重要的科学技术项目中有 60% 是美国首先研究成功的，有 75% 是在美国首先应用的。

在科学研究方面，美国学者赢得了大量的诺贝尔奖，尤其是在生物和医学领域。美国科学家每年在全世界重要刊物上发表的科学技术论文占总量的 35% 以上，科研人员每年获得的技术专利权相当于世界其他国家的总和。美国拥有世界第一流的科技队伍，科研机构包括政府部门的科研机构、各种产业部门和大企业的科研机构、非营利科研机构和高等学校的科研机构 4 部分，高等学校的科研机构是美国科研的最主要基地。美国国家科学院、美国国家工程院、美国国家医学院和美国国家自然基金会，是美国科学界最高水平的四大学术机构，除自然基金会外，其他三院分别授予院士头衔。

（三）文学艺术

1. 文学

美国刚刚独立时，在文学上没有形成自己的体系，早期受英国文学影响较大。19 世纪中期形成了自己的独立体系并且进入了繁荣发展时期。19 世纪末至 20 世纪初，美国涌现出一大批享有盛名的文学巨匠和文学巨著。其主要作家和代表作有纳撒尼尔·霍桑的《红字》、哈里特·比彻·斯托夫人的《汤姆叔叔的小屋》、马克·吐温的《哈克贝利·费恩历险记》和杰克·伦敦的《铁蹄》。到 20 世纪，美国现实主义文学进入全盛时期。德莱塞的《嘉丽妹妹》《珍妮姑娘》《欲望三部曲》，辛克莱·刘易斯的《大街》《巴比特》以及欧内斯特·海明威的《太阳照样升起》《永别了，武器》《战地钟声》《老人与海》等都是这一时期很有影响的作品，一大批诺贝尔文学奖获得者纷纷涌现。20 世纪 80 年代以后，美国文学呈现纷繁复杂的现象，没有什么代表时代主流的文学作品，一些惊险、恐怖、色情作品充斥文坛，给美国当代文学蒙上了一片阴影。在美国文坛中，黑人文学和黑人作家不断涌现。拉杰夫·埃利逊的《看不见的人》和詹姆斯·阿瑟·鲍德温的《另一个国家》等都表现出很高的文学水准。

2. 电影

美国电影成就突出，是世界著名的电影王国。电影 1889 年第一次出现在美国，当时新泽西州西奥林奇托马斯·爱迪生实验室的主任威廉·迪克逊发明了第一个实用的电影摄影机。1894 年，美国开办了第一家电影院，不过它同现代影院有天壤之别，观众只能排着队，把硬币投入小孔中，然后观看只有短短十几秒钟的小影片。尽管如此，它仍然吸引了无数观众。20 世纪初美国出现专门放映电影的小影院，因为每人收费 5 美分，所以被称作五分钱影院。1923 年后，有声影片问世，开创了电影史上的新纪元，制片中心好莱坞在世界电影业中一跃而居于领先地位，成为电影业的中心。好莱坞产生过许多蜚声世界的大明星，洛杉矶好莱坞区有一家电影院的院子和院子前面的一条人行道，是用一英尺见方的水泥砖铺砌而成，砖上大都刻着明星的姓名，有的还印有他们的手印和脚印，人称"明星街"。

3. 戏剧

戏剧是一种比较古老的娱乐，有据可查的美国第一座剧院于 18 世纪上半叶出现在威廉斯堡，当时上演的主要是反映英国贵族生活的英国剧目。18 世纪，许多美国人认为看戏是沉溺于俗物，是有罪的，认为戏剧是舶来品，不是美国人自己的娱乐方式，应当加以摈弃；19 世纪以后，美国才逐渐有了自己的戏剧表演家，形成了鲜明的民族风格。目前美国大大小小的城市几乎每天都有舞台演出，既有歌舞喜剧也有严肃的舞台剧、现代剧以及轻松闹剧；从百老汇的"不夜大道"到郊区的晚餐剧院无处不在献演。纽约市是公认的美国戏剧之都，每逢戏剧季节，纽约的剧院区百老汇都要上演几十出新戏。

4. 舞蹈

美国对于世界舞蹈艺术的贡献，就是使舞蹈自由化。20 世纪初，美国最著名的舞蹈艺术家伊萨多拉·邓肯打破古典舞蹈的传统方式，把个人感受糅进舞蹈中，有力地扩大了现代舞蹈的影响。目前，美国还有许多芭蕾舞团活跃在美国各地，其中著名的有：纽约市芭蕾舞团、美国芭蕾舞团、乔弗里芭蕾舞团、旧金山芭蕾舞团等。美国的舞蹈既有反映地方特色的，也有代表现代精神的，最能反映地方特色的或许应是夏威夷的土风舞，最能代表现代精神的则非霹雳舞莫属。

五、民俗风情

（一）服饰

美国人穿着较随便，偏爱宽松，注重整洁，但讲究服装的个性和款式，T 恤、衬衫、运动衫和牛仔服是最常见的服饰。美国人不同的场合有不同的礼仪着装要求，宴会和舞会要穿正式的礼服，参加重要聚会时，男子需穿西装和领带，女子穿西装套裙或连衣裙。在非社交场合，也讲究服饰礼仪，一般不能穿背心到公共场所，或穿睡衣出门，晚上有客来，也必须在睡衣外面套上外衣才能开门见客。老人普遍比年轻人着装更艳丽。

（二）饮食

美国人的主食是肉、鱼、菜类，面包、面条、米饭是副食，一般喜欢比较清淡的口味，喜欢凉拌菜，还喜吃嫩肉排。不喜欢油腻，不爱吃蒜和过辣食物，也不爱吃清蒸菜肴和红烧菜肴，忌食动物内脏，不喜欢蛇一类异常食物。美国人用餐一般不追求精细，但追求快速和方便，因而汉堡包、热狗、三明治、馅饼、炸面包圈和肯德基炸鸡等快餐风靡美国，深受美国人喜爱。美国人的主要饮料是咖啡，咖啡中是否加奶、加糖，依自己的口味而定。茶在美国也大受欢迎，可乐和各种果汁也是美国人的主要饮料，习惯喝加冰的饮料、葡萄酒，大型宴会喝鸡尾酒，一般不喝烈性酒。美国有各式各样的餐馆，自助餐馆的食品价格比较便宜，也不必付小费。在正式餐馆就餐可挑选点菜、全餐或特餐的任何方式用餐。点菜最贵，而特餐（每天的份饭）最便宜。美国人在家请客不讲奢华，准备两三道菜属正常，去美国人家里应邀赴宴时，最好带上小礼物，不要早到，晚到10~15分钟比较合适，这样可以给主人充足的时间进行准备。

（三）民居

在美国，没有单一、统一的民居习俗，而是多种居住民俗杂然并存，公寓、别墅、活动房屋是美国几种主要的民居形式。公寓是美国一种传统住宅类型，是现代化程度较高的群体建筑。美国是世界上汽车最多的国家，这使美国的汽车旅馆业蓬勃发展。汽车旅馆不是一种民居形式，但美国的汽车旅馆比比皆是，加之美国人生性好动，汽车又多，所以许多人经常光临汽车旅馆，这使其在美国呈现浓郁的民俗风情色彩。

（四）礼节

美国是一个多民族的移民国家，在习俗和礼节方面，形成了以欧洲移民传统习惯为主的特色。美国人谈吐幽默诙谐、浪漫随和、性格开朗，自由平等观念较强，平时见面相互介绍很简单，朋友见面通常招呼一声"哈喽"。但在正式场合，人们比较注重礼节，男子同女子握手不可太紧，握手时要摘下手套并注视对方，不可多人交叉握手。美国男女老少都喜欢别人直呼自己的名字，以表示亲切友好，正式的头衔只用于法官、高级政府官员、军官、医生、教授和高级宗教仪式等，不用行政头衔如局长、经理、校长等来称呼人。美国人也有尊重妇女的传统，在社交场合，男子要谦让、保护女士。在美国社会中，人们的一切行为都以个人为中心，个人利益是神圣不可侵犯的。美国人在交谈中不喜欢涉及个人私生活的话题，比如：询问年龄、婚姻状况、收入多少、宗教信仰等都是失礼的。美国人认为"人老珠黄不值钱"，因此在美国老年人绝不喜欢别人恭维他们的年龄，也不喜欢对他们特别照顾。美国人很珍惜时间，浪费他们的时间等于侵犯了他们的个人权利，因此拜访美国朋友须预先约好，要准时，准备好话题，谈完事就告辞，如果送上点小礼物，他们会很高兴。到美国人家中做客，别忘了问候孩子，客人没有得到主人的同意不能参观房间。

（五）禁忌

美国的禁忌同宗教有密切关系。他们忌讳数字"13"，不喜欢星期五；忌讳黑色（象征死亡），不喜欢红色，偏爱白色（象征纯洁）、黄色（象征和谐）、蓝色（象征吉祥）；忌讳蝙蝠图案（象征吸血鬼）、黑猫图案（象征不吉），偏爱白色秃鹰图案（国鸟）；忌打破镜子，认为会招致大病或死亡；街上走路忌啪啪作响。美国人不提倡人际交往送厚礼，否则涉嫌别有用心。不要称呼黑人为"Negro"，最好用"Black"一词。在美国，同性不能一起跳舞，在别人面前脱鞋或赤脚会被视为不知礼节的野蛮人。美国人认为在别人面前伸出舌头是一件既不雅观又不礼貌的行为，甚至可以解释为瞧不起人。

（六）节日

1. 新年

每年的 1 月 1 日是西方国家的新年，但过节的气氛要从圣诞前夜算起。新年前夜（New Year's Eve），不同肤色的美国人欢聚在教堂、广场、街头，迎接新的一年的到来。特别值得一提的是，在美国纽约的时代广场，每年的新年前夜，都会聚集数十万人，等待着纽约的标志"大苹果"从高空缓缓落下。

2. 情人节

每年的 2 月 14 日是西方的情人节，是情侣们交换信物和表示爱意的日子。一般男方送给女方巧克力。

3. 圣帕垂克节

3 月 17 日是纪念爱尔兰的守护神圣帕垂克的节日。人们穿着鲜艳的衣服上街游行、到教堂活动，参加晚宴。

4. 复活节

是基督教徒纪念耶稣复活的节日。节日在每年的四月末。每年美国的白宫都举行儿童找彩蛋的活动。

5. 战争将士阵亡纪念日

为了纪念美国在战争中阵亡的将士，每年 5 月的最后一个星期一，美国的现役军人和老战士前往阵亡将士的墓地，列队鸣枪，向阵亡将士致敬。

6. 国庆节

每年的 7 月 4 日是美国的独立日，也是国庆日。1776 年 7 月大陆会议通过的"独立宣言"，使美国正式摆脱英国的殖民统治，成为独立的国家。

7. 万圣节

每年的 11 月 1 日是西方国家的万圣节。万圣节前夜，儿童们扮装成鬼的模样，到邻居家敲门要糖，如不给糖，就会遭到恶搞。学校里也举办庆祝万圣节的化装舞会。

8. 感恩节

这是一个美国人合家团聚的日子，有点像中国的中秋节。在 11 月的最后一个星期四。儿女们在这个节日都会回到父母身边，全家人聚在一起吃火鸡。

六、旅游业概况

（一）旅游业发展情况

美国作为世界上最重要的发达国家，同时也是一个旅游大国、强国。美国旅游资源极其丰富，其幅员辽阔，地貌多彩多姿，气象万千，是集森林、湿地、湖泊、河流、草原、沙漠、高山、火山、峡谷、冰雪、海洋于一体的国家，风光旖旎，美不胜收。美国丰富的自然资源和多样的民族文化使它成为极具吸引力的旅游国家。在大平原的西部大山区，有著名的大峡谷国家公园和黄石国家公园；靠太平洋的西海岸地区有风光旖旎、阳光灿烂的加利福尼亚州，旧金山和洛杉矶就位于此。在北部近加拿大边界附近，有著名的五大湖游览区，其中最壮观的景点是尼亚加拉大瀑布。此外，位于美国西面太平洋上的夏威夷群岛也是全球闻名的度假胜地。还有适于冒险者的科罗拉多大峡谷。截至 2019 年，经联合国教科文组织审核被批准列入《世界遗产名录》的美国世界遗产共有 24 项（包括自然遗产12 项、文化遗产 11 项、文化与自然混合遗产 1 项）。

美国还有现代化的大都会，现代的科学和文化，现代的生活方式，加上快捷方便的海、陆、空交通服务。因此，美国的旅游收入已多年稳居世界第一，强大的经济实力、多元的文化融合和现代化的生活方式充分奠定了美国国际性的旅游目的地与客源国形象。美国国内旅游十分普遍，是美国旅游业的主要收入来源，占全部旅游收入的 69%，国内旅游的趋势是自驾汽车到距离不远的地方做短期旅行。美国入境旅游人数一直居于世界前列，目前占世界市场份额的 15.6%，旅游收入居世界各国之首。旅游客源国主要有加拿大、墨西哥，其次为日本、英国、德国、法国、意大利等。美国是国际旅游市场中最大的客源输出国，每年出国旅游人数和国际旅游支出均居世界第一。

（二）著名旅游城市和景点

1. 华盛顿

华盛顿哥伦比亚特区（Washington，D.C.）英文全称为 Washington District of Columbia，缩写为 WDC，简称为华盛顿，又称华都、华府，美利坚合众国的首都，靠近弗吉尼亚州和马里兰州，为纪念开国元勋华盛顿总统而得名，位于美国的东北部、中大西洋地区，是1790 年作为首都而设置、由美国国会直接管辖的特别行政区划，因此不属于美国的任何一州。

华盛顿特区作为美国的首都，是美国的政治中心也是美国人心中的神圣之都，华盛顿的居民享受着与国家元首、政要做邻居的独特之感。这里有巍然屹立的华盛顿纪念碑，举世闻名的总统官邸——白宫，宏伟壮观的国会大厦，传奇神圣的林肯纪念堂，设计独特的越战军人纪念碑、韩战军人纪念碑。除此之外，各式各样的国家纪念馆、博物馆与历史性景点向世人展示着美国过往的记忆。

2. 纽约

纽约位于纽约州东南哈得孙河口，濒临大西洋，是美国人口最多的城市，是美国第一大都市和第一大商港，它不仅是美国的金融中心，也是全世界金融中心之一。逾一个世纪以来，纽约在商业和金融的方面发挥巨大的全球影响力。纽约是一座世界级城市，直接影响着全球的经济、金融、媒体、政治、教育、娱乐与时尚界，其中联合国总部也位于该市，因此纽约也被公认为世界之都。

这里有美国精神的象征——自由女神像，世界的金融中心——华尔街，世贸大楼废墟，联合国总部，车水马龙的纽约时代广场、洛克菲勒广场以及世界闻名的购物天堂第五大道。作为世界潮流风向标，各类一线大牌、流行音乐、戏剧展出都会率先登陆纽约。城市的街角各式的涂鸦，卖唱的艺人、表演者是这座城市独特的文化象征。古老的街道、看似破旧的艺术街区凸显着纽约的岁月与过往。文化大熔炉的地位展现在纽约的新与旧之间，让游客步足间领略纯正的魅力。

3. 洛杉矶

洛杉矶位于美国加利福尼亚州西南部，是美国第二大城市，也是美国西部最大的城市，常被称为"天使之城"。洛杉矶是美国重要的工商业、国际贸易、科教、娱乐和体育中心之一，也是美国石油化工、海洋、航天工业和电子业的主要基地之一。洛杉矶还拥有许多世界知名的高等教育机构，比如加州理工学院、加州大学洛杉矶分校、南加州大学、佩珀代因大学等。城市山丘上醒目可见的"HOLLYWOOD"标志预示着这座"电影王国"，热情奔放的洛杉矶是好莱坞的发源地，也是众多当红影星的家，好莱坞星光大道上明星的手印与知名的剧院连成排，每年在此举办的奥斯卡奖备受世界瞩目。

4. 黄石国家公园

黄石公园地处素有号称"美洲脊梁"的落基山脉，位于美国中西部怀俄明州的西北角，是美国第一座国家公园，也是世界上第一座国家公园，是美国国家公园里景观组合最丰富的国家公园，被美国人自豪地称为"地球上最独一无二的神奇乐园"。这片地区原本是印第安人的圣地，但因美国探险家路易斯与克拉克的发掘而成为世界上最早的国家公园，并在1978年被列为世界自然遗产。公园主要风景区是地下沸水喷泉区，沿途到处可见从地下喷涌而出的高大白色水柱，一些水池里，沸水翻滚，蒸汽弥漫，成群的野生动物、奇妙的风光、险峻的大峡谷和化石森林，让人着迷，让人流连。

5. 科罗拉多大峡谷

科罗拉多大峡谷位于美国亚利桑那州西北部，科罗拉多高原西南部，峡谷起于马布尔峡谷，终端为格兰德瓦什崖，全长446千米，由雄伟的科罗拉多河长年冲刷而成，峡谷两岸都是红色巨岩断层，岩层嶙峋，呈现出光怪陆离的形态，特别在阳光照射下五彩缤纷，给这一雄伟的自然景观增添了苍茫迷幻的情趣。大峡谷山石多为红色，从谷底到顶部分布着从寒武纪到新生代各个时期的岩层，层次清晰，色调各异，并且含有各个地质年代的代表性生物化石，又被称为"活的地质史教科书"，是世界上最大的峡谷之一，也是地球上自然界七大奇景之一，1979年纳入联合国教科文组织的世界遗产名录。

6. 尼亚加拉大瀑布

尼亚加拉瀑布位于加拿大安大略省和美国纽约州的交界处，瀑布源头为尼亚加拉河，主瀑布位于加拿大境内，是瀑布的最佳观赏地；在美国境内瀑布由月亮岛隔开，观赏的是瀑布侧面。尼亚加拉瀑布与伊瓜苏大瀑布、维多利亚瀑布并称为世界三大跨国瀑布。

7. 夏威夷群岛

夏威夷群岛位于太平洋中部，是世界著名的避暑、避寒和疗养度假胜地，以热带景观和火山景观著称于世。这里气候宜人，四季常绿，年平均气温为24℃，群岛周围到处是松软的海滩和碧绿的海水，加上海底五光十色的珊瑚和贝壳及珍稀热带鱼类，深受旅游者欢迎。

第二节 加拿大

一、地理概况

（一）自然地理

加拿大位于北美洲北部，东临大西洋，西达太平洋，南接美国本土，北濒北冰洋，东北隔着巴芬湾与格陵兰岛遥首相望，西北与美国阿拉斯加州接壤。国土总面积998万平方千米，居世界第二位，仅次于俄罗斯，其中陆地面积909万平方千米，淡水覆盖面积89万平方千米，是一个地广人稀的国家。

加拿大大部分国土处于高纬度地区，气候比较寒冷，降水较少，冬季漫长，夏季短促，西部沿海地区背靠大山，有阿拉斯加暖流经过，气候温和湿润，南部气候适中，中部地区冬夏温差大，东部地区异常寒冷，冬季全国绝大部分地区有积雪。除北极地区为寒带苔原气候外，大部分地区为温带大陆性针叶林气候，中西部最高气温达40℃以上，北部最低气温低至-60℃。

（二）人文地理

1. 人口与民族

根据联合国统计司（http：//data.un.org/Data.aspx？d=POP&f=tableCode%3a1）最新统计数据，截止到2023年，加拿大人口已增长至约3893万，平均每平方千米的人口密度依然保持在较低水平，是世界上人口密度较低的国家之一。加拿大人口分布极不平衡，约2/5的人口集中在魁北克省和安大略省南部沿加、美边界约1000千米的狭长地带。

作为一个移民国家，加拿大的民族成分极其复杂，涵盖了世界上众多主要民族。其中，英、法和其他欧洲国家后裔依然是主要群体，土著居民（包括印第安人、米提人和因纽特人）的比例维持在约3%，而亚洲、拉美、非洲裔等其他民族也占据了一定的比例。值得一提的是，来自印度、巴基斯坦和斯里兰卡的南亚移民人口持续增长，已成为加拿大最大的少数族裔。华裔人口在加拿大也占据重要地位，其中一部分是在加拿大本土出生的，大部分则来自中国大陆、香港和台湾。这些不同的民族团体在加拿大保留并传承着各自的文化传统习俗，同时尊重其他民族的习俗和传统，展现出了加拿大民族包容性的特点。

2. 语言与宗教

根据1969年加拿大政府颁布的《官方语言法》，加拿大的官方语言为英语（加拿大使用得最广泛的语言）、法语（主要分布在魁北克省）。全国居民中有2/3的人使用英语，

1/4的人使用法语，各国移民的后裔通常使用本民族的语言。

加拿大是个宗教信仰自由的国家，居民普遍信仰宗教。全国宗教教派林立，主要宗教派别多达30多个，以信仰罗马天主教和英国基督教新教的人数最多，信仰天主教的占全国人口的47.3%，信奉基督教新教的占全国人口的41.2%。

3. 国旗、国徽、国歌

国旗：加拿大国旗为长方形，长宽之比为2∶1。旗面从左至右由红白两色组成，两边的红色代表大西洋和太平洋，白色正方形象征加拿大广阔的国土。中央绘有一片11个角的红色枫树叶，11个角代表着加拿大的7个省和4个自治州。枫树是加拿大的国树，也是加拿大民族的象征。

国徽：加拿大国徽为盾徽。1921年制定，图案中间为盾形，盾面下部为一枝三片枫叶；上部的四组图案分别为：三头金色的狮子，一头直立的红狮，一把竖琴和三朵百合花，分别象征加拿大在历史上与英格兰、苏格兰、爱尔兰和法国之间的联系。盾徽之上有一头狮子举着一片红枫叶，既是加拿大民族的象征，也表示对第一次世界大战期间加拿大的牺牲者的悼念。

狮子之上为一顶金色的王冠，象征女王是加拿大的国家元首。盾形左侧的狮子举着一面联合王国的国旗，右侧的独角兽举着一面原法国的百合花旗。底端的绶带上用拉丁文写着"从海到海"，表示加拿大的地理位置——西濒太平洋，东临大西洋。

国歌：《哦！加拿大》，加拿大的国歌有英、法两种歌词。

二、简史

加拿大原为印第安人与因纽特人居住地。17世纪初沦为法国殖民地，后被割让给英国。1867年7月1日，英国将加拿大省、新不伦瑞克省和诺瓦斯科舍省合并为联邦，成为英国最早的自治领。此后，其他省也陆续加入联邦。1926年加获得外交上的独立。1931年加成为英联邦成员国，其议会也获得了同英议会平等的立法权，但仍无修宪权。1982年英国女王签署《加拿大宪法法案》，加议会获得立宪、修宪的全部权力。

三、政治、经济

(一) 政治

加拿大政治体制为联邦制、君主立宪制及议会制，是英联邦国家之一，英国国王为加拿大国家元首，总督为英国国王在加拿大代表，总理为政府首脑。加拿大议会由参议院和众议院组成，参众两院通过的法案由总督签署后成为法律，总督有权召集和解散议会。加拿大政府实行内阁制，由众议院中占多数席位的政党领袖出任总理并组阁，自1867年建立加拿大联邦以来，基本上由自由党和进步保守党轮流执政。加拿大没有一部完整的宪法，主要由在各个不同历史时期通过的宪法法案构成，其中包括1867年英国议会通过的《不列颠北美法案》。加拿大设联邦、省和地方（一般指市）三级法院，联邦法院一般受理财政、海事和有关经济方面的案件；各省设有省高等法院和省法院，主要审理刑事案件及其他与该省有关的重要案件，但也有一些省级法院审理民事案件；地方法院一般审理民事案件。加拿大全国分 10 省 3 地区，各省设省督、省议长、省长和省内阁，地区也设立相应职位和机构。

（二）经济

加拿大是一个高度发达的资本主义国家，是西方七大工业化国家之一，制造业、高科技产业、服务业发达，资源工业、初级制造业和农业是国民经济的主要支柱。是北约、五眼联盟、八国集团、20 国集团、法语国家组织、世界贸易组织等国际组织的成员国。加拿大也是世界上最大的钻石生产国之一。

加拿大在教育、政府的透明度、社会自由度、生活品质及经济自由的国际排名都名列前茅。得益于丰富的自然资源和高度发达的科技，使其成为世界上拥有最高生活水准、社会最富裕、经济最发达的国家之一。加拿大的石油行业一直是经济增长的主要动力，加拿大联邦和各省政府经营多种国际保险业务成为经济一大亮点，农业食品业是加拿大经济重要的组成部分，占其国内生产总值的 8%。2022 年加拿大国内生产总值（GDP）2.17 万亿加元，人均国内生产总值 5.4 万加元，GDP 增长率 3.4%。

🔗 知识链接

加拿大货币

加拿大的法定货币为加拿大元（Canadian Dollar），简称"加元"，标准货币符号为"CAD"，辅币货币为分，1 加元等于 100 分。早期的加拿大纸钞是由加拿大皇家银行（Royal Bank of Canada）以及地方银行同时发行，创建于 1934 年的加拿大中央银行，全称为加拿大银行（Bank of Canada）负责加拿大的货币发行。

加币所有纸币大小相同，但每张纸币颜色不同，最常见的纸币面值包括 5 元（蓝色）、10 元（紫色）、20 元（绿色）、50 元（红色）、100 元（棕色和紫色）。硬币的一面亦印有对加拿大人具有特殊意义的图像。加拿大与英国有着密切的历史联系，而且是英联邦组织的成员国。现行流通的加拿大硬币有 1、5、10、25、50 加分和 1、2 加元七种。

四、文化

从全国范围来看，加拿大呈现出显著的文化马赛克现象，即加拿大文化由不同地区的、原住民的以及不同种族次文化构成，与美国的大熔炉文化形成鲜明对比。历史上作为英国和法国的殖民地，加拿大文化受到这两国及原住民的强烈影响，在语言、艺术、音乐等方面都影响着加拿大人的自我认同。如今许多加拿大人十分珍惜多元文化，且视多元文化为加拿大的一部分。

（一）教育

加拿大的教育由各省教育部门负责，联邦政府只负责管理、资助一些特种学校。加拿大实行12年制义务教育，中小学一般是12年，实行六三三制。由于加拿大使用英、法两种官方语言，因此中小学也分别用英、法语授课，用法语的学校主要分布在魁北克省。加拿大的中小学分为公立和私立两类。加拿大的多数大学采用学分制。全日制高等院校每学年分为两个学期，9月至12月为秋季学期，1月至4月为春季学期。除大学外，加拿大还有250多所社区学院。高等教育学历共分十个等级：博士学位、哲学硕士学位、硕士学位、执照（指律师或医生合格开业证明）、研究生毕业证书、学士学位、大学毕业证书、特别证书、结业证书和证书。著名学府有女王大学、麦吉尔大学、多伦多大学、不列颠哥伦比亚大学、拉瓦尔大学和阿尔伯塔大学等。

（二）科学技术

加拿大重视科学研究与应用，在很多领域拥有世界领先的科技成果，各级政府也不断加大对科技的投入，造就了加一流的高等教育体系和世界排名第五的科研水平，先后产生了25位诺贝尔奖得主。继1962年加拿大成功发射第一颗通讯卫星后，1984年，加拿大在电话、微波、卫星、光纤通信、航天技术方面均达到世界先进水平。此外，加拿大的遥感技术、微电子工业和生物技术都很先进。

（三）文学艺术

1. 文学

加拿大的文学是其双重语言的一面镜子，由法语文学和英语文学两部分组成。两种文学都各自经历了不同的发展阶段。法语文学中著名的作家与作品有：19世纪末20世纪初期弗朗索瓦·格扎维埃·加尔诺的《加拿大史》、20世纪40年代加布里埃尔·鲁瓦的《转手的幸福》、70年代诗人加斯东·米龙的《验明身份》、女作家安东尼·马耶的《拉小车的贝拉洁》。英语文学中著名的作家与作品有：弗朗西斯·布鲁克夫人所写的加拿大第一部英语小说《蒙塔格小传》、19世纪80年代查尔斯·罗伯茨的《平日之歌》。

2. 戏剧

加拿大的戏剧真正体现这个国家的文化多样性。近年来，魁北克戏剧在国内外越来越受人喜爱，主要是因为米歇尔·特伦布莱的剧本，他的剧本现在已被翻译成20多种语言。加拿大戏剧以其创新精神和探索新的表现形式闻名。像卡篷14、勒贝尔和一只黄兔子等公司到世界各地巡回演出，无论走到哪里都受到热烈欢迎。自1984年以来，太阳杂技团一直在其黄色和蓝色马戏场帐篷下使娱乐方式发生革命性变化。世界各地上百万名观众对其将戏剧、杂技和音乐结合在一起的惊人创举感到惊奇。这些公司在国内外享有的盛誉证明他们的专业水准和独创性。

3. 音乐

无论什么流派，音乐在加拿大总有一席显要之位，超出了种族和文化界限。第一次世界大战中，爱国歌曲在加拿大十分流行。二战后的经济繁荣也给音乐带来了空前的繁荣。加拿大涌现出了一批世界水平的作曲家、演奏家和乐队，各种音乐杂志也相继在加拿大出现。20 世纪 60 年代以后，加拿大又出现一批爵士乐和流行歌曲音乐家。尼尔扬、布里安·亚当斯、赛琳迪昂和莱昂纳尔·科昂深受全世界摇滚歌迷的欢迎，而罗什·瓦西纳、罗伯特·沙勒布瓦和达尼埃尔·拉瓦已赢得了法语听众的心。近年来，像沙尼亚·特温、阿拉尼·莫里塞特、悲呼组合和萨拉·姆拉什朗等新人也在国际上赢得了赞誉。在蒙特利尔举办的举世闻名的一年一度的爵士音乐节是所有爵士乐迷必去之处。古典音乐在加拿大也很受欢迎，许多城市都有自己的交响乐团，其中最有名的是蒙特利尔和多伦多交响乐团。

五、民俗风情

（一）服饰

加拿大的穿衣习惯与其他西方国家相同。在正式的场合，如上班、去教堂、去赴宴、观看表演等，都要穿着整齐，男子一般穿西装，女子一般着裙装。女子的衣服一般比较考究，款式要新颖、颜色要协调，舒适方便，但不太注重面料。在非正式场合，穿着比较随便，夹克衫、圆领衫、便装裤随处可见。

（二）饮食

加拿大由于历史的原因和人种的构成因素，生活习俗及饮食习惯与英、法、美相仿。加拿大人口味清淡，习惯吃冷食、吃生的蔬菜、沙丁鱼等，由于地理环境天寒地冻的影响，养成了特别爱吃烤制食品的习惯。早餐一般吃烤面包、鸡蛋、牛奶等，午餐一般吃三明治、汉堡等，晚餐为正餐，主食为肉类及鱼类辅以蔬菜、面包和饮料。餐具使用上一般都习惯用刀叉，极喜欢吃家乡风味烤牛排，尤以半生不熟的嫩牛排为佳，习惯饭后喝咖啡和吃水果。加拿大人多不喜肥肉，讨厌虾酱、腐乳等腥怪气味的食物，动物内脏和脚爪是加拿大的食物禁忌，宴会等一般为双数席位，忌讳数字 "13"。

（三）民居

加拿大是世界上居住条件最好的国家之一，西部城市温哥华和东部城市多伦多曾多次荣膺全球最适宜居住城市的称号。由于欧洲移民的历史传统，给加拿大的住宅带来了丰富多彩的建筑风格，其中包括哥特式、都铎式、乔治亚式、西班牙式、法兰西式、维多利亚式等格调，所以加拿大的民居建筑大多映现着欧洲古镇的影像。加拿大注重居住空间与自然环境的亲密接触，住宅区多属开放式小区，加拿大常见二层住宅，外加一层地下室，或者是复式结构，每层之间的楼梯只有半层楼层高，对老人孩子来说行走十分方便。加拿大十分注重别墅的环境美化，家家户户门前鲜花盛开，绿植相伴，可见加拿大人对生活的热爱，对美好事物的追求。

（四）礼节

加拿大人朴实、友善、随和，谈吐风趣，爱说笑，被喻为是世界上"永不发怒的人"。加拿大人在社交场合与客人相见时，一般都行握手礼。亲吻和拥抱礼仅适于熟人、亲友和情人之间。在加拿大从事商务活动，初次见面可谈论一些关于加拿大气候、风俗习惯、游览胜地等轻松的话题，交谈中不宜询问对方的年龄、收入和私生活。在商务活动中赠送礼品最好是比较精致并具有民族特色的工艺美术品，礼物一般要用礼品纸包好，附带一张写有对方和送礼人姓名的卡片。

（五）禁忌

加拿大人大多数信奉新教和罗马天主教，少数人信奉犹太教和东正教。他们忌讳"13"、"星期五"，认为"13"是厄运的数字，"星期五"是灾难的象征。他们忌讳白色的百合花，认为它会给人带来死亡的气氛，人们习惯用它来悼念死人。他们不喜欢外来人把他们的国家和美国进行比较，尤其是拿美国的优越方面与他们相比，更是令人不能接受。

（六）节日

加拿大推崇多元文化，节假日也因民族众多和地区差异而数不胜数，全国性节假日主要有：

1. 冰雪节

每年2月在里多运河举行，持续3周，渥太华的冰雪节是北美最大的冬季嘉年华盛典。人们积攒了一冬天的热情在冰雪节中绽放，冰雕展、热气球、滑雪橇、焰火表演等活动陪伴着渥太华的人们度过漫长的冬日，同时也吸引着来自世界各地的游客。

2. 维多利亚日

每年5月24日前第一个星期一，全加拿大人就会在一起庆祝每年一度的维多利亚日（Victoria Day），纪念英女王维多利亚的诞辰。此外，对加拿大人来说，维多利亚日亦标志着夏季的开始。此节日亦为加拿大文化中的独有特色之一。

3. 加拿大日

加拿大日是加拿大的国庆日，定于每年的7月1日，每到这个日子，全国放假一天一同欢庆。大批加拿大人都会在国庆日举行热闹的庆祝活动，人们还喜欢在游行时穿上有代表性的枫叶服装，表达自己的爱国之情，更为有趣的是，富有创意的加拿大人设计出了千奇百怪的枫叶系列服，连雨伞、眼镜也都是枫叶的造型，成为一道独特而亮丽的风景。

4. 感恩节

加拿大许多传统是源于英国，当然感恩节也是。加拿大每年10月第二个周一。加拿大的感恩节是无关宗教的，庆丰收、感谢大自然让谷物生长，使人们又平安度过一年，是感恩的主题。从这一天起休假三天，即使远在异乡的人也都要在节日前赶回去与家人团聚，共庆佳节。

六、旅游业概况

（一）旅游业发展情况

加拿大旅游资源丰富，包括以温哥华为主体的西部地区旅游产品，以多伦多—魁北克一线为主体，南北延伸800多千米的东部地区旅游产品，该地带以自然人文景观为主；此外还有以中西部地区落基山为主体的旅游产品，以自然景观为主；以及北部地区的深度旅游资源，如北极光、观鲸、探险等。

加拿大旅游业十分发达，旅游业是加拿大经济的重要组成部分，每年接待游客约1500多万人次，旅游收入约占国内生产总值的4%左右，成为重要外汇收入来源之一。加拿大国内旅游十分发达，多为节假日短期旅行，已趋成熟和稳定，国内旅游人数和收入约占国内外旅游总人数和收入的75%。加拿大是重要的旅游接待国，居世界第九位。加拿大旅游入境手续十分简便，欧洲、美洲和大洋洲大多数国家居民去加拿大旅游不需要先申请入境签证，还允许外国旅游者驾车入境旅游。

（二）著名旅游城市和景点

由于加拿大国土面积巨大，人口稀少，因而有广大未受人类严重破坏的地区，以自然风光美丽为特点的名胜极多。主要旅游城市有渥太华、多伦多、温哥华、蒙特利尔、魁北克市等，主要旅游景点有尼亚加拉大瀑布、史丹利公园、班夫国家公园、安大略湖。

1. 渥太华

渥太华是加拿大首都，全国政治、经济、文化、交通中心。位于圣劳伦斯河支流渥太华河下游，是世界上最寒冷的首都之一。每年5~6月，充满荷兰风情的郁金香花盛开在街道两旁、运河两岸和国会山上，因此，渥太华被誉为"郁金香城"和"加拿大最美丽的城市"。里多运河与渥太华河汇流处的国会山，由三大哥特式建筑群组成的国会大厦是本市的标志、国家的象征。

2. 多伦多

多伦多是加拿大第一大城市，在印第安语中"多伦多"意思是"人群聚集之地"，是国际金融和工商业的大城市，著名的多伦多股票交易所在北美各交易所中居第三位。伊顿百货商场和辛普逊等百货公司驰名全国。多伦多也是全国文化教育中心，全国最大的高等学府所在地。此外多伦多是华人聚居的城市之一，唐人街、商店、餐馆林立，还有五六家中国电影院。

3. 温哥华

加拿大第三大城市温哥华市位于加拿大最西部，毗邻太平洋。依山傍海、山明水秀、气候宜人，多次被联合国评为最适宜人类居住的城市。温哥华地区主要包括：温哥华市、烈治文市、本拿比市、素里市、三角洲市、二埠市、高贵林市和高贵林港市。根据 2008 年的统计结果，温哥华地区的华裔人口达 38 万多人，占当地总人口的 18.2%，为加拿大华裔比例最高的城市。

4. 蒙特利尔

蒙特利尔，加拿大的第二大城市，最大港口，是世界著名的小麦输出港。是全国工业、商业、金融业、文化的中心。有全国最大的蒙特利尔银行等金融机构和股票交易所。工业产值居全国第一。作为文化中心，有艺术馆、博物馆、交响乐团、剧团等。蒙特利尔爵士乐节和幽默节是国际著名的文化活动。蒙特利尔交响乐团和加拿大芭蕾团是国际一流的艺术团，太阳圈马戏团是北美最好的马戏团。

5. 魁北克城

魁北克城是加拿大最古老的城市，北美最古老的港口和最富有欧洲特色的城市。这里曾是历史上从大西洋进入北美大陆的咽喉要道，曾有"北美直布罗陀"之称。上城区是北美唯一拥有城墙的城市；钻石角之上的魁北克要塞，是北美最古老的军事要塞。下城区的皇家广场，被称为加拿大"法国文明的摇篮"，街道两旁都是数百年前的古老建筑，街市面貌及活动具有浓厚的法兰西风格。建于 1663 年的拉瓦尔大学是北美最古老的大学。该市在 200 年前就与中国上海有贸易关系，被史学家称为"太平洋上的丝绸之路"。

6. 尼亚加拉大瀑布

尼亚加拉大瀑布位于美国纽约州和加拿大安大略省的交界处，是美洲大陆最著名的奇景之一，也是世界三大跨国瀑布之一。大瀑布由马蹄形瀑布、美利坚瀑布和新娘面纱瀑布三部分组成，平均流量 5720 立方米/秒，水声如雷，壮观无比。瀑布大部分面向加拿大，在加拿大境内可以拥有很棒的视野，此外还可以乘坐"雾中少女号"游船或乘直升机俯瞰瀑布。夜晚时五彩绚丽的照明灯亮起打在磅礴的瀑布上，更是一种别样的美景，每到夏季还会有每周两晚的水上烟火表演。

7. 史丹利公园

史丹利公园是温哥华最著名的公园，占地一千英亩，一条 8.8 千米长的路径环绕整个公园，以供游人缓步、骑脚踏车或玩滚轴溜冰；每年有大概 250 万人次使用此路径，是北美最大的城市公园，亦是世界最闻名的公园之一。

8. 班夫国家公园

班夫国家公园是加拿大历史最悠久的国家公园，也是世界上最早的 3 个国家森林公园之一，其历史可与美国黄石国家森林公园、澳大利亚皇家公园媲美。班夫国家公园坐落于落基山脉北段，距加拿大艾伯塔省卡尔加里市以西约 110~180 千米处。公园共占地 6641 平方千米，遍布冰川、温泉、松林、湖泊，园内的动植物种类繁多，有很多都是濒危物种。

9. 安大略湖

安大略湖是世界第十四大湖，北邻加拿大安大略省，南毗尼亚加拉半岛和美国纽约州。它是北美洲五大淡水湖之一，属于世界最大的淡水湖群。"安大略"这个名字来自易洛魁语 Skanadario，意思是"美丽之湖"或"闪光之湖"，加拿大的安大略省就因此湖而得名。

课后练习

一、知识练习

（一）选择题

1. 下列关于美国自然地理的描述错误的是（　　）。

    A. 美国北与加拿大接壤，南靠墨西哥湾，西临太平洋，东濒大西洋

    B. 美国属于大陆性气候

    C. 美国国土面积 937 万平方千米

    D. 美国海岸线长 22680 千米

2. 下列关于美国人文地理的描述正确的是（　　）。

    A. 印第安语是美国人默认的官方语言

    B. 美国是一个单一民族国家

    C. 美国原为印第安人聚居地

    D. 美国民族人口最多的是印第安人。

3. 下列关于美国宗教的描述错误的是（　　）。

    A. 美国没有国教

    B. 美国是一个多民族、多宗教的国家

    C. 美国人人有信仰或不信仰宗教的自由

    D. 美国大部分人信仰犹太教

4. 下列关于美国的描述错误的是（　　）。

    A. 美国的国旗星条旗，有 50 颗红色五角星

    B. 美国的国歌《星光灿烂的旗帜》

    C. 美国的国花是玫瑰花

    D. 美国是世界上最先确定国鸟的国家

5. 下列关于美国的描述错误的是（　　）。

    A. 美国的政体是共和制，实行三权分立的政治制度

    B. 美国的行政制度是总统制，总统是内阁首脑，被授予美国联邦政府的行政权

    C. 美国总统集国家元首、政府首脑和武装力量总司令三大职务于一身

    D. 美国司法机构设联邦最高法院、联邦法院、州法院及一些特别法院，联邦最高法院无权宣布联邦和各州的任何法律无效

6. 下列关于美国的描述错误的是（　　）。

    A. 美国拥有世界第一流的科技队伍

    B. 美国科研机构包括政府部门的科研机构、各种产业部门和大企业的科研机构、

非营利科研机构和高等学校的科研机构 4 部分

C. 政府部门的科研机构是美国科研的最主要基地

D. 美国国家科学院、美国国家工程院、美国国家医学院和美国国家自然基金会，是美国科学界最高水平的四大学术机构

7. 下列关于美国的描述错误的是 （   ）。

A. 美国文化最显著的影响来自北欧，特别是德意志、英格兰和爱尔兰

B. 美国电影成就突出，是世界著名的电影王国

C. 美国第一座剧院于 18 世纪上半叶出现在威廉斯堡，当时上演的主要是反映美国贵族生活的剧目

D. 美国对于世界舞蹈艺术的贡献，就是使舞蹈自由化

8. 下列关于美国的描述错误的是 （   ）。

A. 美国人穿着较随便，偏爱宽松，注重整洁，但讲究服装的个性和款式

B. T恤、衬衫、运动衫和牛仔服是美国最常见的服饰

C. 美国人不同的场合有不同的礼仪着装要求，宴会和舞会要穿正式的礼服

D. 在美国老人着装比年轻人着装更朴素

9. 下列关于美国的描述错误的是 （   ）。

A. 美国人的主食是面包、面条、米饭

B. 美国人不喜欢油腻，不爱吃蒜和过辣食物，忌食动物内脏

C. 美国人喜欢喝咖啡和非烈性酒

D. 美国人在家请客不讲奢华，准备两三道菜属正常

10. 下列关于美国的描述错误的是 （   ）。

A. 美国男女老少都喜欢别人直呼自己的名字

B. 为了表示尊敬，在美国经常用行政头衔如局长、经理、校长等来称呼人

C. 在美国社会中人们的一切行为都以个人为中心

D. 美国老年人不喜欢对他们特别照顾

11. 下列城市由美国国会直接管辖的特别行政区划是 （   ）

A. 华盛顿　　　　B. 纽约　　　　C. 洛杉矶　　　　D. 芝加哥

12. 下列景点不在华盛顿的是 （   ）。

A. 白宫　　　　B. 国会大厦　　　　C. 林肯纪念堂　　　　D. 华尔街

13. 下列景点不在纽约的有 （   ）。

A. 自由女神像　　B. 世贸大楼废墟　　C. 国会大厦　　D. 第五大道

14. 下列关于加拿大的描述错误的是 （   ）。

A. 加拿大国土总面积998万平方千米，居世界第二位，仅次于俄罗斯

B. 加拿大大部分国土处于高纬度地区，气候比较寒冷，降水较少，冬季漫长

C. 加拿大东部地区有阿拉斯加暖流经过，气候温和湿润

D. 加拿大除北极地区为寒带苔原气候外，大部分地区为温带大陆性针叶林气候

15. 下列关于加拿大的描述错误的是（　　　）。

　　A. 加拿大是一个地广人多的国家

　　B. 加拿大人口分布极不平衡

　　C. 加拿大是一个移民国家，民族极其复杂

　　D. 加拿大主要民族为英、法和其他欧洲国家后裔

16. 下列关于加拿大的描述错误的是（　　　）。

　　A. 加拿大的官方语言为英语和法语

　　B. 加拿大有 2/3 的人使用法语，1/4 的人使用英语，各国移民的后裔通常使用本民族的语言

　　C. 加拿大是个宗教信仰自由的国家，居民普遍信仰宗教

　　D. 加拿大全国宗教教派林立，以信仰罗马天主教和英国基督教新教的人数最多

17. 下列关于加拿大的描述错误的是（　　　）。

　　A. 加拿大政治体制为联邦制、君主立宪制及议会制，是英联邦国家之一

　　B. 英国国王为加拿大国家元首，总理为政府首脑

　　C. 加拿大有完整的宪法

　　D. 加拿大设联邦、省和地方（一般指市）三级法院

18. 下列关于加拿大的描述错误的是（　　　）。

　　A. 加拿大的法定货币为加拿大元（Canadian Dollar），简称"加元"

　　B. 加拿大是世界上最大的钻石生产国之一

　　C. 加拿大的石油行业一直是经济增长的主要动力

　　D. 加拿大是第一个大麻合法化的国家

19. 下列关于加拿大的描述错误的是（　　　）。

　　A. 加拿大呈现出显著的文化马赛克现象

　　B. 加拿大的教育联邦政府负责管理

　　C. 加拿大的多数大学采用学分制

　　D. 加拿大的文学由法语文学和英语文学两部分组成

20. 下列属于加拿大第二大城市的是（　　　）。

　　A. 渥太华　　　　　　　　　　　B. 多伦多

　　C. 温哥华　　　　　　　　　　　D. 蒙特利尔

21. 下列属于加拿大最古老的城市的是（　　　）。

　　A. 渥太华　　　　　　　　　　　B. 魁北克城

　　C. 温哥华　　　　　　　　　　　D. 蒙特利尔

（二）判断题

1. 美国属于大陆性气候。　　　　　　　　　　　　　　　　　　　　　（　　　）

2. 美国的国歌是《星光灿烂的旗帜》。　　　　　　　　　　　　　　　（　　　）

3. 美国总统集国家元首、政府首脑和武装力量总司令三大职务于一身。　（　　　）

4. 美国文化最显著的影响来自北欧，特别是德意志、英格兰和爱尔兰。（　　）

5. T恤、衬衫、运动衫和牛仔服是美国最常见的服饰。（　　）

6. 美国人喜欢喝咖啡和烈酒。（　　）

7. 为了表示尊敬，在美国经常用行政头衔如局长、经理、校长等来称呼人。（　　）

8. 美国第一大城市是洛杉矶。（　　）

9. 美国的首都是纽约。（　　）

10. 自由女神像是美国纽约的景点之一。（　　）

11. 美国的城市集中分布在东海岸，主要有纽约、华盛顿、洛杉矶等城市。（　　）

12. 加拿大大部分国土处于高纬度地区，气候寒冷，降水较多，冬季漫长。（　　）

13. 英语和法语都是加拿大的官方语言。（　　）

14. 英国国王为加拿大国家元首。（　　）

15. 加拿大生活习俗及饮食习惯与英、法、美相仿。（　　）

16. 加拿大人在社交场合与客人相见时一般都行握手礼。（　　）

17. 渥太华是加拿大第一大城市。（　　）

18. 蒙特利尔是加拿大最古老的城市。（　　）

19. 加拿大大多数的商品和服务均需要支付联邦税和各省或州的消费税。（　　）

（三）填空题

1. 美国的全称是_____。

2. 美国人口数量居世界第_____位。

3. 美国是一个移民国家，有_____之称。

4. 美国民族人数最多的是_____。

5. 美国的国花是_____。

6. 1776年7月4日通过_____，正式宣布建立美利坚合众国。

7. 美国传统工业以_____、_____和_____为三大支柱。

8. 美国的法定货币单位是_____。

9. 列举美国3所著名的高等学府有_____、_____、_____。

10. 美国舞蹈最能反映地方特色的是夏威夷的_____，最能代表现代精神的是_____。

11. 美利坚合众国的首都是_____。

12. _____美国人口最多的城市，是美国第一大都市和第一大商港，它不仅是美国的金融中心，也是全世界金融中心之一。

13. 美国西部最大的城市_____常被称为"天使之城"。

14. _____是美国第一座国家公园，也是世界上第一座国家公园，被美国人自豪地称为"地球上最独一无二的神奇乐园"。

15. 美国的_____与伊瓜苏大瀑布、维多利亚瀑布并称为世界三大跨国瀑布。

16. _____是世界著名的避暑、避寒和疗养度假胜地，以热带景观和火山景观著称于世。

17. 加拿大素有_____的美誉。

18. 列举加拿大的主要节日 _____、_____、_____、
_____、_____。

19. 加拿大主要旅游城市有 _____、_____、_____、_____、
_____等。

20. 加拿大主要旅游景点有_____、_____、_____、_____等。

21. 加拿大首都是_____，是全国政治、经济、文化、交通中心。

22. 里多运河与渥太华河汇流处的_____和由三大哥特式建筑群组成的
_____是渥太华市的标志、国家的象征。

23. 加拿大第一大城市是_____，是国际金融和工商业的大城市。

24. 在印第安语中"多伦多"意思是_____。

25. 加拿大第三大城市_____多次被联合国评为最适宜人类居住的城市。

26. _____位于美国纽约州和加拿大安大略省的交界处，是美洲大陆最著名的奇
景之一，也是世界三大跨国瀑布之一。

27. _____是加拿大历史最悠久的国家公园，也是世界上最早的 3 个国家森林公
园之一，其历史可与美国黄石国家森林公园、澳大利亚皇家公园媲美。

（四）简答题

1. 简答美国复活节、国庆节、万圣节、感恩节、圣诞节的时间和主要活动内容。

2. 春、夏、秋、冬最适合去加拿大的哪些地方旅游？

二、职业技能训练

以美国或加拿大为旅游目的地，结合旅游目的地的特色资源，选择特定主题设计一条
或几条旅游线路，并撰写旅游线路策划方案。

第五章

南亚及中东地区

学习目标 》

知识目标：了解南亚及中东旅游区主要客源国的地理位置、自然环境、人口、语言及宗教、国旗、国徽、国歌等概况，掌握各国的人文地理、民俗、旅游资源的基本知识。

技能目标：能够对南亚及中东地区各主要客源国概况做出简要分析，能够正确运用民俗知识接待亚洲主要客源国游客，能够设计符合客源国游客需求的国内旅游线路，能够根据客源地区的旅游资源设计简单可行的旅游线路。

素质目标：能够运用所学相关知识，分析相关客源国的基本情况，为了解和分析客源市场打下基础，提高人文素养。

思政目标：通过对南亚及中东客源国的景区（点）学习，培养学生发现美、描述美、展示美的能力。通过了解南亚及中东客源国的民俗文化，设计贴合南亚及中东客源国游客的线路设计和活动策划，培养学生的职业素养。

第一节 印度

一、地理概况

(一)自然地理

印度,全称"印度共和国"。印度为英联邦成员国,有 4000 多年的历史,是世界著名的佛教和印度教的发源地,具有绚丽丰富的文化遗产和旅游资源。其位于亚洲南部,国土面积 298 万平方千米,居世界第七位,是南亚次大陆最大的国家,与巴基斯坦、中国、尼泊尔、不丹、缅甸和孟加拉国为邻,濒临孟加拉湾和阿拉伯海,海岸线长 5560 千米。其北枕喜马拉雅山,地处东西方海路交通要冲。

印度的地形大致可以分为三大区:北部是喜马拉雅山脉,属于德干高原的南坡,平均海拔约为 5500~6000 米;中部是印度河一恒河平原区,平均海拔 150 米,地势低平,恒河是印度境内最主要的河流,全长 2700 千米;南部是半岛高原,其两侧是海岸平原。印度大部分地区的气候属热带季风气候,气温因海拔高度不同而异,喜马拉雅山区年均气温 12℃-14℃,东部地区 26℃-29℃;一年分为凉(10 月至次年 3 月)、热(4 月至 5 月)、雨(6 月至 9 月)三季。印度自然资源丰富,农业用地超过国土总面积的一半,粮食自给自足,生产多种热带经济作物和水果;森林覆盖率约为 21.9%,矿产资源丰富,但利用率很低,开发程度不高。

(二)人文地理

1. 人口与民族

印度人口约为 13.67 亿(2021 年,联合国统计司,http://data.un.org),人口数量仅次于中国,居世界第二位。因历史上曾多次遭受外族入侵,所以血统混杂,人种繁多,语言纷乱,有"人种、民族、语言博物馆"之称。它是一个由印度斯坦族、泰卢固族、孟加拉族、泰米尔族、吉拉吉特族、坎拿达族、马拉地族等民族组成的多民族国家。

2. 语言与宗教

印度语言极不统一,各民族部族语言超过 150 种,宪法承认的有 10 多种。其中,印地语最为通行。现在印度官方语言为印地语和英语。北方以印地语为主,南方以泰米尔语为主。

印度是一个宗教大国,人称"宗教博物馆"。只要是世界上有的宗教,印度差不多都有,主要为印度教(约 82% 的人口为其教徒)、佛教(约 0.8% 的人口为其教徒)、伊斯兰教(约 12% 的人口为其教徒)、基督教、锡克教、耆那教等。

3. 国旗、国徽、国歌

(1)印度的国旗

印度共和国国旗呈长方形,长与宽之比为 3:2;自上而下由橙、白、绿三个相等的横长方形组成，白色长方形中心绘有 24 根轴条的蓝色法轮。

（2）印度的国徽

印度共和国国徽是图案为一块圆形台板上面向四方站着四只狮子；台板四周由象、牛、马、狮分别守卫东西南北四个方位；守兽之间为常转的法轮；纹徽下部用梵文写有"唯有真理得胜"的字样。

（3）印度的国歌《人民的意志》

二、简史

印度是世界四大文明古国之一。公元前 2000 年左右，印度河流域出现了灿烂辉煌的哈拉帕文明。

约在公元前 14 世纪，种姓制度开始出现，它是以人种和社会分工的不同为基础，形成了婆罗门、刹帝利、吠舍、首陀罗四个种姓。影响至今。

从公元前 6 世纪至公元前 5 世纪，形成了印度历史上第一个统一的奴隶制国家，在南亚次大陆除极南端一部分外，全部囊括在孔雀王朝的版图之内。阿育王后来皈依了佛教，成了一名虔诚的教徒，为佛教的传播做出了极大的贡献。

320 年左右，摩揭陀国的旃陀罗·笈多一世建立笈多王朝统治北印度，印度进入封建社会时代。

从 8 世纪起，阿拉伯人开始入侵印度，建立苏丹王朝，带来了伊斯兰文化。德里苏丹国先后经历 5 个王朝，统治北印度达 300 多年。

1526—1857 年建立了莫卧儿帝国。莫卧儿帝国时期，不同的民族和教派得到统一，印度成为世界上最强大的封建国家之一。

1600 年英国侵入印度，建立东印度公司，除了在印度疯狂掠夺大量财富以外，还在波斯湾、东南亚和东亚一带进行罪恶的鸦片贸易，摄取不义之财。1757 年爆发了印度和英国的普拉西大战，印度战败，逐步沦为英国殖民地。1849 年英国侵占印度全境。1947 年 6 月，英国公布了把印度分为印度和巴基斯坦两个自治领的《蒙巴顿方案》。同年 8 月 15 日，印巴分治，印度实现独立。1950 年 1 月 26 日印度共和国成立，现仍为英联邦成员。印度于 1975 年吞并锡金王国，将其设为锡金邦，21 世纪初的印度已成为世界新兴经济体之一。

🔗 **知识链接**

印度恒河

古印度是四大文明古国之一，曾经创造了人类历史上著名的"恒河文明"。恒河在宗教上的重要性可能超过世界上的任何河流，它从远古就受到崇敬，今天则被印度教徒视为最神圣的河流，被印度人民尊称为"圣河"。

恒河，发源于喜马拉雅山南麓，全长 2700 千米，流经恒河平原，流域面积占印度领土四分之一，养育着高度密集的人口。勤劳的恒河流域人民世世代代在这里劳动生息，创造出世界古代史上著名的印度文明。

即使经过几千年的文明洗礼，恒河两岸的人们仍然保持着古老的习俗，一生中至少要在恒河中沐浴一次，让圣河洗净生生世世所有的罪业，印度教徒认为恒河是女神的化身，是赎罪之源。

每天清晨，成千上万的印度教徒，男男女女，老老少少，既有本地人，也有外乡人，来到恒河边，怀着虔诚的心情，走进恒河，痛痛快快洗个澡。虽然河水很脏，河中的污染物让人不敢直视，但是印度人依然用恒河水刷牙洗脸、沐浴净身，这就是信仰的力量啊！印度信徒坚信：河祭发自内心，只要虔诚，即便简单，万能的恒河都能感受到。神奇的是当地人很少因此得病，所以印度教徒一直坚信恒河可以洗涤一切污秽。

（资料来源：百度百科，2024-4-9，经整理。）

三、政治、经济

（一）政治

印度的国家政体为联邦共和制，是一个主权独立、政教分离、具有议会制政府的民主共和国。印度的政体是由宪法的条文所规定的，该宪法在 1949 年 11 月 26 日由制宪会议正式通过，并于 1950 年 1 月 26 日生效。

印度的国家机构由议会、总统、政府、司法机构组成。总统是法定的联邦行政首长，实际的行政权力则赋予一个以总理为首的部长会议。宪法规定以总理为首的部长会议向总统提供协助和建议，总统则行使其职权，按照提供的建议采取行动，部长会议集体向人民院负责。在各邦，作为总统代表的总督是行政首长，但实际的行政权力则赋予领导邦部长会议的首席部长。邦的部长会议集体向该邦民选的立法会议负责。宪法规定了国会和邦的立法机构之间如何分享立法权，而其余的权力则归属于国会，修订宪法的权力也属于国会。联邦的行政机构由总统、副总统和部长会议组成，部长会议在总理的领导下向总统提供协助和建议。

（二）经济

印度是世界上经济增长速度最快的国家之一。印度是一个农业大国，农业是国民经济的基础，全国 72% 的劳动力从事农业生产。印度国土辽阔，土地肥沃，雨量充沛，无霜期长，有优越的作物种植条件，土地利用率居世界前列。印度是世界上最大的粮食生产国之一，拥有世界 1/10 的可耕地，面积约 1.6 亿公顷。据欧盟报告：印度已成为农产品净出口国，主要农产品有稻米、小麦、油料、甘蔗、茶叶、棉花和黄麻等。印度是重要的棉花生产国，棉花产量占世界的 22%，其棉织物极佳。印度的畜牧业比较发达，牛的存栏数居世界首位，主要有水牛、黄牛和奶牛，奶产量居世界第一，同时也是重要的产茶国。

印度是亚洲拥有船只数量最多的国家之一，孟买是全国的最大港口，其他重要海港有加尔各答、马德拉斯、科钦和果阿等。

印度资源丰富，拥有云母、煤、铁、铝、铬、锰、锌、铜、铅、磷酸盐、黄金、石油等丰富的矿产资源，其中云母的产量和储量为世界之首，铝土产量和煤产量均居世界第五位。

印度主要出口商品为：制成品主要包括纺织品、珠宝、机械产品、化工产品、皮革、手工艺品等；初级产品主要包括农产品和矿产品；石油类产品主要包括成品油、原油和石油产品等。主要进口商品为：石油产品和电子产品，包括金银、机械、化工产品。美国是其第一大贸易伙伴，中国居第二位。

四、文化

（一）教育

印度实行 12 年一贯制中小学教育。高等教育共 8 年：包括 3 年学士课程、2 年硕士课程和 3 年博士课程。此外还有各类职业技术教育、成人教育等非正规教育。全国著名的综合性大学有德里大学、印度理工学院、加尔各答大学、马德拉斯大学、巴拉蒂尔大学等。

（二）科学技术

印度科技事业发展迅速，科学家和工程师数量居世界第三位，仅次于美国和俄罗斯。尤其是在天体物理、空间技术、分子生物、电子技术等高科技领域已达到较高水平。

（三）文学、艺术

1. 文学

印度是一个人种庞杂、语言众多的国家，其中以梵语、印地语和英语文学成就较高。

梵语文学分为三个发展时期：早期吠陀文学（公元前 6 世纪—公元前 4 世纪）的代表作品是《梨俱吠陀》，中期（公元前 4 世纪—公元初年）的代表作品是《摩诃婆罗多》和《罗摩衍那》，这两大史诗是具有世界性影响的印度极为珍贵的文学遗产，后期古典文学以作家迦梨陀娑的《沙恭达罗》《天使》和首陀罗迦的《小泥车》为代表。

印地语文学兴起于 10 世纪，印地语作家普列姆昌德著有《戈丹》和《博爱新村》等长篇小说。英语文学产生于 18 世纪下半叶，作家、思想家泰戈尔是其中一位杰出典范，诗集《吉檀迦利》是他的代表作。

2. 电影

印度的电影业也非常发达，是世界第一电影生产大国，每年生产近 900 部影片。其拍摄的《第六感》《地税》《阿育王》等电影的卖座率都很高，每年电影出口的收入都在 2.5 亿美元左右。

3. 舞蹈

印度的舞台艺术和古典舞蹈举世闻名，不但历史悠久、丰富多彩，而且与宗教联系紧密。距今已有数千年悠久历史的瑜伽，现已成为风靡全世界的运动。印度舞别具一格，它用身体的每个动作和脸部表情来表现主题，通常是一个人单独表演。

5. 民俗风情

（一）服饰

在印度，可以从不同的服饰和装扮看出当地人的宗教信仰、种族、阶级和区域等。纱丽是印度最具特色的国服。据传，纱丽有五千多年的历史，在印度古代雕刻和壁画中就常见身披纱丽的妇女形象，最早的纱丽只是在举行宗教仪式时穿，后来逐渐演变为妇女的普通装束。纱丽的式样繁多，不拘一格。每逢喜庆的日子，印度妇女都会穿起自己喜爱的纱丽，点上传统吉祥痣、逛街串门、访亲问友。纱丽因穿者的贫富也有不同，穷人穿的纱丽大都是棉布或粗麻所做；贵妇人则穿的是丝绸或薄纱制的纱丽，上缀以金丝银线织成的图案装饰。（图5-1）

图 5-1　印度传统服饰

印度妇女喜欢在额头正中点上一颗指头大小的红痣，象征喜庆和吉祥，因此被称为"吉祥痣"。原来只有已婚妇女才有此特权，但现在已经发展成为一种化妆美容的普遍做法，并增加了黄、紫、绿、黑等多种颜色。此外，印度已婚妇女还使用另外一种特殊的装饰——"发际红"。在婚礼上，新郎会将被称为"发际红"的红色粉末抹到新娘头发的分界处，表示她已嫁人。现在"发际红"已逐渐成为已婚女子日常着装的一部分，不过一旦成为寡妇，则不得再涂抹"发际红"。

印度男性多半穿着一袭宽松的立领长衫，搭配窄脚的长裤。印度部分地区有信仰的男性有包头巾的习俗。头巾有各式各样的包裹方法，其中锡克教男性头巾具有特定样式，根据传统，锡克人从小到大都必须蓄头发、留胡须，并且包着头巾。小孩头巾样式比较简单，只用黑布绑成发髻的形状；成年人的头巾样式比较复杂，首先必须用黑色松紧带将长发束成发髻，然后再以一条长约3米的布裹成头巾，样式为两边对称呈规则状。锡克人头巾色彩繁多，有的人甚至搭配衣服颜色。

（二）饮食

印度人的日常饮食，南北方有很大差别。北方人以小麦、玉米、豆类等为主食，尤其喜欢吃一种叫作"恰巴提"的薄面饼。南方和东部沿海地区的人们以大米为主食，爱吃炒饭。而中部德干高原则以小米和杂粮为主。印度人喜欢吃带有辣味的、伴有咖喱的食物。在饮水方面，印度人和西方人一样，没有喝热水的习惯，一般喜欢喝凉水、红茶、牛奶和咖啡。

（三）礼貌、礼节

印度人见面时使用问候语，并两手合十或举手示意，一般两手空时则合掌问候，合掌时对长者宜高，平辈宜平，晚辈宜低。若遇见久别重逢的亲朋好友则往往行拥抱礼。对尊长或某人表示恳求时，则行摸脚礼。印度人很少握手，男人一般都不碰女人。

印度人在谈话时，相互之间总保持一臂左右的距离。如果他们与对方谈话时向后退，那可能是对方侵入了他们的私人空间。印度人认为当众暴露两性间的感情是不妥当的，因此不能拍背或挽手臂。印度人相信头是非常敏感的，所以不允许碰老人的头部和拍他们孩子的头部。

在印度，人们召唤别人的动作是将手掌向下，摆动手指，但不能只用一个指头，指人时也要用整个手掌，不能用一两个指头。值得注意的是，在印度同意与不同意的表达方法与世界大多数国家相反，他们在同意某件事时，总是先把头稍稍歪到左边，然后立刻恢复原状，不同意时，则用点头表示。

🔗 知识链接

印度传统礼仪

印度禁忌很多，宗教不同，地区不同，禁忌也各有差异。比较普遍的禁忌有如下几个方面：

（1）头是印度人身体上最神圣的部分，所以千万不可直接触摸印度人的头部，也不要随意拍印度孩子的头部，印度人认为这样会伤害孩子。

（2）在印度忌吹口哨，特别是妇女。在饭店、商店等服务性行业中，客人若用吹口哨的方式来呼唤侍者，则被视为冒犯他人人格的无礼行为。

（3）进入印度的庙宇或清真寺，要脱去鞋子，要跨过门槛而不能踩着门槛而过。光脚进寺庙，事先要在入口处洗好脚以示礼貌。

（4）在市场上陈列的花环，禁止人们用鼻子嗅和用手摸，有上述行为将受到人们的厌恶。

（5）睡觉时，不能头朝北、脚朝南，据说阎罗王住在南方，晚上忌说蛇。喜庆的日子里忌烙饼。婴儿忌照镜子。父亲在世时，儿子忌缠白头巾、剃头等。

（6）印度人有吃饭前先洗澡的习惯，在进餐过程中忌讳两人同时夹一盘菜。另外，印度人接递物品和敬茶都用右手，忌用左手，也不用双手。

（四）节日

印度宗教多，民族多，地域广，节日多达上千个，且充满宗教色彩。比较典型的节日有共和国日、独立日、洒红节、灯节、元旦等。

共和国日：1950 年 1 月 26 日，印度议会通过了印度共和国宪法，印度建立共和国。

独立日：1947 年 8 月 15 日，印度人民摆脱英国殖民统治，取得独立。

洒红节：又叫胡里节，时间在每年公历 3、4 月间，印度教四大节日之一。该节日正处于印度冬去春来、春季收获季节，作物即将开镰收割，因此也被称为"春节"。每年节日这天，人们都在脸上和头发上涂上自己喜欢的颜色，穿上自己最艳丽的服装，走上街头，欢迎春天的到来。

灯节：在公历 10 月和 11 月之间，是印度教徒最大的节日，全国庆祝 3 天。

元旦：印度从每年 10 月 31 日起为新年，共 5 天，第四天为元旦。新年第一天，谁也不许对他人生气，更不准发脾气。有些地区的人们以禁食一天一夜来迎接新的一年，由元旦凌晨开始直到午夜为止。由于这种奇怪的习俗，印度的元旦被人称为"痛哭元旦""禁食元旦"。

六、旅游业概况

（一）旅游业现状

印度不仅有悠久的历史、灿烂的文化，还有广袤的土地，所以其自然和人文旅游资源都很丰富。旅游业是印度第二大创汇行业，政府给旅游行业各部门和组织充分的向外发展权。旅游业正在充分挖掘国内旅游潜力。印度政府在旅游业中参与量非常大。印度每个邦都设有旅游公司，开办连锁宾馆或汽车旅馆，组织全程旅游。中央政府设有印度旅游开发总公司。

（二）著名旅游城市和景点

印度地域辽阔，历史悠久，民族众多，文化灿烂，旅游资源十分丰富，截至 2019 年 7 月，世界遗产有 38 处，居世界第六位。

1. 新德里

新德里是印度首都，位于印度西北部朱木拿河畔，建于 1911—1929 年，1947 年印度独立后成为首都。新德里是座花园般的城市，既具古代风貌，又有现代风采，是印度整个国家的经济行政中心。城市以姆拉斯广场为中心，城市街道呈辐射状、蛛网式地伸向四面八方。市中心耸立着宏伟的建筑群，如国会大厦、总统府、印度门。市内还有艺术宫和博物馆等名胜以及著名的德里大学和不少科研机构。

德里旧城位于北部，与新德里隔着一座德里门。德里为著名古都，已有 3000 多年的历史，早在公元前1000多年，印度史诗《摩诃婆罗多》中就记载着古代印度人曾在此建都。17世纪，莫卧儿王朝皇帝沙加罕开始兴建现今的德里旧城，先后有7个王朝在此建都，留下了大量的历史古迹。旧城内街道曲折，店铺林立，多古代建筑，具有浓厚的宗教色彩。位于其东北角的红堡（图5-2）是莫卧儿王朝时期的皇宫，每年吸引大量游客前来参观。1983年被列入《世界遗产名录》。

图5-2　德里红堡

2. 加尔各答

加尔各答是印度东部最大的城市，位于恒河下游的支流胡格利河畔，是印度的主要港口和重要铁路、航空枢纽。1912年以前这里曾是英属印度的首府，留下了不少历史性建筑，如著名的威廉要塞、维多利亚纪念馆、印度博物馆、国家图书馆、哥特式建筑圣保罗。（图5-3）

图5-3　加尔各答

3. 孟买

孟买（图5-4）是印度第二大城市，位于印度西部，濒临阿拉伯海。其原为海中的7个小岛，后经不断填充成为一个大岛，建有桥梁与大陆相连。"孟买"一词源于葡萄牙文，意为"美丽的海湾"，此处市容秀丽，有"皇后项链"之称。它是印度最大的港口城市、工业和金融中心，也是最大的棉纺和贸易中心。长期以来，它还被称为"印度的好莱坞"，每年生产影片达150部以上，文化气息浓厚。主要旅游景点有威尔士亲王博物馆、印度门等。孟买港湾内的大象岛上不少 7—8 世纪开凿的石窟，内有许多形态逼真、雕刻精美的石像。

图 5-4 孟买

4. 泰姬陵

坐落于印度古都阿格拉的泰姬陵（图 5-5），是世界新七大奇迹之一，宏伟壮观。此陵寝是莫卧儿帝国皇帝沙加罕为永久纪念其爱妃而建的白色大理石建筑，叙述着世界上伟大的爱情故事。

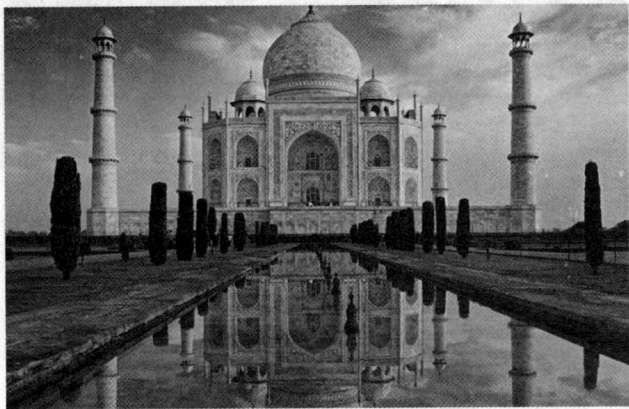

图 5-5 泰姬陵

陵寝于 1632 年动工，1648 年完工。陵园呈长方形，东西约 580 米，南北约 305 米，四周是一道红砂石墙，白色大理石砌成的陵墓位于陵园正中央高约 7 米的四方形平台上，共有两层。上面有一直径为 18 米的穹形圆顶。主殿四角矗立着高达 40 米的圆塔，庄严肃穆。象征智慧之门的拱形大门上刻着《古兰经》。寝宫内有一扇由中国巧匠雕刻得极为精美的门扉窗棂。寝宫共分宫室 5 间，宫墙上有构思奇巧的由珠宝镶嵌而成的繁花佳卉，使宫室显得更加光彩照人。中央八角形大厅是陵墓的中心，在墙上镶嵌着浅浮雕和精美的宝石；中心线上安放着泰姬的墓碑，沙加罕的墓碑则位于其旁边。绚丽夺目的泰姬陵无论从任何角度望去，纯白色的陵墓皆壮丽无比，造型完美，加上陵前水池中的倒影，就像有两座泰姬陵交相辉映。

5. 胡马雍陵

胡马雍陵（图 5-6）是莫卧儿帝国第二代帝王胡马雍及其王妃的陵墓，于 1565 年开始建造，1572 年阿克巴大帝执政时才落成。这座陵园的设计与建造巧妙地融合了印度和波斯的建筑风格，开创了伊斯兰建筑史上的一代新风。该建筑规模宏大，布局完整；整个陵园坐北朝南，平面呈长方形，四周环绕着长约 2 千米的红砂石围墙。陵园内景色优美，棕榈、丝柏纵横成行，芳草如茵，喷泉四溅。陵园正中是其主体建筑——高约 24 米的正方形陵墓，它耸立在 47.5 米见方的高大石台上；陵体四周有 4 座大门，门楣上方呈圆弧形，线条柔和，四壁是分上下两层排列整齐的小拱门，陵墓顶部中央有优雅的半球形白色大理石圆顶。这种圆顶是由两个单独的拱顶组成的，一个在上，一个在下，上下之间留有间隙，外层拱顶支撑着白色大理石外壳，内层则形成覆盖下面墓室的穹庐；外层拱顶中央竖立着一座黄色的金属小尖塔，光芒四射。寝宫内部则呈放射状，通向两侧高 22 米的八角形宫室，宫室上面各有两个圆顶八角形的凉亭，为中央的大圆顶做陪衬，宫室两面是翼房和游廊。胡马雍和皇后的石棺安放在寝宫正中，两侧宫室放着莫卧儿王朝 5 个帝王的石棺。

图 5-6　胡马雍陵

第二节　阿联酋

一、地理概况

（一）自然地理

阿联酋全名"阿拉伯联合酋长国"。位于阿拉伯半岛东南端，东与阿曼毗尔，西与卡塔尔接壤，南、西南、西北与沙特交界，北临阿拉伯湾，与伊朗隔海相望。阿联酋毗邻全国总面积为 8.36 万平方千米，其中岛屿面积 5900 平方千米，国土面积为 7.77 万平方千

米。其中面积最大的是阿布扎比酋长国，为 6.7 万平方千米；其次是迪拜酋长国，面积为
3900 平方千米；再次是沙迦酋长国，为 2600 平方千米；阿治曼酋长国仅为 260 平方千米；
其余三国，哈伊马角酋长国、富查伊拉酋长国和乌姆盖万酋长国的面积总和不足 2600 平
方千米。

其境内除东北部有少量山地外，绝大部分是海拔 200 米以上的荒漠、洼地和盐滩。

受印度洋气候影响，夏季（4-10 月）酷热潮湿，气温高达 45℃ 以上（最热的 7 月份
可达 50℃），空气湿度达 100%，局部沙漠地区有小沙暴。11 月至次年 3 月为冬季，气温
不低于 7℃。12 月至次年 2 月为雨季，全年降雨稀少，年均不足 100 毫米。

石油和天然气资源非常丰富，已探明石油储量为 133.4 亿吨，占世界石油总储量的
9.5%，居世界第六位；天然气储量为 6.06 万亿立方米，居世界第五位。此外，海湾还盛
产珍珠和鱼类。绿洲农业产品有椰枣、蔬菜等。

（二）人文地理

1. 人口与民族

阿联酋人口约 955 万（2021 年，联合国统计司，http：//data.un.org），外籍人口占
88.5%，主要来自印度、巴基斯坦、埃及、叙利亚、巴勒斯坦等国。居民大多信奉伊斯兰
教，多数属逊尼派。

阿联酋的居民和半岛上的其他居民一样属于阿拉伯血统。他们的祖先在 2000~3000 年
前向东连续移民穿越阿拉伯半岛，带着他们的文化、语言以及他们的生存技能来到这片荒
芜的地方。他们到达后，与该地居民融为一体，成为闪族人。在以后的几百年中，居民的
传统互相渗透，与 7 世纪迁移来的伊斯兰教形成统一的信仰。

2. 语言与宗教

阿联酋官方语言为阿拉伯语，英语为通用语。

阿联酋是阿拉伯国家，国教是伊斯兰教，绝大部分居民是穆斯林。阿联酋实行政教合
一，对其他宗教人士奉行信仰自由的政策，在中东伊斯兰国家中，阿联酋的宗教政策最为
开放。在阿联酋随处可见大小规模不同的清真寺。阿联酋的大多数酋长国信奉逊尼教派，
而迪拜则以什叶派居多。另有少部分居民信奉印度教、佛教、基督教新教等。

3. 国旗、国徽、国歌

阿拉伯联合酋长国国旗呈长方形，长与宽之比为 2：1。由红、绿、白、黑四色组成，
这四色是泛阿拉伯颜色，代表穆罕默德后代的几个王朝。旗面靠旗杆一侧为红色竖长方
形，右侧是三个平行相等的横长方形，自上而下分别为绿、白、黑三色。红色象征祖国，
绿色象征牧场，白色象征祖国的成就，黑色象征战斗。

阿拉伯联合酋长国国徽主体是一只黄白色的隼，翼羽黄白相间，尾毛为白色。隼胸前
的圆形图案中，为一个绘有国旗图案的圆形，围以象征七个酋长国的七角星。隼爪下的绶
带书写"阿拉伯联合酋长国"。

阿拉伯联合酋长国国歌《万岁祖国》（Ishy Bilady）。

二、简史

现今阿拉伯联合酋长国地区的历史可追溯至 6 世纪，按照波斯史籍的记载，萨桑王朝越过波斯湾征服了该地区。

7 世纪，阿拉伯帝国占领了这一地区，并使其皈依伊斯兰教。

8 世纪，阿曼爆发反哈里发的政权起义，建立了独立政权，现今阿联酋地区成为其一部分。

16 世纪，葡萄牙一度侵入该地区，后被阿曼逐出。

18 世纪，阿曼屡次内乱，阿联酋地区各地方首领自命埃米尔，成为独立的政权。当时，不论是阿拉伯人的商船，还是欧洲的商船，均屡遭该地区各小国的劫掠，因此该地被称为"海盗海岸"。

1819 年，英国东印度公司派遣舰队摧毁了哈伊马角、沙迦、迪拜等地的海岸要塞，以保障印度至埃及的航线通畅。

1820 年，各小国被迫与英国签订《波斯湾总和平条约》，同意停止海盗行为。

1853 年，各小国最终签署条约，宣布永久休战，此后，该地区被称为"特鲁西尔阿曼"（意为"和平的阿曼"），以与建都在马斯喀特的阿曼相区别。

1892 年，特鲁西尔阿曼各国同英国签订条约，接受英国的独家保护，不与英国以外的任何国家发生独立的外交往来，归属英国驻波斯湾总代表管制。

1968 年 1 月，英国宣布撤军；2 月，巴林、卡塔尔、阿布扎比、沙迦、迪拜、哈伊马角、阿治曼、富查伊拉、乌姆盖万九国埃米尔在迪拜举行会议，同意建立阿拉伯联合酋长国，后因种种原因，巴林和卡塔尔先后退出，哈伊马角也未同意加入。

1971 年 7 月，在迪拜会议上，其余六国制定临时宪法，决定建立阿联酋，以阿布扎比为临时首都。12 月 2 日，阿联酋宣布成立，次年 2 月，哈伊马角加入阿联酋。

1996 年，临时宪法被通过为永久宪法，阿布扎比也成为正式首都。

三、政治、经济

（一）政治

阿拉伯联合酋长国是由 7 个酋长国组成的联邦国家，是当今世界上唯一一个以"酋长国"名称参加联合国组织的国家。联邦设立最高的立法、行政和司法机构，拥有最高权力，但除国防和外交相对统一于中央外，各酋长国政府仍保持其相当的独立性，在行政、经济、司法等方面均享有相当程度的自主权。根据宪法规定，联邦政府不得干预各酋长国的内部事务。各个酋长国都设有行政机构，保留了家族统治的方式，酋长也称谢赫，拥有绝对的权力，并设立王储，酋长的继承人由家族委员会或长老会议推选，实际上为世袭。

根据 1971 年临时宪法规定，阿联酋是君主立宪制国家，实行总统负责制。阿联酋国家的最高机构由联邦最高委员会、联邦政府（也称部长委员会或内阁）、联邦国民议会以及联邦最高法院组成。

联邦最高委员会成立于 1971 年，是阿联酋的最高权力机构，由组成联邦的 7 个酋长国的酋长组成。联邦总统是阿联酋国家元首，是最高行政首脑，由联邦最高委员会从其组成成员中选举产生，同时总统还是国家的宗教精神领袖，阿联酋以伊斯兰教为国教。联邦政府也称部长委员会或内阁，由联邦最高委员会决定、总统任命组建，是阿联酋的中央权力执行机构，由总理、副总理和各部部长组成。

联邦国民议会成立于 1972 年，是全国协商性咨询机构，由组成联邦的 7 个酋长国按比例分配的名额所选举产生的 40 名议员组成，以加强社会的沟通和协调，同政府进行建设性合作，参与国家的发展和建设。联邦最高法院是阿联酋的最高司法机构，由首席法官和不超过 5 名的法官团组成，由联邦最高委员会任命。

（二）经济

在 1960 年发现石油以前，阿联酋的经济支柱是珍珠，1960 年以后转变为石油，现在以石油生产和石油化工工业为主。政府在发展石化工业的同时，把发展多样化经济、扩大贸易、增加非石油收入在国内生产总值中的比例当作其首要任务。注重利用天然气资源，发展水泥、炼铝、塑料制品、建筑材料、服装、食品加工等工业。工业项目从业人数中，阿联酋人仅占 1%。因此，政府着手实施"就业本国化"计划，增加本国人就业比例。政府还充分利用各种财源，重点发展文教、卫生事业，完成和扩大在建项目。

阿联酋农业不发达。农业、畜牧业和林业的产值占国内生产总值的 3%。主要农产品有椰枣、玉米、蔬菜、柠檬等，粮食依赖进口。畜牧业规模很小，主要肉类产品依赖进口。政府采取鼓励务农的政策，向农民免费提供种子、化肥和无息贷款，并对农产品全部实行包购包销，以确保农民的收入，使农业得到迅速发展。

阿联酋银行业发达，外汇不受限制，货币自由入出境，汇率稳定。联邦政府的财政收入来自各酋长国的石油收入。

1995 年，阿联酋加入世界贸易组织，并先后与 179 个国家和地区有贸易关系，外贸在经济中占有重要位置。阿联酋主要出口石油、天然气、石油化工产品、铝锭和少量土特产品；主要进口粮食、机械等消费品。

四、文化

（一）教育

国家重视发展教育事业和培养本国科技人才，实行免费教育制，倡导女性和男性享有平等的教育机会。阿联酋国民不但可免费就读国内公立高等院校及各种私立学院，而且在海外高等学府深造也由政府出资。在中学最后一年注册的所有学生中，有 95% 的女性和

80%的男性申请进入阿联酋高等院校或赴海外留学。

(二) 传统项目

1. 舞蹈

阿亚拉舞，俗称棍舞，它是阿联酋一种传统的民间表演艺术形式，已成为阿联酋的一个文化符号。棍舞常常在重大的节日和活动中表演。由穿着白袍不同年龄的男子组成，它也是阿联酋的重要社交礼仪之一，是培养和提高人们尊严和集体荣誉精神的文化体现。在这个过程中，男子面对面站立排立成两行，然后把手中很长的黑色手杖进行挥舞，口中还会一直搭配着纳巴提亚的唱词。周边挥舞手鼓和长鼓，跟随着音乐的节奏一起舞动。

2. 骆驼大赛

说到沙漠的传统，必须特别关注骆驼，它曾驮着人们穿越沙漠，同时提供给人们骆驼奶、驼肉和毛皮，现在也有很多家庭养几头骆驼以用于提供奶和肉。

在举国上下的冬季骆驼大赛中，阿联酋的骆驼拥有者们与其他阿拉伯国家的人们选出自己最好的骆驼参加比赛。从10月到次年4月，吸引了数以百计的参赛者来竞争价值不菲的奖品，优胜的骆驼会被予以重奖，既奖励骆驼也奖励饲养者。赛骆驼已经成为这个国家最受欢迎的观赏体育项目。

3. 赛船

有两种船被使用，第一种是单帆由风作为动力的木船。几十只这种帆船披风斩浪，它们的帆在阳光下熠熠闪光。另一种船由人作为动力，船长20米以上，由近百名划桨手奋力划动，以尽快到达终点。

五、民俗风情

(一) 服饰

阿联酋是阿拉伯国家之一，国人信奉伊斯兰教，有着独特的生活方式和文化风俗。当地人传统服饰特点是，男人穿白袍，头戴白头巾。妇女穿黑袍，披黑头巾，有的面蒙黑纱。在公共场合，男女的活动场所是分开的。阿拉伯传统服饰的主要组成部分有面纱、大袍、披风、头巾和佩物。

1. 面纱

由古及今，面纱（面罩和盖头，图5-7）一直是伊斯兰服饰文化中具有代表性的一种。面纱大体上可分为两种，一种是把脸全部遮盖的，另一种把眼睛部分露出来。面纱的穿戴方法因为其面积大小而不同，比较普遍的有两种形式，一种是头部包裹一块黑纱，再在头上披块黑布（或花格布），从头到脚裹住全身。另一种是分头部、上身和下身三部分，头顶黑纱至脖子，上身黑布披肩垂至腰部，在胸前系牢，下身穿条黑裙子盖至脚面。

图 5-7　面纱

2. 大袍

大袍分男式和女式两种：黑大袍（图 5-8）是阿拉伯妇女的传统服装，做工简单，式样和花色因人而异，个人可根据自己的喜好在上面绣上花边。穿、披均可灵活方便。除了传统的黑色之外，阿拉伯妇女的长袍颜色现在也越来越多；男式阿拉伯大袍多为白色，衣袖宽大，袍长至脚，做工简单，无尊卑等级之分。它既是平民百姓的便装，也是达官贵人的礼服，衣料质地随季节和主人经济条件而定。宽松舒适为男式阿拉伯大袍的特点，但各国存在着细微差异（图 5-9）。阿拉伯大袍的颜色除白色外，也有深蓝、深灰、深棕色和黑色。生活实践证明，大袍比其他式样的服装更具抗热护身的优点，它不仅能把身体全部遮住，阻挡日光的直接照射，同时还能使外面的风吹入袍内，形成空气对流，将身体的湿气和热气一扫而去，使人感到凉爽舒适。阿拉伯大袍历经千载而不衰，说明它对生活在炎热少雨的阿拉伯人有无法取代的优越性。

图 5-8　黑大袍

图 5-9　白大袍

3. 披风

在阿拉伯人看来，披风是节日盛装。男人在大袍外加件披风，显得神采奕奕，有男子汉气概。披风花色繁多，质量也不相同，既有夏天穿的透明纱披风，也有冬季穿的羊毛、驼毛和呢绒披风；既有平民穿的物美价廉的普通披风，也有王室成员及富翁们穿用的做工精细、镶有金银丝的豪华披风。

4. 头巾

阿拉伯男性的头巾也是沙漠环境的产物，可以起到帽子的作用，夏季遮阳防晒，冬天御寒保暖。这种头巾是块大方布，颜色多为白色，也有其他颜色。布料有优劣厚薄之分，可随季节和环境而定。头巾放于头上，再套上一个头箍加以固定。头箍用驼毛或羊毛做成，呈圆环状，多为黑色，偶有白色，粗细轻重不等。男性年轻人喜欢粗重的头箍，再系根飘带，显得潇洒、英俊。戴头巾前先戴一顶小白帽，是许多阿拉伯男子的习惯。但在非正式场合，他们更喜欢只戴小白帽而不包头巾。

5. 佩物

佩物是阿拉伯各部落长期养成的衣物装饰习惯的行为，其式样繁多，各有千秋，尤其是以腰刀最具特色。

阿拉伯妇女普遍喜欢佩戴各式金银首饰，个别女性甚至会把金银头饰、鼻饰、耳环、手镯、项链、戒指、脚镯和腰带从头戴到脚，以显示其富贵荣华。

(二) 饮食

阿联酋的餐饮为阿拉伯风味，包括开胃菜、汤、色拉、烧烤、甜点。牛羊肉的做法多种多样；阿拉伯的甜品由肉、水果、蔬菜制成，配上阿拉伯风味的酱汁，香甜可口；阿拉伯沙律则是以水果、蔬菜配上酸奶、橄榄油、盐等，既可口又开胃；还有香酥的阿拉伯大饼，面饼上面撒上芝麻，然后烤熟，有一种纯粹的面香。阿联酋的特色菜包括阿拉伯烤鸡、阿拉伯甜品、阿拉伯烤牛、阿拉伯烤羊等。

(三) 礼貌、礼节

阿联酋虽然是伊斯兰国家，信仰伊斯兰教，但国家实行对外全方位开放，政策较开明，对外国人在衣、食、住、行等方面没有太多的限制，某些超级市场的指定区域可以买到猪肉及其制品，基本可满足居住在阿联酋各国人士的需求。

在礼节、礼貌方面有以下几点值得注意：

（1）当地每年一次的斋月期间，在日出后和日落前，不许在公共场所和大街上喝水、吸烟、吃东西，当地绝大多数的餐馆和饮品店在这个时期关门停业。

（2）斋月期间，女士们要尽量注意穿长袖衣服和长裤，不要太暴露，当地大多数公司也会建议他们前台接待处的女职员穿上一些相对保守的服装。

（3）除在寓所或饭店的客房酒吧内可以喝酒外，其他任何公共场所均不许喝酒。

（4）在与当地人的交往中，与先生谈话不能主动问其夫人的情况，与妇女交往只能简单问候几句，不能单独或长时间地与她们谈话，更不能因好奇盯住她们的服饰看，也不要给她们看自己的服饰。

（5）一般阿拉伯家庭仍是席地用餐，且是用手抓食。在他们的传统观念中，右手总是干净的，左手是不洁的，故吃饭时必须用右手将食物直接送进口里；在接待人物方面，譬如递送东西给他人（端水、递茶），或者是接别人递送过来的东西时，必须用右手，否则就是极大的不恭敬，做客时最好入境随俗。

（6）阿联酋国内节假日较多，还有长达一个月的斋月，虽然斋月期间仍旧工作，但办事效率比平常低，政府机构及绝大多数的公司都会把下班时间提前到下午两点半左右。因此，来访问或做生意、办展览要注意避开当地的节假日。

（四）节日

阿联酋的节假日大多是伊斯兰教的节日。如开斋节、宰牲节、圣纪节等。除此之外，具有阿联酋特色的节日如下：

登霄节：七月二十七日（伊斯兰历）。相传穆罕默德由天使吉卜利勒陪同，夜间从麦加乘天马卜拉格至耶路撒冷，并从那里登霄，遨游七重天，黎明时返回麦加。人们举行诵经、礼拜等活动，以示纪念，此节日期间全国放假一天。

国庆日：12月2日（公历）。这天有官方的大型庆典活动，年轻人还会自发举行花车巡游，另外还有一些宗教仪式。

阿联酋建军节：12月10日。官方有大型的阅兵仪式。

阿联酋联邦政府建立纪念日：12月1日。举国上下共庆所取得的经济建设成就，各地节日促销活动一个接一个，一片繁荣昌盛的景象。

六、旅游业概况

（一）旅游业现状

为减少对石油收入的依赖，阿联酋自20世纪80年代起开始实行经济多元化政策，发展旅游业是其战略非常重要的一环。从联邦政府到各酋长国都将其视为未来国民经济总收入的重要组成部分，十分关注旅游业的发展并重视对旅游业的投入。自2005年，阿联酋各国每年预算支出中都有大量现金用于旅游基础设施的建设。各酋长国也根据自身特点制定了旅游发展策略，并采取各种措施积极营销，推出旅游精品以吸引游客。旅游业在阿联酋经济中占据着越来越重要的地位。

"中东地区的国际金融、贸易、航运、旅游中心"的定位，"石油富国"的特点和地处欧亚非三大洲交界地的特殊地理位置，决定了阿联酋旅游业的发展路线图和形态，使其不仅具有市场需求国际化、投资主体多元化的鲜明特点，而且主打奢侈、豪华、免税等特色牌。目前阿联酋以发展城市旅游为主，主要有文化游、度假游、购物游、豪华游轮游等模式。

（二）著名旅游城市和景点

1. 阿布扎比

阿布扎比是阿联酋的首都，也是阿布扎比酋长国的首府。阿布扎比由海边的几个小岛组成，位于阿拉伯半岛的东北部，北临海湾，南接广袤无垠的大沙漠。（图5-10）

图 5-10　阿布扎比

　　阿布扎比在阿拉伯语中是"有羚羊的地方"的意思。据说，从前经常有阿拉伯羚羊在这一带出没。20 世纪 70 年代之前，阿布扎比还是一片荒漠，除了几棵椰枣树和遍地的骆驼刺外，只有为数不多的土块砌成的房屋。

　　20 世纪 60 年代后，特别是在 1971 年成立阿拉伯联合酋长国以后，随着石油的大量发现和开采，阿布扎比发生了翻天覆地的变化，昔日荒凉、落后的景象已经一去不复返。到 80 年代末，阿布扎比已建设为一座现代化的都市。市区内，风格各异、式样新颖的高楼大厦林立，整齐宽阔的街道纵横交错。道路两旁，房前宅后，海边滩涂，青草茵茵，绿树成行。市郊，花园式的别墅和住宅鳞次栉比，掩映在绿树、鲜花丛中；高速公路穿过郁郁葱葱的树林，草坪向沙漠深处延伸。当人们来到阿布扎比时，仿佛不是来到一个沙漠的国度，而是置身于一个环境优美、风景如画和交通发达的大都市。凡是到过阿布扎比的人都异口同声地称赞说，阿布扎比是沙漠中的一片新绿洲，海湾南岸的一颗璀璨明珠。其主要景点有哈利迪亚公园、穆希里富妇幼公园、首都公园、阿勒、纳哈扬公园和新机场公园、阿布扎比大清真寺（图 5-11）、阿布扎比滨海大道（图 5-12）等。

图 5-11　阿布扎比清真寺

图 5-12 阿布扎比滨海大道

2. 迪拜

迪拜酋长国是阿联酋第二大酋长国，占阿联酋总面积的 5.8%，是人口最多的酋长国，位于阿拉伯半岛中部，西濒波斯湾，西北与卡塔尔为邻，西和南与沙特阿拉伯交界，东和东北与阿曼毗连。迪拜的经济实力在阿联酋也排第二位，阿联酋 70% 左右的非石油贸易集中在迪拜，所以迪拜被习惯称为阿联酋的 "贸易之都"，它也是整个中东地区的转口贸易中心。迪拜拥有世界上第一家七星级酒店、全球最大的购物中心、世界最大的室内滑雪场。源源不断的石油和重要的贸易港口地位，为迪拜带来了巨大的财富，如今的迪拜成了奢华的代名词。除了各种奢侈商品，这里的建筑处处显示彰显了迪拜的蓬勃发展。据统计，迪拜近年来用于工程建设的资金高达 1000 亿美元，在资金源源不断注入以及奇思妙想创造下，30 年前还只是沙漠边上一个小港的迪拜，如今吸引了来自全球的建筑设计师，这里正在成为世界顶尖建筑设计师的天堂。每年 12 月至次年 3 月是迪拜气候最好的时节，此时也是外国游客充分领略当地风情的黄金时间。迪拜主要的景点有：哈利法塔（图 5-13）、棕榈岛（图 5-14）、朱美拉清真寺（图 5-15）、迪拜博物馆（图 5-16）、迪拜购物中心、迪拜地球村和滑雪场等。

图 5-13 哈利法塔

图 5-14 棕榈岛

图 5-15　朱美拉清真寺

图 5-16　迪拜博物馆

3. 沙迦

沙迦是阿联酋第三大酋长国，横跨阿联酋东西两岸，西临阿拉伯湾，东靠阿曼湾，左邻波斯湾，右望印度洋，占地 2600 平方千米。独特的地理位置使沙迦成为阿联酋地理环境最为丰富多样的一个酋长国。正是由于得天独厚的地理位置，它从 1965 年起就开始成为重要的国际交通枢纽。

沙迦是中东地区的文化名城，而古兰经纪念碑广场则是沙迦的文化中心。在沙迦古兰经纪念碑广场的街心花园中，耸立着一个巨大的翻开着的书的雕塑，那便是古兰经纪念碑。据悉，这是为了纪念阿联酋 7 个酋长国当年建国时签署联合协议而建造的一个纪念建筑物。在它后方的那个白色的建筑是酋长办公室，左边是皇家礼拜清真寺，右边是文化宫，另一边则是大会堂。(图 5-17)

图 5-21　沙迦

课后练习

一、知识练习

（一）选择题

1. 印度人不吃（　　）肉。

    A. 牛　　　　　　　B. 羊　　　　　　　C. 猪　　　　　　　D. 鸡

2. 《西游记》是我国四大名著之一，主要讲的是唐僧师徒四人历经"九九八十一难"，去西天取经的故事，你知道唐僧取经的"西天"在哪吗？（　　）

    A. "西天"指西半球　　　　　　　　B. "西天"指地狱

    C. "西天"指佛教发源地古印度　　　D. "西天"指欧洲国家

3. 中国和印度都是金砖国家，有许多相似之处，但不包括（　　）。

    A. 都是发展中国家　　　　　　　　B. 都是人口大国

    C. 都是临海国家　　　　　　　　　D. 都以热带气候为主

4. 下列有关印度的叙述中，正确的是（　　）。

    A. 佛教的发源地　　　　　　　　　B. 不是水旱灾害频繁的国家

    C. 人口世界第一　　　　　　　　　D. 是东南亚面积最大的国家

5. 印度的气候类型是（　　）。

    A. 热带季风气候　　　　　　　　　B. 亚热带季风气候

    C. 热带雨林气候　　　　　　　　　D. 亚热带气候

6. 印度人递拿物品或敬茶均用（　　）。

    A. 右手　　　　　　B. 左手　　　　　　C. 双手　　　　　　D. 没有特殊要求

7. 印度的主要宗教是（　　）。

    A. 佛教　　　　　　B. 伊斯兰教　　　　C. 基督教　　　　　D. 印度教

8. 久美拉清真寺位于（　　）

    A. 沙迦　　　　　　B. 迪拜　　　　　　C. 阿布扎比　　　　D. 阿之曼

9. 世界第一高塔是（　　）

    A. 哈利法塔　　　　　　　　　　　B. 埃菲尔铁塔

    C. 比萨斜塔　　　　　　　　　　　D. 马来西亚双子塔

10. 以色列的（　　）出口量居世界第一。

    A. 红宝石　　　　　B. 蓝宝石　　　　　C. 黄金　　　　　　D. 钻石

11. 阿联酋的首都是（　　）。

    A. 沙迦　　　　　　B. 迪拜　　　　　　C. 阿布扎比　　　　D. 新德里

12. 印度的首都是（　　）。

    A. 加尔各答　　　　B. 孟买　　　　　　C. 马德里　　　　　D. 新德里

13. 印度博物馆位于（　　　　）。

    A. 加尔各答　　　　B. 孟买　　　　　　C. 马德里　　　　　D. 新德里

（二）判断题

1. 印度的棉纺织工业中心是孟买。（　　）

2. 印度的班加罗尔以生产计算机软件而闻名于世。（　　）

3. 阿联酋的全名是"阿拉伯联合酋长国"。（　　）

4. 帆船酒店位于迪拜。（　　）

5. 沙迦是中东的历史文化名城。（　　）

（三）填空题

1. 印度的_____是伊斯兰建筑艺术的明珠，世界七大建筑奇迹之一。

2. 印度最重要的河流是_____。

3. 印度最大的麻纺织中心是_____。

4. 阿联酋人忌用_____手。

5. 阿联酋_____和_____资源丰富。

6. 阿联酋属于_____气候。

（四）简答题

1. 请简单介绍迪拜酋长国，并列出迪拜的旅游项目有哪些。

2. 请简单介绍一下印度的著名旅游区有哪些。

二、职业技能训练

请查阅资料，设计一条阿拉伯联合酋长国 10 日游旅游线路。

非洲地区

学习目标 》》

　　知识目标：了解非洲地区主要客源国的地理位置、自然环境、人口、语言及宗教、国旗、国徽、国歌等概况，掌握各国的人文地理、民俗、旅游资源的基本知识。

　　技能目标：能够对非洲地区各主要客源国概况做出简要分析，能够正确运用民俗知识接待非洲主要游客，能够设计符合客源国游客需求的国内旅游线路，能够根据客源地区的旅游资源设计简单可行的旅游线路。

　　素质目标：能够运用所学相关知识，分析相关客源国的基本情况，为了解和分析客源市场打下基础，提高人文素养。

　　思政目标：通过对非洲客源国的景区（点）学习，培养学生发现美、描述美、展示美的能力。

第一节　埃及

一、地理概况

(一) 自然地理

埃及全称"阿拉伯埃及共和国",地跨亚、非两洲,西与利比亚为邻,南与苏丹交界,东临红海并与巴勒斯坦、以色列接壤,北临地中海。埃及大部分领土位于非洲东北部,只有苏伊士运河以东的西奈半岛位于亚洲西南部。全国面积约为100.14万平方千米。

埃及海岸线长约2900千米,却是典型的沙漠之国,全境96%为沙漠,最高峰为凯瑟琳山,海拔2637米。世界最长的河流尼罗河从南到北贯穿埃及1530千米,被称为埃及的"生命之河"。尼罗河两岸形成的狭长河谷和入海处形成的三角洲,构成肥沃绿洲带。虽然这片地区仅占国土面积的4%,却聚居着全国99%的人口。苏伊士运河沟通了大西洋、地中海与印度洋,是连接欧、亚、非三洲的交通要道,战略位置和经济意义都十分重要。

埃及全境干燥少雨。尼罗河三角洲和北部沿海地区属地中海型气候,1月平均气温为12℃,7月为26℃;平均年降水量50~200毫米。其余大部分地区属热带沙漠气候,炎热干燥,沙漠地区气温可达40℃,平均年降水量不足30毫米。每年4~5月间常有"五旬风",夹带沙石,使农作物受害。

(二) 人文地理

1. 人口与民族

埃及总人口1.05亿(2023,联合国统计司,http://data.un.org),全国94%的人口集中在尼罗河两岸、苏伊士地峡区和沙漠中的少数绿洲上,主要为阿拉伯人,此外还有柏柏尔人、科普特人、贝都因人、努比亚人、希腊人等,另有约600万海外侨民。埃及首都是开罗,面积约3085平方千米,是阿拉伯和非洲国家人口最多的城市。

2. 语言与宗教

埃及的官方语言是阿拉伯语,由于历史的原因,英语、法语在埃及也被广泛使用。伊斯兰教是埃及的国教,84%的人口信仰伊斯兰教逊尼派,约16%的人口信仰基督教的科普特正教、科普特天主教和希腊正教等教派。科普特正教为东方基督教派中的一个独立教派,埃及科普特人多属于此教派。

3. 国旗、国徽

埃及国旗,长方形,长宽之比为3:2。旗面自上而下由红、白、黑三个平行相等的横长方形组成,中央为国徽图案。红色代表革命和鲜血,白色代表光明的未来,黑色代表受外国压抑的长久历史。

埃及国徽制定于1972年,其核心是一只昂然挺立注视西方的金黄色雄鹰,展示日益丰盈的文明；它的胸部镶嵌着一枚红、白、黑三色竖纹盾形徽章。雄鹰与盾牌标志着与穆罕默德相关的库里希部落。鹰爪下的黄色饰匾里，用阿拉伯文书写着国名"阿拉伯埃及共和国"。

二、简史

埃及是个具有悠久历史和文化的古国，经历过繁荣的法老时代，和古巴比伦、古印度、古中国并称"四大文明古国"。大约在公元前 2600 年，埃及人制定了历法，创造了象形文字，建起了巨型金字塔，并用尼罗河边的芦苇造纸。后来，埃及人先后被利比亚人、努比亚人、亚述人和马其顿人征服过，还曾沦为罗马帝国的一个行省。1 世纪时，基督教传入埃及。640 年左右，阿拉伯人进入埃及建立了阿拉伯国家。19 世纪末，埃及被英军占领，成为英国的"保护国"。1952 年 7 月 23 日，以纳赛尔为首的"自由军官组织"推翻了法鲁克王朝，掌握了国家政权，结束了外国人统治埃及的历史。1953 年 6 月 18 日，埃及共和国宣布成立，1971 年改名为"阿拉伯埃及共和国"。

一、政治、经济

（一）政治

埃及宪法于 1971 年 9 月 11 日经公民投票通过。宪法规定埃及是"以劳动人民力量联盟为基础的民主和社会主义制度的国家"总统是国家元首和武装部队最高统帅，由人民议会提名，公民投票选出。1980 年 5 月 22 日经公民投票修改宪法，规定政治制度"建立在多党制基础上"，"总统可多次连选连任"，并增加了"建立协商会议"的条款。人民议会是最高立法机关，议员由普选产生。2011 年穆巴拉克下台后此宪法被废止。2012 年 12 月，制宪委员会制定的新宪法将"人民议会"更名为"众议院"，并规定在众议院选举产生前，由协商会议行使立法权，并明确列出立法、行政、司法三套权力系统，限定总统任期 4 年，最多可连任一届。2013 年 7 月初埃及政局再次剧变后，2014 年 1 月，埃及新宪法通过全民公投；5 月底，埃及举行总统选举；6 月 8 日，塞西总统就职。根据 2014 年 1 月通过的新宪法，取消此前的协商会议，将"两院制"改为"一院制"，统称"议会"。2016 年 1 月，埃及新议会第一次全体会议在埃及议会大厦举行，议员宣誓就职。

1962 年 10 月成立的阿拉伯社会主义联盟为埃及唯一合法政党，1977 年开始实行多党制。2011 年颁布《新政党法》，现有政党及政治组织近百个，其中经国家政党委员会批准成立的政党共 60 个。

埃及全国共划分为 27 个省。

（二）经济

埃及是非洲第三大经济体，属开放型市场经济，拥有相对完整的工业、农业和服务业体系。工业以纺织、食品加工等轻工业为主，成衣及皮制品、建材、水泥、肥料、制药、陶瓷和家具等发展较快。石油工业发展尤为迅速，2003 年，埃及首次在地中海深海发现了原油，在西部沙漠发现迄今最大的天然气田，并开通了通往约旦的第一条天然气管道。经济以农业为主，农业在国民经济中占有重要地位，农村人口占总人口的55%，农业占国内生产总值的14%，服务业约占国内生产总值的50%。埃及历史悠久、文化灿烂，名胜古迹很多，具有发展旅游业的良好条件，旅游收入是埃及外汇收入主要来源之一。

四、文化

（一）教育

埃及是世界文明古国之一，其教育有悠久的历史。埃及的教育系统较为完善，全国实行"普及义务六年制小学教育"制度。大、中、小学都免收学费，教育经费主要来源于国家预算和地区提供的资金。国家不仅向公立学校提供经费，也向私立学校发放补助金，政府的投入很大，公共财政对教育的支持力度较强。教育体制分初等教育、预备教育、中等教育、高等教育，学生经考试及格才能升级。由全国教育研究中心提供统编教材，盛行职业教育。埃及的教育制度较为完善，有许多著名的高等学府，每年为埃及培养了大量的高级人才。

埃及高等学校多数成立于20世纪，最著名的有开罗大学、亚历山大大学、艾因·夏姆斯大学、艾资哈尔斯尤特艾资哈尔大学等。高等教育平均入学率达32%。1963—1964年开始设置各种专业高等学校，比较注重实用科目。

（二）科学技术

古埃及人为了计算尼罗河水涨落期的需要，产生了天文学，创造了人类历史上最早的太阳历；几何学也逐渐发展到相当高的水平，其中最出色的成就当数四棱锥台体积公式的出现。埃及人另一个杰作是把几何知识应用于建筑技术，金字塔是古埃及科学技术最高成就的代表作，金字塔、亚历山大灯塔、阿蒙神庙等建筑体现了埃及人高超的建筑技术和数学知识。古埃及人很早就采用了十进制记数法，虽然我们所见的古埃及人的数学文献不多，但是古埃及人的巨大石砌建筑，尤其是金字塔告诉我们，那些石头全部磨成了正方体，几乎没有误差。可见，古埃及人的数学知识也达到了相当高的水平。

古埃及千年不腐的"木乃伊"闻名于世。制作木乃伊在古埃及第一王朝之前就开始了。1991年，埃及科学家穆罕默德·塞闭特博士发现，古埃及人在制作木乃伊时使用了放射性物质。

埃及国家博物馆对古代法老和王后的木乃伊进行研究时，利用探测仪器证明，馆内几具古埃及不同时期、不同地点的木乃伊体内的填充物中均含有放射性物质，可以释放出 α、β、γ 射线。由此可以确认，古埃及人早在4000多年前就已经积累了一定的人体解剖学知识，并掌握了一些药物保鲜技术。

（三）文学艺术

1. 文学

大约在公元前3300年，埃及人发明了象形文字。他们用尼罗河边的芦苇制成的纸草纸和芦管制成的笔书写记事，许多文学作品就是写在纸草纸上保存下来的。古代埃及文学是古埃及文化的重要组成部分，是全人类艺术史上一份宝贵的遗产。

在埃及的古朴时期和古王国时期，就已产生了歌谣、诗歌、故事和箴言等。这个时期流传下来的比较突出的文学遗迹有两类：一类是金字塔祷文，即刻在金字塔墓壁上祈祷法老死后升天获福的诗歌；另一类是大臣墓地上的碑传。中王国时期是古代埃及文学的鼎盛时期，文学和其他艺术门类如建筑、绘画、雕塑一样，有了很大发展。这个时期的文学作品是最精彩的，它在表达、描绘、修辞等方面是后来各个时期文学的典范。新王国时期最突出的文学体裁是写实的旅行记，同时还留下不少对神和统治者的颂歌。近现代埃及出现了许多世界驰名的文学家、思想家和艺术家。最著名的诗人为哈菲兹·易卜拉欣、艾哈迈德·邵武基、阿拔斯·迈哈穆德·阿嘎德；最著名的散文小说家是塔哈·侯赛因；最著名的现实主义小说家为纳吉布·马哈福兹，他以自己的著名三部曲（《宫间街》《思宫街》《甘露街》）和 48 部中长篇小说和短篇小说集，于 1988 年 10 月荣获诺贝尔文学奖，为埃及文学和阿拉伯文学在世界文坛上赢得了一席之地。

2. 建筑

埃及人是虔诚的宗教信徒，法老拥有无上的权威，为显示法老的权威，同时让法老有永远享乐之地，埃及人修建了大量的金字塔（图 6-1）（法老的陵墓），雕刻了无数巨像，它们都显示出永恒的纪念性。最早的金字塔是法老左塞的阶梯金字塔，兴建于公元前 2770年左右。到了古王国时期，又演变出方锥形金字塔，最为著名的是胡夫金字塔，高146.6 米，基座四边长 233 米，正对东、西、南、北四方，坡面呈 52° 角，致使塔高与塔底周长比等于圆周率；它由 230 万块 2.5 吨重的石灰岩垒成，没有使用任何黏合物却非常紧密。金字塔内部有走廊、通气管道以及存放法老木乃伊的石室。金字塔有着惊人的体量感和对称、稳定的外形，足以使站立在它面前的人们感到自己的渺小，这庞大的建筑物是"升入天堂"观念的物化。中王国时期金字塔被放弃，神庙取代了金字塔成为修建的主要对象（图 6-1）。

图 6-1　金字塔

3. 雕塑

古埃及雕塑主要作为建筑附属物存在，其程式在古王国时期就已经形成并沿袭下去。主要表现为：直立姿势，双臂紧靠躯体，正面直对观众；着重刻画人物头部，其他部位刻画得较为简略；面部轮廓写实，表情庄严；根据人物地位的高低确定比例的大小；雕像着色，眼睛中往往镶嵌水晶、石英等物。著名的作品有：《狮身人面像》（图6-2），埃及最大最古老的室外雕刻巨像之一，身长约57米，面部长达5米，为法老的面像；《拉霍特普王子与其妻》，线条柔和舒展，表现了王子的性格特征以及王妃的端庄美丽，雕像保持了原来的着色，人物眼珠由黑檀木做成。其他著名的雕塑作品还有《门考拉及其妻》《书吏凯伊》《村长像》等。

图6-2　《狮身人面像》

4. 浮雕、绘画

古埃及绘画具有鲜明的民族特色，绘画与浮雕有着共同的程式：正面律（人物头部以正侧面表现，眼睛、肩为正面，腰部以下为正侧面）；横带状排列结构，以水平线划分画面；根据人物尊卑安排比例大小和构图位置；画面饱满充实，空白处配以象形文字，具有强烈的装饰艺术效果；有固定的色彩程式：男子皮肤为褐色，女子为浅褐色或淡黄色，头发为蓝黑色，眼圈黑色。古王国时期的浮雕代表作有《纳米尔石板》《猎河马》。古王国时期的墓室壁画代表作是《群雁图》，它以写实手法绘制，形象生动，色彩和谐动人。所以说，古埃及的绘画是远古文明的一颗明珠。（图6-3）

图6-3　古埃及绘画

五、民俗风情

(一) 服饰

埃及的传统服装是阿拉伯大袍,在农村不论男女仍以穿大袍者为多,城市贫民也有不少是以大袍加身。很多上了年纪的妇女,都戴着遮面护发的头巾,一般是从头顶一直垂到肩部,把头发、耳朵、脖颈等都遮盖起来。有的甚至除了两只眼睛,别的都笼罩在面纱下。这种"盖头"多以绸、绒等作为布料,颜色因年龄而不同:年长者戴白色的,年轻女子则披戴绿色的。20 世纪 20 年代后期,西方服装逐步进入埃及。当地妇女喜欢戴耳环、手镯等。

(二) 饮食习俗

埃及是伊斯兰教国家,以吃清真食品、西餐为主,喜欢吃素菜,爱吃番茄、黄瓜、洋葱、土豆和牛肉、鸡、鸭、蛋类等;喜欢喝酸牛奶、咖啡、果汁。埃及也有很多新鲜水果,如香蕉、桃和西瓜等。在口味上,一般要求清淡、甜、香、不油腻,串烤全羊是他们的待客佳肴。很多埃及人还特别爱吃中国川菜。埃及人喜吃甜食,正式宴会和富有家庭正餐的最后一道菜都是上甜食。埃及人忌食猪肉食品,不吃动物内脏,不喜欢吃红烧带汁的菜。

(三) 礼貌、礼节

埃及人的交往礼仪既有民族传统的习俗,又通行西方人的做法,而上层人士更倾向于欧美礼仪。埃及人见面时异常热情,如果是老朋友,特别是久别重逢的,则拥抱行贴面礼,即用右手扶住对方的左肩,左手搂抱对方腰部,先左后右各贴一次或多次,而且还会发出一串问候:"你好吧?""你怎么样?""你近来可好?""你身体怎样?"等等。

(四) 禁忌

在埃及,进伊斯兰教清真寺时,务必脱鞋。埃及人喜爱绿色、红色、橙色,忌蓝色和黄色,他们认为蓝色是恶魔,黄色是不幸的象征,遇丧事都穿黄衣服;也忌熊猫,因它的形体与猪近似;喜欢金字塔形莲花图案;禁穿有星星图案的衣服,除了衣服,有星星图案的包装纸也不受欢迎,一般都很喜欢仙鹤。"3""5""7""9"是人们喜爱的数字,忌讳"13",认为它是消极的。吃饭时要用右手抓食,不能用左手;无论是送给别人礼物,或是接受别人礼物时,要用右手,不能用左手。不要和埃及人谈论宗教纠纷、中东政局及男女关系等话题。

(五) 节日

埃及最为著名的节日是每年 1 月 1 日的新年。埃及是一个文明古国,很久以前,埃及人就已经学会了观察星象的方法,他们看到了太阳星和天狼星一起升起,也看到了那时候尼罗河河水的迅速涨潮。埃及人把尼罗河涨潮的那天当作是新的一年的开始,称它为"涨水新年"。克鲁特人迎接新年的时候，习惯把桌子放门口，把豆类、谷类放碟子里，摆在桌上。埃及的新年是在秋季，这与我们国家有所不同。

另外，埃及比较重要的节日还有独立日（2月28日）、穆罕默德诞辰（又叫圣纪节，为3月12日，是三大伊斯兰教节日之一）、西奈解放日（4月25日）、五月节（5月1日）、国庆日（7月23日）、建军节（10月6日）及埃及斋戒结束的欢庆日（10月1日到3日）等。

六、旅游业概况

（一）旅游业现状

埃及历史悠久，文化璀璨，自然资源丰富，名胜古迹很多，拥有着得天独厚的旅游资源，具有发展旅游业的良好条件。就旅游业而言，它是埃及经济的命脉，也是外汇收入的重要来源，因而政府非常重视发展旅游业。赴埃及游客数量约为930万人。主要旅游景点有金字塔、狮身人面像、卢克索神庙、阿斯旺高坝、沙姆沙伊赫等。

（二）著名旅游城市和景点

1. 开罗

开罗是埃及首都，非洲第一大城市，也是全国最重要的工商业城市。它横跨尼罗河，是整个中东地区的政治、经济和交通中心。开罗也是一座古老的城市，被誉为"城市之母"，从建都至今已有500多年的历史。开罗还是世界上古迹最多的地方，这里有古埃及的金字塔、狮身人面像，也有基督教和伊斯兰教的古教堂、清真寺、城堡等，是世界闻名的旅游胜地。尼罗河穿过市区，现代文明与古老传统并存，西部以现代化建筑为主，大多建于20世纪初，具有当代欧美建筑风格；东部则以古老的阿拉伯建筑为主，有250多座清真寺集中于此。城内清真寺的高耸尖塔随处可见，故开罗又称为"千塔之城"。（图6-4）

图 6-4 开罗

2. 亚历山大市

亚历山大市位于尼罗河三角洲西部，临地中海，是埃及第二大城市，埃及最大的港口，地中海沿岸政治、经济、文化和东西方贸易的中心。亚历山大市也是古代和中世纪名城，公元前332年，希腊马其顿国王亚历山大大帝占领埃及后建立此城，并以他的名字命名，定为首都。至今，亚历山大市仍保留有诸多名胜古迹。它面对浩瀚的地中海，背倚波光潋滟的迈尔尤特湖，风景秀美，气候宜人，是埃及的夏都和避暑胜地，被誉为"地中海新娘"。因受海洋影响，这里冬无严寒，夏无酷暑，大海辽阔，沙滩美丽，阳光充足，空气清新，古迹众多，四季花开，万木常青，是举世闻名的旅游胜地。(图6-5)

图6-5 亚历山大市

3. 金字塔

埃及金字塔是古埃及的帝王（法老）陵墓，世界七大奇迹之一。约公元前3000年，初步统一的古代埃及国家建立起来。国王自称是神的化身，他们的陵墓金字塔是权力的象征。这些陵墓是用巨大石块修砌成的方锥形建筑，因外形近似汉字"金"字，因此我国称其为金字塔。金字塔分布在尼罗河两岸，大小不一，目前已发现金字塔110座，大多建于埃及古王朝时期。迄今巍然屹立在尼罗河畔开罗吉萨省的3座宏伟金字塔和一座狮身人面像约有4700年的历史。规模最大的是胡夫金字塔，是由10万人花了约20年时间一块一块地垒成。狮身人面像高达20多米，长约50多米，是在一块大岩石上雕成的。吉萨金字塔（图6-6）和狮身人面像是人类建筑史上的奇迹，也是埃及人民辛勤劳动和卓越智慧的丰碑。

图6-6 吉萨金字塔

4. 苏伊士运河

苏伊士运河位于埃及境内，总长 190.25 千米，是连通欧、亚、非三大洲的主要国际海运航道，连接红海与地中海，使大西洋、地中海与印度洋联结起来，大大缩短了东西方航程。它是一条在国际航运中具有重要战略意义的国际海运航道，每年承担着全世界 14% 的海运贸易。苏伊士运河是埃及经济的"生命线"和"摇钱树"，过往船只通行费多年来一直与侨汇、旅游、石油一起成为埃及外汇收入的四大支柱。

5. 阿斯旺

阿斯旺为埃及南方重镇，著名旅游城市，历史上曾是庞大的商旅集散中心，现为省行政和商业中心。阿斯旺傍尼罗河而建，宽阔的滨河路上，政府办公大楼、宾馆、饭店鳞次栉比，老城区的狭窄街巷纵横交错，店铺林立，人声嘈杂，阿拉伯市场独具特色。阿斯旺是冬季疗养和游览胜地，有许多古迹和博物馆、植物园等名胜以及阿斯旺大坝等现代工程。(图 6-7)

图 6-7　阿斯旺

知识链接

尼罗河

尼罗河（Nile）是一条流经非洲东部与北部的河流，自南向北注入地中海。与中非地区的刚果河以及西非地区的尼日尔河并列非洲最大的三个河流系统。尼罗河长 6670 千米，是世界上最长的河流。2007 年虽有来自巴西的学者宣称亚马孙河长度更胜一筹，但尚未获得全球地理学界的普遍认同。

尼罗河流域是世界文明发祥地之一，这一地区的人民创造了灿烂的文化，在科学发展的历史长河中做出了杰出的贡献。突出的代表就是古埃及，流经埃及境内的尼罗河河段虽只有 1350 千米（全长 6671 千米），却是自然条件最好的一段，平均河宽 800~100 米，深10~12 米，且水流平缓。

提到古埃及的文化遗产，人们首先会想到尼罗河畔耸立的金字塔、尼罗河盛产的纸草、行驶在尼罗河上的古船和神秘莫测的木乃伊。它们标志着古埃及科学技术的高度，同时记载并发扬着数千年文明发展的历程。纸草是种形状似芦苇的植物，盛产于尼罗河三角洲。茎呈三角形，高约 5 米，近根部直径 6 到 8 厘米。使用时先将纸草茎的外皮剥去，用小刀顺生长方向切割成长条，并横竖互放，用木槌击打，使草汁渗出，干燥后，这些长条就永久地粘在一起，最后用浮石擦亮，即可使用，成为当时最先进的书写载体——纸莎草纸，比中国蔡伦的纸还早 1000 多年，成为后世学者研究古埃及文明的重要文献。但由于纸草不适宜折叠，不能做成书本，因此须将许多纸草片粘成长条，并于写字后卷成一卷，就成了卷轴。尼罗河还使当地人们产生了无与伦比的艺术想象力。坐落在东非干旱大地上那气势恢宏的神庙是多么粗犷，与旁边蜿蜒流淌的尼罗河形成强烈对比。古埃及很多艺术品都既具阳刚之气又不乏阴柔之美。

尼罗河流域与两河流域不同，它的西面是利比亚沙漠，东面是阿拉伯沙漠，南面是努比亚沙漠和飞流直泻的大瀑布，北面是三角洲地区没有港湾的海岸。在这些自然屏障的怀抱中，古埃及人可以安全地栖息，无须遭受蛮族入侵所带来的恐惧与苦难。

作为"尼罗河赠礼"的埃及，每年尼罗河水的泛滥，给河谷披上一层厚厚的淤泥，使河谷区土地极其肥沃，庄稼可以一年三熟。据希腊多德记载："那里的农夫只需等河水自行泛滥出来，流到田地上灌溉，灌溉后再退回河床，然后每个人把种子撒在自己的土地上，叫猪上去踏进这些种子，以后便只是等待收获了。"的确，是尼罗河使得下游地区农业兴起，成为古代著名的粮仓。在古代埃及，农业始终是最主要的社会经济基础。在如此得天独厚的自然环境和自然条件下，使古埃及的历史比较单纯。从约公元前 332 年，亚历山大大帝征服埃及为止，共经历了 31 个王朝。其间虽然经历过内部动乱和短暂的外族入侵，但总的来说政治状况比较稳定。

（资料来源：百度百科，2024-4-9，经整理。）

第二节　南非

一、地理概况

（一）自然地理

南非位于非洲大陆最南部，在南纬 22°～35°、东经 17°～33°之间，北邻纳米比亚、博茨瓦纳、津巴布韦、莫桑比克和斯威士兰。中部环抱莱索托，使其成为最大的国中国。海岸线长约 3000 千米。其东、南、西三面为印度洋和大西洋所环抱，地处两大洋间的航运要冲，地理位置十分重要。其西南端的好望角航线，历来是世界上最繁忙的海上通道之一，有"西方海上生命线"之称。南非面积有 122.1 万平方千米，全境大部分为海拔 600 米以上高原；德拉肯斯山脉绵亘东南，卡斯金峰海拔 3660 米，为全国最高点；西北部为沙漠，是卡拉哈里盆地的一部分；北部、中部和西南部为高原；沿海是狭窄的平原；奥兰治河和林波波河为两大主要河流，好望角处于非洲最西南端。

南非大部分地区属热带草原气候,东部沿海为亚热带湿润气候,南部沿海为地中海式气候,西部沿海为热带沙漠气候。全境气候四季分明。12月至次年1月为夏季,最高气温可达32℃～38℃;6—8月是冬季,最低气温为-10℃～-12℃。全年降水量由东部的1000毫米逐渐减少到西部的60毫米,平均450毫米。首都比勒陀利亚年平均气温17℃。

(二)人文地理

1. 人口与民族

南非全国总人口约6060万(2022,联合国统计司,http://data.un.org),占世界人口的0.76%,分黑人、有色人、白人和亚裔四大种族,分别占总人口的79.6%、9%、8.9%和2.5%。黑人主要有祖鲁、科萨、斯威士、茨瓦纳、北索托、南索托、聪加、文达、恩德贝莱9个部族,主要使用班图语;白人主要是阿非利卡人(以荷兰裔为主,融合法国、德国移民,约占57%)和英裔白人(约占39%);有色人是殖民时期白人、土著人和奴隶的混血人后裔,主要使用阿非利卡语,亚裔人主要是印度人和华人。

2. 语言与宗教

南非的官方语言有11种,分别是英语、阿非利卡语(南非荷兰语)、祖鲁语、科萨语、斯佩迪语、茨瓦纳语、索托语、聪加语、斯威士语、文达语和恩德贝勒语,其中英语和阿非利卡语为通用语言。

白人、大多数有色人和60%的黑人信奉基督教新教或天主教;亚裔人约60%信奉印度教,20%信奉伊斯兰教;部分黑人信奉原始宗教。

3. 国旗、国徽、国歌、国花

南非共和国国旗,呈横长方形,长宽之比为3∶2,由黑、金、绿、白、红、蓝六种颜色组成,呈V形,流向一条水平线。国旗的图案和颜色象征着南非历史中的重要元素,V形流向水平线可以理解为南非社会中各种元素的融合,走向统一。

国徽的中心图案为绘有两个互相问候的人的盾徽,外面以象牙、麦穗装饰。下方的绶带书有国家格言"在多元中合一"。盾上方绘有矛和棒,帝王花、一只秘书鸟,和升起的太阳。万花筒般的图案象征美丽的国土、非洲的复兴以及力量的集合;取代鹭鹰双脚平放的长矛与圆头棒象征和平以及国防和主权;鼓状的盾徽象征富足和防卫精神。

国歌:国歌的歌词用祖鲁语、哲豪萨语、苏托语、英语和南非荷兰语5种语言写成,包括原国歌《上帝保佑非洲》的祈祷词,全歌长1分35秒,并以原国歌《南非之声》雄壮的高音曲调作结尾。原国歌名为《上帝保佑非洲》,1994年3月15日批准。歌曲由黑人牧师诺克·桑汤加在1897年谱写,1912年首次在南非土著人国民大会上作为黑人民族主义赞歌唱出来,在非洲深受广大黑人欢迎。

国花:帝王花。灌木,又名菩提花,俗称木百合花或龙眼花(图6-8)。

二、简史

南非历史上最早的原住民是桑人、科伊人及后来南迁的班图人。17世纪后,荷兰人、英国人相继入侵并不断地向内地迁徙,并于19世纪中叶先后建立了"奥兰治自由邦"和

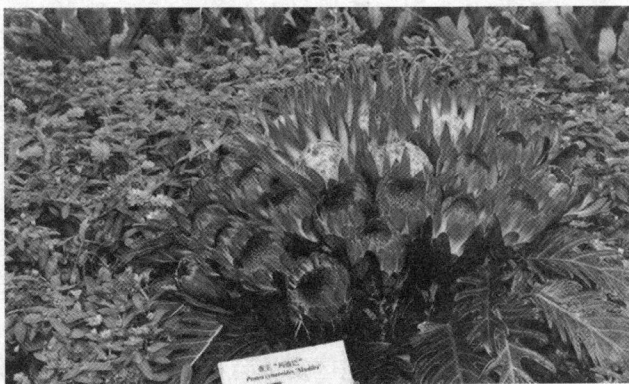

图 6-8　帝王花

"德兰士瓦共和国"。19 世纪后期南非发现钻石和黄金后，大批欧洲移民蜂拥而至。英国通过"英布战争"，吞并了奥兰治自由邦和德兰士瓦共和国。

1910 年 5 月英国将开普省、德兰士瓦省、纳塔尔省和奥兰治自由邦合并成南非联邦，成为英国的自治领地。

1961 年 5 月 31 日，南非退出英联邦，成立了南非共和国。南非白人当局长期在国内以立法和行政手段推行种族歧视和种族隔离政策，先后颁布了几百种种族主义法律和法令。

1948 年国民党执政后，全面推行种族隔离制度，镇压南非人民的反抗斗争，遭到国际社会的谴责和制裁。1989 年，德克勒克出任国民党领袖和总统后，推行政治改革，取消对黑人解放组织的禁令并释放曼德拉等人。1991 年，南非非洲人国民大会（简称"非国大"）、南非政府、国民党等 19 方就政治解决南非问题举行多党谈判，并于 1993 年就政治过渡安排达成协议。

1994 年 4 月，南非举行首次不分种族大选，曼德拉当选南非首任黑人总统，非国大、国民党、因卡塔自由党组成民族团结政府。这标志着种族隔离制度的结束和民主、平等新南非的诞生。1994 年 6 月 23 日，联合国大会通过决议恢复南非在联大的席位。1996 年 12 月，南非总统曼德拉签署新宪法，为今后建立种族平等的新型国家体制奠定了法律基础。

三、政治、经济

（一）政治

根据新宪法，政府分为中央、省和地方三级，实行总统内阁制。总统是国家元首和政府首脑，由国民议会选举产生；内阁首相兼任副总统，由总统任命国民议会多数党领袖产生，对总统负责；其他不超过 27 名部长亦由总统任命；总统任期不得超过两任。新宪法规定，不分种族、性别、宗教，法律面前人人平等。司法机构由宪法法院、最高法院、高级法院、地方法院及国家检察总局和各级检察机关组成。宪法法院为解释宪法的最高司法机构；最高法院为除宪法事务外的最高司法机构；国家检察总局向司法部长负责；检察机关对应每个高等法院设置；各级检察机关向各级法院提起公诉。立法机构由国民议会和地方议院组成，议会为两院制，由国民议会和全国省级事务委员会组成。在议会中拥有至少80席的政党有权提名一名副总统。南非司法体系基本分为法院、刑事司法和检察机关三大系统。南非实行多党制，国民议会现有13个政党。

全国分为9个省：东开普省、西开普省、北开普省、夸祖鲁-纳塔尔省、自由州省、西北省、北方省、姆普马兰加省、豪登省。各省有立法、任免公务人员的权力，负责本省经济、财政和税收等事务。根据2000年通过的《地方政府选举法》，目前全国共划有257个地方政府，包括8个大都市、44个地区委员会和205个地方委员会。

（二）经济

南非属于中等收入的发展中国家，也是非洲经济最发达的国家，自然资源十分丰富。金融、法律体系比较完善，通信、交通、能源等基础设施良好。矿业、制造业、农业和服务业是经济四大支柱，深井采矿等技术居于世界领先地位。制造业门类齐全，技术先进，钢铁工业为制造业的支柱，拥有六大钢铁联合公司、130多家钢铁企业。矿业历史悠久，具有完备的现代矿业体系和先进的开采冶炼技术，是南非经济的支柱。电力工业较发达，发电量占全非洲的60%，为世界上电费最低的国家之一。南非德比尔斯公司是世界上最大的钻石生产和销售公司，控制着世界粗钻石贸易的60%。南非农业较发达，葡萄酒等农副产品在国际上享有较高声誉。旅游业发展迅速，是南非第三大外汇收入和就业部门。

目前，南非政府正在重点实施"工业政策行动计划"和"基础设施发展计划"，旨在促进南非高附加值和劳动密集型制造业发展，改变经济增长过度依赖原材料和初级产品出口的现状，加快铁路、公路、水电、物流等基础设施建设。

南非自然资源丰富，是世界五大矿产国之一。铂族金属、氟石、铬的储量居世界第一位、黄金、钒、锰、锆居第二位，钛居第四位，磷酸盐矿、铀、铅、锑居第五位，煤、锌居第八位，铜居第九位。钻石产量约占世界的9%。南非是世界上最大的黄金生产国和出口国，黄金出口额占全部对外出口额的1/3，因此又被誉为"黄金之国"。

四、文化

（一）教育

南非教育资源分布不平衡，全国大部分教育资源集中在西开普省和豪登省等经济较为发达的地区，而东开普省等地区及农村地区教育力量依然十分落后。

南非政府的教育原则是：公民不分种族均享有平等接受教育和培训的权利和义务；没有种族和性别歧视的教育体制；保护语言、文化和宗教的多样性；保护学术自由；教育拨款平等。新南非诞生以来，议会废除种族隔离教育政策，通过多项教育立法。教育部根据这些法律制定许多政策规定，依法管理基础教育、职业教育与培训以及高等教育等各类教育。

南非的教育体系包括三个阶段：基础教育、中等教育和高等教育。基础教育阶段包括幼儿园、小学和初中，通常为 7 年至 13 年龄段的学生提供教育。中等教育阶段包括高中和职业学校，为 13 岁至 18 岁的学生提供教育。高等教育阶段则包括大学、技术学院和其他高等教育机构，为 18 岁及以上的学生提供教育。

（二）科学技术

南非科技体系较健全，政府 29 个部门中有 14 个与科技有关，主要由高等教育机构（23 家）、科学理事会（8 家）、其他科技工程研究机构与政府有关部门（35 家）、商业研究机构（45 家）和研究性质的政府组织等构成，其中前三类主要由政府资助。从事具体的研究开发工作，除了担任国家的科技项目和定向任务外，还为工商企业的课题服务。

南非矿业发达，采矿机械、选矿设备、矿井通信技术、矿品冶炼和加工技术都居世界先进行列。农业生物技术应用广泛，开发了世界上第一个家食动物血清诊断包。医学科研能力很强，拥有先进的科研设备，世界上第一例人类心脏移植手术于 1964 年在开普敦医院取得成功。开普敦大学设计了脑瘤及血管损伤生物立体定位仪，可准确确定脑部病灶，为外科和放射治疗提供了有力武器。1992 年研制并发射了历史上第一颗由非洲人自己研制的卫星。2005 年 11 月建成并投入使用的天文望远镜 SALT 是南半球最大的单一光学望远镜。南非政府十分重视开展国际科技的合作，为建立一个效能更高的创新体系并确保能更好地协调和监管研发活动，组织了科学研究理事会和其他国立实验室的管理体系，以多种方式实践其发展科学技术的承诺。2024 年 3 月，中南科技经贸国际合作交流会在山东济南举行。近 20 项优质项目成功签约。

（三）文学艺术

1. 绘画、雕塑

享有"彩虹之邦"美誉的新南非有着丰富多彩的文化历史传统，南非土著居民有着历史悠久的传统绘画与雕刻艺术。其中最著名的布什曼人的洞穴壁画雕刻是人类原始艺术的瑰宝，也是南非现代艺术的组成部分，记录了从远古狩猎时代到现代的原始部落的非洲黑人生存的篇章。南非绘画流派由西方各国不同流派组成，画家多受其母国绘画传统影响。20 世纪 30 年代以自然主义、现实主义流派为主，之后又出现许多新的流派风格。第二次世界大战后，城市黑人画家出现，他们更擅长以炭画来表达自己的思想和表现本民族的风土人情。非洲艺术家们最富成就的艺术表现手段是雕塑，雕塑形式分为建筑雕塑和环境雕塑。他们大多受到南非白人雕塑家的影响，汲取了西方雕塑的精华，一般选用青铜、木材、陶瓷等材料制作。

2. 音乐、舞蹈

除了绘画和雕塑，南非人也同样擅长于音乐和舞蹈。有浓厚本土气息的爵士乐、摇滚乐、民间音乐和传统音乐，在融入其他文化元素后，绽放出夺目的光彩。南非爵士乐遵循传统爵士乐的规则，与非洲音乐的节奏和风格融合后更加动听易记，极富个性，适合舞蹈，成为大多数南非人的最爱；古典音乐依然呈现着勃勃生机，传统以吉他伴奏的欧洲民歌在融入当地传统音乐元素后愈发欣欣向荣；约翰尼·克莱格将南非著名部族祖鲁族的传统歌舞注入欧洲风格，创建 Juluka 乐队，展示了欧洲和非洲两种文化的共同繁荣；丰富多彩的阿非利卡音乐，使欧洲、美洲、大洋洲的人都能从这种音乐形式中找到归属，它因而成为南非的国际音乐。南非专门的古典音乐广播电台每年定期举行"古典流行乐"音乐会，成为地方上的文化盛事和重要节日。南非是一个充满音乐和舞蹈的艺术国度，古典欧洲音乐、歌剧、芭蕾、非洲土著歌舞、现代爵士、摇滚等在这里都可以找得到。

五、民俗风情

(一) 服饰

南非是一个多民族的国家，这里的每一个民族都有自己特有的服饰。随着全世界的不断融合，南非的民族服饰已经不再常见。在日常生活中，南非人大多爱穿休闲装，白衬衣、牛仔装、西式短裤也均受其喜爱。部分男女老幼往往对色彩鲜艳者更为偏爱，他们尤其爱穿花衬衣。在城市之中，南非人的穿着打扮基本西化了，但凡正式一些的场合，他们都讲究着装端庄、严谨。因此，与南非人进行官方交往或商务交往时，最好穿样式保守、色彩偏深的套装或裙装，不然会被对方视作失礼。

(二) 饮食

南非融合了欧、亚等各洲的饮食特点，形成了有着独特风格的属于南非自己的饮食文化。南非人民喜欢肉类食品，而且做法多种多样，如烤、蒸、煮……牛肉沙律是最负盛名的特色食品之一。此外还有独特风味的甜品，如味道浓郁的咖喱汁、麻花糖、布丁、奶酪、汤圆等。南非当地白人平日以吃西餐为主，经常吃牛肉、鸡肉、鸡蛋和面包，爱喝咖啡与红茶；南非黑人喜欢吃牛肉、羊肉，主食是玉米、薯类、豆类，不喜生食，爱吃熟食。南非著名的饮料是如宝茶，到南非黑人家做客，主人一般送上刚挤出的牛奶或羊奶，有时是自制的啤酒，客人一定要多喝，最好一饮而尽。

非洲动物种类的繁多为南非提供了丰富的肉类食品，有非洲野猪、鳄鱼、牛肉、山羊、鸵鸟、珍珠鸡等。南非三面临海，海鲜品种繁多，如贻贝、牡蛎、鲍鱼、螃蟹和小龙虾等。南非是葡萄盛产地，葡萄干自然也进入了人们的餐桌，葡萄酒更是寻常百姓家餐桌上的日常饮品。

随着海外移民浪潮的迭起，带来了世界各地的菜肴，英式、欧陆式以及德国、葡萄牙、西班牙、匈牙利、马来西亚、印度和中国式佳肴应有尽有。

(三) 礼貌、礼节

由于长久以来的种族原因，南非礼仪可以概括为"黑白分明""英式为主"。所谓"黑白分明"是指：受到种族、宗教、习俗的制约，南非的黑人和白人所遵从的商务礼仪不同；"英式为主"是指：在很长的一段历史时期内，白人掌握南非政权，白人的商务礼仪特别是英国式社交礼仪广泛地流行于南非社会。

南非普遍的见面礼节是握手礼，称呼主要是"先生""小姐"或"夫人"。在黑人部族中，尤其是广大农村，南非黑人往往会表现出与社会主流不同的风格。比如，他们习惯以鸵鸟毛或孔雀毛赠予贵宾，客人此刻得体的做法是将这些珍贵的羽毛插在自己的帽子上或头发上。在社交场合，拜访须先订约，随时穿着保守式样的西装，南非商人十分保守，交易方式力求正式；许多生意在私人俱乐部或对方家中谈成；说话要大胆直率，兜圈子常不被人理解。

南非黑人对自己的传统礼仪情有独钟。有些南非黑人行拥抱礼，有些行亲吻礼，有些则行独特的握手礼，即先用自己的左手握住自己的右手腕，再用右手去与人握手。如果是特别亲热的人，则先握一下他的手掌，然后再握对方的拇指，最后紧紧握一下他的手。女子相见，双膝微屈，行屈膝礼。农村妇女们相遇，一边围着对方转，一边发出有节奏的尖叫声。送客时往列队相送，载歌载舞，欢呼狂啸。黑人的姓名大多已经西方化，但仍喜欢在姓氏之后加上相应的辈分。绝对不要直呼黑人为"Black People"，而应称为"Africa People"。

（四）禁忌

信仰基督教的南非人，和西方人一样忌讳数字"13"和星期五。南非黑人非常敬仰自己的祖先，他们特别忌讳外人对自己的祖先言行失敬。跟南非人交谈要注意不要评论不同黑人部族或派别之间的关系及矛盾，不要为白人评功摆好，不要非议黑人的古老习惯，不要为对方生了男孩表示祝贺。

非洲人普遍认为相机对准某物，拍下镜头，某物的"精气"就给吸收殆尽，所以人、房屋、家畜一律不准拍摄。如想拍摄，最好向对方先打个招呼，获得同意之后再行动，以免引起不必要的冲突。

在南非、埃塞俄比亚等非洲国家，跟当地人交谈或碰面的时候，不能目不转睛地瞪着对方；若这么做，对方一定大感不悦。

（五）节日

南非主要的节日有：元旦（1月1日）、人权日（3月21日）、自由日（4月27日）、独立日（国庆日，5月31日）、青年节（6月16日）、曼德拉日（7月18日）、妇女节（8月9日）、传统节（9月24日）、和解日（12月16日）、友好日（12月26日）等。

人权日：1960年3月21日，沙佩维尔镇黑人举行和平游行，抗议《通行证法》实施。这部法律要求黑人外出必须携带通行证，否则会被逮捕。种族主义政府武力镇压游行，导致69人死亡，180人受伤。后来，3月21日被定为"人权日"，也叫"国际消除种族歧视日"。

曼德拉日：2009年11月，联合国大会为表彰南非前总统纳尔逊·罗利赫拉赫拉·曼德拉对和平文化与自由的贡献，宣告将每年7月18日他的生日定为"曼德拉国际日"。

和解日：12月16日，这一天在南非原称"誓言日"，是为了纪念1838年的荷兰裔非洲人逃离英国殖民者的统治向北方迁移的历史。1994年新南非政府成立后，这一天被改名为"和解日"，是希望南非各种族实现和解，和平共处。

六、旅游业概况

(一) 旅游业现状

南非拥有极为丰富的自然和人文旅游资源，是世界最负盛名的旅游度假胜地之一，号称"旅游一国等于旅游全世界"，素有"非洲中的欧洲"之称。从原始部落歌舞到欧陆风格的小镇，从古老的黄金城到现代化的大都会，这里都应有尽有，绚丽多姿。丰富而原始的野生动物保护区、绮丽优良的港口、四通八达的高速公路、纯美憩静的葡萄酒乡以及遍及全国和3000千米海岸线的自然保护区，每年都吸引着大量的海外游客。而南非旅游业之所以取得高速增长，主要是因为政府把旅游业作为推动国家经济增长的优先发展行业。

南非的旅游景点主要集中在东北部和东南沿海地区，拥有各种不同风景，可以满足不同游客的喜好。其中，生态旅游和民俗旅游是南非旅游业的两大主要的增长点。在南非众多的旅游景点中，有几个景点最为吸引外国游客，如开普敦海岸的水上世界、桌山、好望角，西开普省的葡萄酒园、克鲁格国家公园、德班海滩等。还有些举世闻名的城市和景观，如南非早期的黄金开采地约翰内斯堡，南半球最大的娱乐中心太阳城，非洲大陆西南端的"天涯海角"开普敦，号称世界上最大的黑人城镇、南非的革命圣地索韦托等。除此以外，还有"世界钻石之都"金伯利，游客可以在这里购买到质地上乘的钻石。

(二) 著名旅游城市和景点

1. 开普敦

开普敦为南非立法首都、第二大城市，南非国会及很多政府部门亦坐落于该市，是南非金融和工商业的重要中心，交通发达，是一天然良港。开普敦是欧裔白人在南非建立的第一座城市，这座有300多年历史的母城历经荷、英、德、法等欧洲诸国的统治及殖民，虽然地处非洲，但是却充满多元欧洲殖民地文化色彩。开普敦以其美丽的自然景观及码头闻名，知名的地标有被誉为"上帝之餐桌"的桌山（图6-9）以及印度洋和大西洋的交汇点好望角（图6-10）。因其美丽的自然及地理环境，开普敦被称为世界最美丽的城市之一，亦成为南非的旅游胜地。

图6-9 开普敦桌山

图 6-10　好望角

开普敦气候温暖，风景秀丽，资源丰富。开普敦的农业、渔业以及石油化工业非常发达，是上等水果的盛产地，如苹果、葡萄、橘子等，以葡萄的种植技术最为闻名。开普敦亦是野生动物的聚居地，有鸵鸟、企鹅、海狗、海豹、鲸鱼以及海豚等，并设有企鹅保护区，还有盛产海豹的德克岛。开普敦集欧洲和非洲人文、自然景观特色于一身，也是南非最受欢迎的观光都市，特别是每年的 10 月至次年 3 月的春夏季更是旅游高峰期。

2. 比勒陀利亚

比勒陀利亚原名"发瓦内"，是南非的政治决策中心和行政首都，德兰士瓦省省会。它位于东北部高原上的马加利山麓谷地，海拔 1378 米，市区跨林波波河支流阿皮斯河两岸，由 12 座桥梁连接，面积 592 平方千米。它建于 1855 年，以布尔人领袖比勒陀利乌斯名字命名，其子马尔锡劳斯是比勒陀利亚城的创建者。

比勒陀利亚是南非最大的文化中心，有 1873 年创立的南非大学、比勒陀利亚大学等多所高等学校，还有南非最大的研究机构科学与工业研究院和著名的兽医及燃料、林业等研究所。市内多博物馆、纪念馆和纪念碑、塑像等，还有天文台、国家动物园和 3 处市立自然保护区。比勒陀利亚为矿业城市，近郊为金刚石、白金、黄金、锡、铁、铬、煤等矿的开采中心。

比勒陀利亚完全是一座欧化的城市，风光秀美，花木繁盛，有"花园城"之称，街道两旁种植紫葳，又称"紫葳城"。每年 10—11 月间鲜花盛开时，全城弥漫着幽雅的清香，成为一片艳丽的紫色花海（图 6-11），美丽的景色令人陶醉，全城为此要举行长达一周的庆祝活动。喷泉谷是比勒陀利亚人潮最多的周末休闲区和野餐的地点；鲁德普拉特水库是钓鱼、乘游艇、水上运动和游泳的理想地点；万德布姆自然保护区有一

图 6-11　比勒陀利亚街道两旁种植的紫葳

棵树龄 1000 年的无花果树神木，13 根主干四面扩展在 1 公顷的土地上；普勒多利亚动物园是世界上最大的动物园之一，园内的动物超过 3500 种。

3. 布隆方丹

布隆方丹是南非的司法首都，奥兰治自由邦首府，位于中部高原，为全国的地理中心，四周有小丘环绕，夏热、冬寒有霜。"布隆方丹"一词，原意为"花之根源"。这座城市有许多公园，位于市中心、种植着超过 4000 丛玫瑰花的国王公园，每年都会举办盛大的玫瑰节活动，所以布隆方丹也有"玫瑰之城"的美誉；在军舰山公园里，游人可以饱览整个城市的优美风景；布隆方丹动物园则是一座世界级的动物园，建立于 1906 年，以各种灵长类动物闻名；著名的斯瓦特总统公园和洛根湖滨水区也是非常受游客欢迎的景点。附近的富兰克林野生动物保护地，是南非的旅游胜地之一。如今的布隆方丹是南非白人最集中的城市，因犯罪率低和能为人们提供优质生活而被誉为南非最适合居住的城市。（图 6-12）

图 6-12　布隆方丹

4. 约翰内斯堡

约翰内斯堡面积约 269 平方千米，是南非最大的城市和经济中心，也是南部非洲第一大城市，更是世界上最大的产金中心。市内有博物馆和教堂等建筑。公园和草地占城市面积的 1/10 左右。著名的朱伯特公园在城中心的高地上，内有美术馆。此外，还有密尔勒公园、唐纳德·麦凯公园、埃利斯公园等，市东北郊有开普敦公园。动物园位于史末资大道，其面积颇广，有花园和小湖。北郊有占地 43 英亩（约 17.4 公顷）的植物园和占地 26 英亩（约 10.5 公顷）的梅尔罗斯鸟类保护区。此外，主要景点还包括黄金城、克鲁格国家公园（图 6-13）、太阳城（图 6-14）等。作为南非最大的城市，如今的约翰内斯堡已发展成为繁华的现代化大都市。

图 6-13　克鲁格国家公园

图 6-14 约翰内斯堡太阳城

5. 德班

德班是南非夸祖卢纳塔尔省的一座港口城市，是非洲最繁忙的港口，也是通往非洲大陆和印度洋其他国家的大门，建于 1835 年，1935 年设市，第一次世界大战后，从维多利亚式城镇发展为现代化大都市。德班被称作"非洲最佳管理城市"，是国际性会议和非洲重要会议的理想举办地。因其温暖的副热带气候和海滨风光，已成为一个著名的旅游胜地。这里有四季如春的气候，草木茂盛、阳光充足，是理想的户外运动场所。是潜水、冲浪、橄榄球、板球、高尔夫球、保龄球等运动爱好者及钓鱼爱好者的天堂。(图 6-15)

图 6-15 德班港口

课 后 练 习

一、知识练习

(一)选择题

1. ( ) 是埃及的著名景点。
   A. 圣城麦加 　　　　　　　　B. 西敏寺
   C. 阿斯旺大坝 　　　　　　　　D. 泰姬陵

2. 下列 ( ) 是南非三大经济支柱。
   A. 农业 　　　　　　　　　　　B. 工业
   C. 矿业 　　　　　　　　　　　D. 制造业

3. 埃及人喜欢的动物有 ( )。
   A. 熊猫 　　　　　　　　　　　B. 猫
   C. 仙鹤 　　　　　　　　　　　D. 猪

4. 下列 ( ) 是南非三宝。
   A. 钻石 　　　　　　　　　　　B. 黄金
   C. 矿产 　　　　　　　　　　　D. 红宝石

5. 下列 ( ) 是南非的城市。
   A. 阿斯旺 　　　　　　　　　　B. 开普敦
   C. 亚历山大 　　　　　　　　　D. 约翰内斯堡

6. 下列 ( ) 国家的国花是郁金香。
   A. 荷兰 　　　　　　　　　　　B. 土耳其
   C. 匈牙利 　　　　　　　　　　D. 伊朗

7. ( ) 属于埃及的文化遗产。
   A. 尼罗河 　　　　　　　　　　B. 法老树
   C. 卢克索 　　　　　　　　　　D. 苏伊士运河

(二)填空题

1. 南非的国石是_____。

2. 四大文明古国有_____、_____、_____、_____。

3. 埃及的国教是_____,官方语言是_____。

4. 埃及境内最长的河流是_____,最大的水坝是_____。

5. 南非的全称是_____,有_____之美誉。

6. 埃及全名是_____,首都是_____。

7. 埃及崇尚_____色和_____色。

8. 埃及人的休息日是星期_____。

9. _____是埃及人在斋月的食品。

10. 圣索菲亚大教堂是_____的著名景点。

（三）简答题

1. 简述埃及的著名旅游景点。

2. 简述埃及尼罗河的文化价值。

二、职业技能训练

查找资料，简述南非旅游业的发展概况。

第七章

中国港澳台地区

学习目标 》》

学习目标： 了解香港、澳门、台湾的地理环境，熟悉其政治、历史、经济、文化环境；掌握香港、澳门、台湾主要旅游城市及旅游景点。

技能目标： 通过对香港、澳门、台湾地理人文环境的了解，及主要旅游城市和旅游景区的熟悉，能够设计出合适的旅游线路。

素质目标： 通过设计旅游线路，培养学生学习的主动性以及组织协调能力。

思政目标： 深化学生的爱国主义精神，树立学生的民族自豪感，自尊心、自信心；培养学生宽阔的胸怀和开放的心态。

第一节 香港

一、地理概况

香港位于中国华南地区，地处广东省珠江口以东，北面与深圳市隔深圳河遥遥相望，南望广东省珠海市的万山群岛，西迎澳门特别行政区，由香港岛、九龙半岛、新界，及周围262个大小岛屿（离岛）组成，陆地总面积约1106.66平方千米。

九龙半岛与香港岛之间的维多利亚港，是世界三大天然良港之一。香港最初就是从维多利亚港两岸的平地开始发展的，该地区至今仍然是香港经济的命脉所在，深圳河是中国香港和内地之间的分界线。

（一）自然地理

1. 地形特征

香港地形主要为丘陵，最高点为海拔约957米的大帽山。香港的平地较少，约有两成土地属于低地，主要集中在新界北部，分别为元朗平原和粉岭低地，都是自然形成的河流冲积平原；其次是位于九龙半岛及香港岛北部，从原来狭窄的平地向外扩张的填海土地。

2. 气候和资源

香港位于中国南部地区，背靠内地，面向中国南海，形成典型的亚热带季风气候。春季温暖潮湿，夏季炎热多雨，偶尔遭受热带气旋侵袭；秋季凉爽、阳光充沛；冬季则清凉干燥。香港属于亚热带季风气候。每年3月至5月为春季，气候温和潮湿。6月至8月为夏季，气候炎热、潮湿。9至11月为秋季，大致凉爽，阳光充沛。12月至次年2月为冬季，清凉干燥，高地偶有霜降，不会降雪。年均气温22℃。

香港地理环境优越，面向南中国海，邻近大陆架，洋面广阔，岛屿众多，渔业发达，有超过150种具有商业价值的海鱼，主要是红衫、九棍、大眼鱼、黄花鱼、黄肚和鱿鱼。香港自然资源匮乏，食用淡水的60%以上依靠广东省供给，香港已探明的矿藏有少量铁、铝、锌、钨、绿柱石、石墨等。

（二）人文地理

1. 人口与民族

截至2023年底，香港特别行政区人口约750.31万人，包括40800人持单程证来港，以及10800名其他香港居民净移入。人口以华人为主，占香港总人口的96.1%。除华人外，印尼人、菲律宾人人数最多，其次为欧洲人和印度人。

2. 语言与宗教

英语和汉语同为香港的官方用语。英语是香港的常用语言，特别是在商业和教育中运用比较普遍。方言包括粤语和客家话。世界各大宗教在香港几乎都有人信奉。华人主要信仰佛教、道教。基督教自 1841 年传入香港，现已有 50 多个宗派，信徒约 30 万人。其他宗教还有伊斯兰教、印度教、锡克教和犹太教等。

二、简史

香港的历史最早可以追溯到 5000 多年前的新石器时代。秦始皇统一中国后，先后在南方设立了南海、桂林、象郡三个郡，香港隶属于南海郡番禺县，由此开始，香港被置于中央政权的管辖之下。

香港的维多利亚港是一个优良的深水港，英国早就觊觎着这一片海域去发展其在远东的海外贸易。1840 年，英国凭借着鸦片开始了对香港的掠夺。第一次鸦片战争之后，1842 年英国强迫清政府签订了《南京条约》，割让了香港岛；1856 年英法联军发动第二次鸦片战争，迫使清政府于 1860 年签订《北京条约》，割让九龙半岛南端，即今界限街以南的地区；中日甲午战争之后，英国又逼迫清政府于 1898 年签订《展拓香港界址专条》，强租界限街以北、深圳河以南的九龙半岛北部大片土地以及附近 230 多个大小岛屿（后统称"新界"），租期 99 年。至此，香港完全沦为了英国的殖民地。

第二次世界大战期间，日军进军香港，驻港英军无力抵抗，1941 年 12 月 25 日，香港被日军占领。1945 年 9 月 15 日，日本战败后撤出香港，英国重新恢复了对香港的统治。

1997 年 7 月 1 日，香港回归中国，成为中国的一个特别行政区。香港特别行政区首任行政长官为董建华，继任者为曾荫权、梁振英、林郑月娥，现任行政长官为李家超。

三、政治和经济

(一) 政治

香港特别行政区是中华人民共和国的一个地方行政区域，直辖于中央人民政府。全国人民代表大会授权香港特别行政区依照基本法的规定实行高度自治，享有行政管理权、立法权、独立的司法权和终审权。

香港实施行政主导的管治模式，并制定由行政长官和行政会议领导的管治体制和代议政制架构。

行政长官是特别行政区政府的首长，依法履行基本法授予的领导特别行政区政府、负责执行基本法以及其他各项职权。行政长官在香港当地通过选举或协商产生，由中央人民政府任命，每届任期 5 年。

香港特别行政区依法实行高度自治，享有行政管理权、立法权、独立的司法权和终审权，继续保持原有的资本主义制度和生活方式不变，法律基本不变，继续保持繁荣稳定，各项事业全面发展。

中央拥有对香港特别行政区的全面管治权，既包括中央直接行使的权力，也包括授权香港特别行政区依法实行高度自治。对于香港特别行政区的高度自治权，中央具有监督权力。

（二）经济

1950 年以前香港经济主要以转口贸易为主。香港开始从单纯的转口港转变为工业化城市，实现了香港经济的第一次转型。

20 世纪 80 年代始，内地因素成为推动香港经济发展的最主要的外部因素，香港的制造业大部分转移到内地，各类服务业得到全面高速发展，实现了从制造业转向服务业的第二次经济转型。

香港是一个奉行自由市场的资本主义经济体系，其经济的重点在于政府施行的自由放任政策。美国传统基金会 1995 年起，以及加拿大费沙尔学会 1996 年起发表的自由经济体系报告，一直将香港评定为全球第一位。

🔗 知识链接

香港货币

香港法定货币为香港元，也称"港币"。1 港币等于 100 分，港币的面值分别为 10、20、100、500 和 1000 元（除 10 元外，其他均为纸币）硬币 10、20、50 分为青铜色；1、2、5 元为银色；10 元为镍币。

港元的纸币绝大部分是在香港金融管理局监管下由三家发钞银行发行的。三家发钞行包括汇丰银行、渣打银行和中国银行。另有新款紫色 10 元钞票，由香港金融管理局自行发行、硬币则由金融管理局负责发行。现在香港使用的是 2010 版新港币。

在汇率方面，1 元人民币约等于 1.09 港币（2024 年 3 月）。

四、文化

（一）教育

教育是香港的公共开支中最大的项目之一，预算开支约占经常公共开支总额的五分之一。政府设有学生资助计划，确保学生不会因经济问题而失去受教育的机会。

2007 年 9 月开始，香港推行新的"三三四"学制，即初中三年，高中三年，大学四年，一改以往英式大学学制（三年）的传统而推行大学四年制的制度。

2014 年，香港特区政府教育局表示，愿意配合内地城市政府在当地推行港人子弟学校项目，香港教育局会提供支援，包括为学校教师介绍香港课程及教育局最新制作的课程资源等。

（二）文学艺术

1. 音乐

粤语歌是香港早年普及的大众流行音乐。20 世纪 80 年代不仅是香港粤语流行曲百花齐放的时期，也是香港乐坛的全盛时期。许冠杰、顾嘉辉、黄霑等积极参与歌曲创作，Beyond 的成员黄家驹坚持原创音乐并极力推动本土音乐。但当时的原创歌曲仍不多，绝大部分的粤语流行曲都是由外国创作歌曲配上中文歌词而改编成的。

20 世纪 80 年代，徐小凤、谭咏麟、张国荣、梅艳芳等雄霸香港乐坛。80 年代末 90 年代初，红极一时的歌手还有罗文、王杰、陈百强、叶倩文、林忆莲、陈慧娴、关淑怡和"四大天王"张学友、刘德华、黎明和郭富城等，这些歌手在华语乐坛大放异彩，深深影响了当时中国内地的流行文化。如今，香港新一代的流行歌手也深受广大内地歌迷的喜爱。

2. 电影

香港娱乐业的发达举世闻名。香港娱乐事业大致可分为电影、唱片、电视剧、经理人公司、娱乐刊物等，其中香港电影更是香港娱乐业的代表。

香港电影始于 1913 年的首部香港电影《庄子试妻》。第二次大战后，大批内地电影人才及资金南下，香港先后成立多家电影公司，令粤语片在 1950 年代异常繁荣。在它的鼎盛时期，电影出口曾高居全球第二位，仅次于美国好莱坞，是亚洲的梦工厂，甚至被称作"东方好莱坞"。每年 3 至 4 月间举行的香港国际电影节及香港电影金像奖，是香港电影界每年一度的盛事。

五、民俗风情

（一）饮食

香港素有"美食天堂"的美誉。在特殊的地理环境影响下，香港饮食文化融合了中国文化与西方文化的特点，既有香港本地传统饮食文化的特色，又有中国内地、泰国、印度、韩国等多地特点。香港最具特色的饮食属云吞面，另有独具特色的香港茶餐厅。特色小吃有鱼蛋、牛杂、叮叮糖、糖葱薄饼、炒栗子、龙须糖、鱼蛋粉、煎酿三宝、炸大肠等。

🔗 知识链接

香港人早餐多到茶楼喝茶，吃粤式点心或者到餐室饮"西茶"（奶茶、柠檬茶、咖啡、面包）；午餐一般都吃工作餐；晚餐是正餐，多为传统粤式饮食方式。

香港人宴请客人时，多在晚上 9 点开席。入席一般随意，但客人要在主人说"起筷"时才能开始进食。用餐时，胳膊不能枕桌；不能伸筷子取远处碟子中的菜；不能将碟子拿起来倒菜；喝汤不能出声；用完餐时碗中不能有剩余；上鱼时，鱼头要朝着客人的方向；吃鱼时不能翻转鱼身。

香港人的菜名很讲究，一般都取一些吉祥的名字：酱鸭舌叫"一本盈万利"，松子黄鱼叫"年年庆有余"，蜜汁金华火腿叫"金玉满堂红"，蟹肉西兰花叫"花开添富贵"。另外，对于一些饮食中含有不吉祥字的，要改为吉祥的叫法，如：猪肝叫猪润，因"肝"与"干枯"同音；丝瓜称胜瓜，因"丝"字与"输"字谐音；"舌"叫"利"，因"舌"与"蚀"同音。

（百度百科，2024-3-28 经整理。）

（二）习俗

与香港人见面，首先要电话预约。如果去香港本地人家中做客，一定不要空手去拜访，要准备一些小礼品。在社交场合，与香港人见面或者告别时，通常采用握手的方式。如果香港人把手指弯曲，用几个指尖在桌面上轻轻敲打，是在表示感谢，这是香港人的叩指礼。

在香港称男士为"先生"，女士为"小姐"；称年龄大的男性为"阿伯"或者"阿叔"，年长的女性为"阿婶"；对从事服务行业的男性一般称"伙计"，女性为"小姐"。香港人的家庭住址、年龄、工资收入等属于个人隐私，不要擅自打听。不要对他们说"节日快乐"，因为"快乐"与"快落"谐音，认为是不吉利的。"4"与"死"谐音，香港人一般避免说"4"。香港是一个非常注重社会公德、讲究社会环境的地区，所以不要随地吐痰和乱扔垃圾，否则会受到严厉惩罚。

（三）节日

香港的公众假日融合了东西文化的特色，全年共 17 天，分别是元旦、农历新年、清明节、复活节、劳动节、佛诞（农历四月初八）、端午节、特区成立纪念日（7月1日）、中秋节翌日、国庆节、重阳节、圣诞节。香港长期以来把具有中华文化特色的传统节日列为假日，也深深影响了内地，中国内地于 2009 年起把部分中国特色节日列为国家统一的法定假日。

香港人过春节，大多会去黄大仙庙，插上自己新年第一次供奉的"头炷香"，以祈求新的一年里财源广进，平平安安。舞龙舞狮是香港庆年活动的重头戏。香港人舞狮大多一人舞狮头，一人舞狮尾。春节家中除尘、置办年货、吃团年饭、发红包等仍然是香港人的传统。

六、旅游业概况

香港是全球闻名遐迩的国际大都市，素有东方之珠、购物天堂、动感之都的美誉。

1. 香港岛

香港岛简称港岛，是香港三大区域之一，是香港开埠时最早发展的地区。香港岛是香港的政治和工商业活动中心，其中中环、湾仔、铜锣湾等地最为繁华，有许多大型商场、饭店和小店铺。香港岛的著名景点包括太平山、金紫荆广场、兰桂坊、浅水湾、海洋公园等景点。

（1）太平山

太平山顶俗称山顶，位于香港岛西北部，海拔 554 米，是港岛最高的山峰，也是香港的地标之一。（图 7-1）

游览太平山，可以乘车从公路盘旋而上太平山顶，也可以选择登山缆车，山顶缆车是 1888 年 5 月开始运营，是全亚洲最早的缆车索道系统，全长 1350 米，中途共设 5 个停车站，沿途可欣赏美丽的风景。

夜色下，站在太平山上放眼四望，港岛和九龙宛如镶嵌在维多利亚港湾的两颗明珠，

图 7-1　太平山

互相辉映。香港的心脏中环地区，更是高楼林立，显示着香港的繁华兴旺。太平山也因此成为观赏香港这颗"东方之珠"美妙夜景的最佳去处。

太平山以其得天独厚的地理环境和人文景观，成为人们到香港的必游之景点。

（2）浅水湾

香港岛南部海岸线蜿蜒曲折，自然拥有很多美丽的海滩。浅水湾位于港岛南部，是香港最具代表性的泳滩，号称"天下第一湾"。这里水清沙细，坡缓滩长，波平浪静，冬暖夏凉。夏天，沙滩上人山人海，简直是一个色彩斑斓的世界。即使是冬天，人们也忍不住穿着泳衣来沙滩玩耍。（图 7-2）

图 7-2　浅水湾

浅水湾东端的林荫下，是富有宗教色彩的镇海楼公园。面海矗立着两尊巨大塑像"天后娘娘"和"观音菩萨"，其旁则放置海龙王、河伯和福禄寿等吉祥人物塑像，栩栩如生。附近建有七色慈航灯塔，气势雄伟，吸引着众多游客在此留影。浅水湾的秀丽景色，使它成为港岛著名的高尚住宅区之一，区内遍布豪华住宅。这些依山傍水的建筑，构成了浅水湾独特的景区，令人流连忘返。

（3）海洋公园

香港海洋公园是东南亚最大的海洋主题休闲中心，位于香港岛南区黄竹坑，占地215亩，是一座集海陆动物、机动游戏和大型表演于一身的世界级主题公园，为全球最受欢迎、入场人次最多的主题公园之一。公园依山而建，分为"高峰乐园"及"海滨乐园"两大主要景区，以登山缆车和海洋列车连接。这里拥有东南亚最大的海洋水族馆及主题游乐园，还有趣味十足的露天游乐场和高耸入云的海洋摩天塔，更有惊险刺激的越矿飞车、极速之旅，科普、观光、娱乐完美组合，一定让你不虚此行。（图7-3）

图7-3　海洋公园

2. 九龙半岛

九龙与一海之隔的港岛一样，是组成香港繁盛的市区中，不可或缺的一部分。其东南西三面被维多利亚港包围，也是香港非常繁忙的地区，其中，以尖沙咀、油麻地及旺角（简称油尖旺）最具吸引力，这些地区购物、饮食、娱乐与文化应有尽有，与港岛基本一致。著名的商业中心有尖沙咀中心、帝国中心、好时中心、南洋中心等。

（1）尖沙咀

尖沙咀亦作尖沙嘴，古称尖沙头，旧名香埗头。属九龙油尖旺区的一部分，位于九龙半岛的南端。是香港九龙主要的游客区和购物区。这里有多个博物馆和文娱中心，饮食业和酒吧等也相当蓬勃，可以欣赏多样的异国文化。这里有香港最大的清真寺，有南亚裔及非洲裔人士聚居的重庆大厦和韩国街，有特色公园——九步公园。

（2）牛棚艺术村

牛棚艺术村位于香港九龙马头角道63号，毗邻十三街旧楼群，牛棚艺术村是出租供艺术工作室的一个场地。艺术村所在地的前身是牛只的中央屠宰中心，建于1908年，于1999年8月停业，改建并分拆成多个单位租给本地艺术创作家做工作室，慢慢演变成牛棚艺术村。牛棚艺术村占地1.7公顷，为铺瓦尖顶的红砖单层平房建筑。

目前，共有二十多个艺术工作者和艺术团体驻场，其中包括"进念二十面体""艺术公社""牛棚书院""1A空间""CUTANDTRY""蛙王"等，大都公开让市民参观欣赏。（图7-4）

图 7-4　牛棚艺术村

（3）星光大道

星光大道是香港尖沙咀海岸的一段海滨长廊，位于梳士巴利花园南端至新世界中心之间。香港星光大道整体仿照好莱坞星光大道建设而成，是为了表彰香港电影界的杰出人士而修建的。星光大道地面装嵌了 73 名电影名人的牌匾，其中 30 多块有名人的大手印。大道入口处亦设有金像奖铜像及一个供表演活动的小舞台。大道沿途有小食亭、纪念品小卖亭、一些与电影相关的雕塑和休憩座椅。在星光大道漫步，游客可以从容地欣赏香港著名的维多利亚港景色、香港岛沿岸特色建筑物以及香港崭新的多媒体灯光音乐。

3. 新界与离岛

新界，是中国香港面积最大的部分。新界丘陵起伏，是全区地势最高的地方，海拔957 米的大帽山为最高峰。其最大岛屿大屿山位于香港西南面，珠江口外，是香港境内最大的岛屿，其面积比香港岛大近一倍，是香港著名的旅游地。其主要旅游景点有宝莲寺、大澳、青马大桥、天坛大佛等。

（1）天坛大佛

天坛大佛（图 7-5）坐落于大屿山宝莲寺，是全球最大的室外青铜佛像，因其佛像的莲花宝座是仿北京天坛设计，所以称为"天坛大佛"。天坛大佛建造工程历时 12 年，占地约 6567 平方米。天坛大佛主要由底座和佛像两部分组成，总高度 34 米，如图 7-5 所示。佛像底座设有 3 层，其正中放置有一口大铜钟，重达 6 吨，铜钟外刻有佛像、手印、经文等，每隔 7 分钟会敲打一次，共 108 次，象征解除人们的108 种烦恼。天坛大佛底座的 3 楼供奉有佛祖舍利。

天坛大佛佛像以青铜铸造，佛头用黄金贴面，佛身是由200 余片青铜打造，整座大佛造型集云冈、龙门佛像和唐代雕塑技术之精华于一体，庄重慈祥。

图 7-5　天坛大佛

（2）迪士尼乐园

香港迪士尼乐园是全球第五个迪士尼乐园，首个根据加州迪士尼（包括睡公主城堡）为蓝本的主题乐园、是中国较早的迪士尼主题乐园，园内有美国小镇大街、探险世界、幻想世界、明日世界、反斗骑兵大本营、灰熊山谷、迷离庄园等七大主题园区和两大主题酒店，另有多家风格迥异的特色餐厅。园内游玩项目大多温和不刺激，每天还有多轮精彩的表演及互动活动呈现，还原了儿童一个童真、梦幻的世界。香港迪士尼乐园还配合香港的文化特色，构思一些专为香港而设的游乐设施、娱乐表演及巡游。在乐园内还可寻得迪士尼的卡通人物米奇老鼠、小熊维尼、花木兰、灰姑娘、睡美人公主等。（图7-6）

图7-6　香港迪士尼乐园

4. 维多利亚港

维多利亚港简称维港，是位于香港岛和九龙半岛之间的海港，世界三大天然良港之一。维多利亚港一直影响着香港的历史和文化，主导中国香港的经济和旅游业发展，是中国香港成为国际化大都市的关键之一。

维多利亚港蓝天白云碧水，小船和万吨巨轮进出海港，互不干扰，到了夜晚便灯火璀璨，"东方之珠"的壮丽夜景。香港有多种海上观光船，其中天星小轮最受欢迎。天星小轮主要往来中环、湾仔及尖沙咀等市区旅游点，曾被美国《国家地理》杂志列为"人生50个必到的景点"之一。（图7-7）

图7-7　维多利亚港

位于香港岛太平山与歌赋山之间的炉峰峡上的凌霄阁，是香港一个极富特色的休闲娱乐好去处。在这座由英国设计师设计的碗形建筑内，顶层是海拔 428 米高的"凌霄阁摩天台"，是香港观赏维多利亚港的最佳位置，你可以在这里俯瞰整个维港的日夜。

第二节　澳门

一、地理概况

澳门与香港、广东鼎足分立于珠江三角洲的外缘。东与香港相望，西与湾仔镇一衣带水，北与珠海经济特区的拱北相连。如此优越的地理位置，对它本身及其邻近地区的经济发展都起着重要的作用。澳门的人口呈过密状态，虽然资源匮乏，但文化的交融和共存使澳门成为一个独特的旅游城市。走在澳门街上，你既能欣赏古色古香的传统庙宇，又可以瞻仰庄严肃穆的天主教堂，还有众多的历史文化遗产和优美的海滨胜景，足够让你爱上这座"海上花园"。

(一) 自然地理

澳门地区由澳门半岛和氹仔、路环两个离岛组成，地势不高，但丘陵、台地广布。路环岛地势最高，是一个由花岗岩组成的山体。澳门半岛原来是一个独立的海岛，后来因为西江上游带来的泥沙冲积成一道沙堤，使这个小岛与大陆连接聚居地。

澳门纬度较低，属热带季风气候，光热充足，温暖湿润，夏长冬短，雨量充沛，台风、暴雨多。7 月份是其最热的月份，年最高温度为 38.9℃，最低温度是−1.8℃。澳门特别行政区土地资源不足，为了增加陆地面积，从 20 世纪 60 年代到现在，澳门共进行了4 次填海造地工程，其中澳门新城区、澳门旅游塔一带、氹仔的马场和澳门国际机场地区，都是通过在氹仔削山填海而来。现在填海造地工程还在继续。澳门虽然地域小，淡水资源匮乏，但是动植物资源很有特色，榕树、桉树等就是典型的热带植物；这里还有不少药用植物。澳门的蝴蝶品种也不少，有近百种。这里的浅海渔业资源更是丰富，有 150 种以上有商业价值的海水鱼虾、海贝。

澳门不但土地资源稀缺，矿产资源也非常稀缺，整个行政区除了花岗岩石料以外，没有发现其他矿产资源。澳门著名的建筑妈祖阁，整体建筑主要就是由花岗石及砖头砌筑而成，其中花岗石作主导。

(二) 人文地理

1. 人口与民族

2023 年全年人口统计显示，2023 年澳门总人口为 68.37 万人，20.37 万户。汉族居民占全区总人口的 97.1%，葡萄牙籍（包括土生葡人）和菲律宾籍及其他居民占 2.9%，澳门华人大部分原籍广东珠江三角洲。

2. 语言与宗教

中文和葡文是现行官方用语。居民日常沟通普遍使用粤语，但许多居民也能听懂普通话。英语在澳门也很通行，可在众多场合应用。

澳门是一个崇尚宗教信仰自由的地区。这里不但有信仰宗教的自由，而且有公开传播宗教的自由。所以澳门信教的人特别多，各种宗教的信徒竟占了澳门总人口的 86.13%。现在澳门居民所信仰的宗教有佛教、道教、天主教、基督教新教、伊斯兰教、巴哈伊教、琐罗亚斯德教、摩门教和基士拿教等。虽然名目繁多，但以佛教、天主教、基督教新教为最盛。

🔗 知识链接

澳门民间最原始的传统信仰，主要是对海神的崇拜，妈祖只是他们所崇拜的海神之一。1977 年，考古学家在澳门路环的黑沙海滩发掘出一件彩绘浪花圆足盘，盘足上有 11 个小孔，下面刻有连续斜向浪花纹，涂有红彩，是澳门最为珍贵的出土文物。这件彩绘圆足盘，可能是一种祭祀用的礼器，上面的刻画符号可能象征了史前住在路环岛黑沙的居民对大海之神的崇祀。此外，在路环岛黑沙海滩的南面，还有一处岩画，上面有龙或龙爪形的图案，因此当地的人世代都把这里叫作龙爪角。中国人向来对龙的信仰是十分重视的，龙的信仰和中国南方特别是广东沿海一带的居民关系也非常密切。这种龙形石刻也反映了澳门先民的精神生活。

（资料来源：炎黄风俗网——传统文化 2024-3-28 经整理。）

二、简史

澳门自古就是中国的领土，秦初时期属于南海部和百越地。自南宋开始，澳门属广州香山县。据史料记载，宋末名将张世杰曾率领军队在此一带驻扎。早期在澳门定居的人在此形成小村落，依靠捕鱼和务农种植为生。

自 1553 年开始，有葡萄牙人在澳门居住。1557 年，大批葡萄牙人进入澳门，并开始在澳门长期居留。1573 年，居澳葡人开始向中国政府缴交地租，每年 500 两白银。鸦片战争后，葡萄牙人乘清政府战败之机，推行扩张政策，经过 30 多年的蚕食，先占领了关闸以南的澳门半岛，后又相继占领氹仔岛和路环岛。1887 年，葡萄牙政府迫使清政府先后签订了《中葡会议条约》和《中葡和好通商条约》，规定"葡国永驻管理澳门以及属澳之地与葡区治理他处无异"。中国人民从来不承认上述不平等条约，中葡亦一直未勘定澳门界址。

1972 年 3 月 8 日，中国常驻联合国代表在致联合国非殖民地化委员会主席的信中指出："香港和澳门是被英国和葡萄牙当局占领的中国领土，解决香港、澳门问题完全是属于中国主权范围内的问题，根本不属于通常的所谓'殖民地'范畴。"1974 年 4 月，葡萄牙国内革命成功，承认澳门不是殖民地，而是中国领土。

1979 年 2 月 8 日，中葡正式建立外交关系。双方达成的协议指出：澳门是中国的领土，目前由葡萄牙政府管理，归还的时间和细节，将在适当的时候由两国政府谈判解决。

1987 年 4 月 13 日，中葡两国政府总理代表两国在北京正式签署《中华人民共和国政府和葡萄牙共和国政府关于澳门问题的联合声明》及两个附件。《联合声明》指出，中华人民共和国政府于 1999 年 12 月 20 日对澳门恢复行使主权。

三、政治、经济

（一）政治

自 1999 年 12 月 20 日起，中华人民共和国对澳门恢复行使主权，澳门特区实行高度自治，享有行政管理权、立法权、独立的司法权和终审权。澳门特区保持自由港、单独的关税地区地位，资金进出自由和金融市场与各种金融机构经营自由，并可在经济、贸易、金融、航运、通信、旅游、文化、体育等领域，以中国澳门的名义单独与世界各国、各地区及有关国际组织保持和发展关系，签订和履行有关协议。但高度自治不等于完全自治，为维护国家的统一，维护国家主权和领土完整，中央人民政府保留必要的权限。例如，与澳门特区有关的外交事务和防务，由中央人民政府负责管理。

（二）经济

澳门是中国人均 GDP 最高的城市，主要以第二产业和第三产业为主。澳门经济规模不大，但外向度高，是中国两个国际贸易自由港之一，货物、资金、外汇、人员进出自由，亦是区内税率最低的地区之一，具有单独关税区地位。

制造业在澳门历史悠久，早期以爆竹及神香为主，澳门制造业主力的纺织制衣业始于 20 世纪 60 年代，70 年代至 80 年代进入黄金时期，除纺织制衣业之外，玩具、电子和人造丝花等工业亦蓬勃发展。90 年代，随着环球制造业供应链的转变，以及区域内生产成本的差异，自 90 年代起澳门经济发展向服务业转型。

澳门服务业主要由博彩业、旅游酒店业、饮食业、批发及零售业、金融业、运输及仓储业等组成。在澳门产业结构中，服务业占本地生产总值的 85%。其中，博彩旅游业是龙头产业，占澳门名义 GDP 的 45% 以上，博彩旅游业及相关行业的雇员占劳动人口的 35% 以上，在澳门经济发展中具有举足轻重的作用。

🔗 知识链接

澳门货币称澳门币或者澳门元，常用缩写"MOPS"表示，但正确缩写写法是"ps"。首批澳门元于 1905 年发行。1 澳门元等于 100 分。

澳门现在流通的货币是 1999 年发行的，纸币面值种类有 1000 元、500 元、100 元、50 元、20 元、10 元，铸币面值种类有 10 元、5 元、2 元、1 元、50 分、20 分、10 分、5 分。目前，澳元纸币由澳门金融管理局授权大西洋银行与中国银行澳门分行发行，硬币则由澳门金融管理局负责发行。

在汇率方面，1 元人民币约等于 1.12 澳门元（2024 年 3 月）

四、文化教育

（一）教育

早期的澳门人以捕鱼为业，并不重视教育。1535 年，随着外国传教士的到来，当地的文化教育才开始发展。近 400 年来，澳门以葡萄牙语和汉语为中心，形成了两大类学校：一类是以葡萄牙语为葡萄牙人子女提供教育的学校，由教会或者社区团体举办；另一类是以中文或英文授课的私立学校，由华人社会举办。

目前，澳门尚未有完全统一的教育制度。因此，学校按其需要和目标采取不同的教育制度，通常都是英式（与香港教育衔接）、葡式以及中国等三种教育制度之中取其一。澳门特区政府对纳入公共教育网的学校实行 15 年免费教育，并对非入网学校提供资助。

澳门的现代高等教育发展只有 30 多年，高等教育发展非常迅速。截至 2017 年，澳门共有院校 12 所，其中，公立高校 4 所，私立高校 6 所，私立研究机构 2 个。澳门的高等教育一般从 9 月至翌年 7 月为一学年，分为上学期（9 月至翌年 1 月）、下学期（2 月至 7 月）两个学期，8 月为暑假，但部分研究生的入学时间不受学期限制。

（二）科学技术

澳门自 1535 年开埠以来已有 400 多年的历史。长期以来，由于经济的落后，现代科技的发展一片空白。到 20 世纪七八十年代，随着经济的起飞，政府和民间力量共同兴办教育和科技，澳门在这些领域发展的局面逐渐打开。1988 年，"澳门基金会"收购了东亚大学并于次年设立科技学院，开始培养本地高级科技人才。从 90 年代起，政府正式成立"科学技术暨革新委员会"，使科技事业进入了有组织、有领导、有社会各方面关心支持并参与的发展新阶段。澳门今天的科学技术，首先是为市政建设、环境保护和居民日常生活现代化服务的。

（三）文学艺术

澳门文学艺术的发展比较缓慢，长期被人称为"文化沙漠"。80 年代后，随着澳门经济的起飞，澳门文学也得到进一步发展，各种刊物、杂志和专著如雨后春笋，出现了兴旺的景象。除了 50 年代后创刊的《新园地》《学联报》《红豆》等刊物外，《澳门日报》《华侨报》还开设了文学专刊，特别是《澳门日报》的《艺海》《新园地》等专刊，发现了大批文学新人。澳门还出版了很多诗集、散文集，《澳门笔汇》《澳门现代诗刊》《澳门写作学刊》《濠镜》《语丛》等较有水平的文学刊物也相继问世。

澳门的美术事业近 10 年来也开始蓬勃发展，大批内地画家涌入澳门，使澳门画坛呈现出一片活跃的景象。各种美术团体纷纷涌现，艺术交流活动十分频繁。澳门现有美术团体 13 个，每年举办的画展有全澳美术作品展览、全澳书画联展、全澳学生绘画比赛。

澳门现有音乐团体 15 个，澳门每年有 2 个乐季，每季举行 5 次音乐会，内容以古典音乐为主。澳门的音乐比赛主要有：校际歌咏比赛、澳门广播电视歌唱大赛、澳门业余歌唱大赛等；音乐节有澳门青年音乐节、爵士音乐节、澳门国际音乐节等，其中澳门国际音乐节是澳门最重要的国际性文化活动。每月都有中国大陆或外国音乐家来澳演出，澳门的音乐团体每年也举行音乐会。

澳门共有7家电影院，总座位8000个。80年代，澳门第一家电影公司——蔡氏兄弟（澳门）影业公司成立，先后拍摄了《夜盗珍妃墓》《大辫子的诱惑》等影片。

澳门从1989年开始每年举办一届"澳门艺术节"，邀请世界各国的文化团体到澳门演出。每两年还举办一次国际青年舞蹈节。

五、民俗风情

澳门人爽快热情、开朗真诚，说话干脆，善于结交朋友，喜欢相聚。对吉祥话、吉祥物和吉祥数字较为偏爱，如"恭喜发财""鱼""8""6"等。澳门人不习惯在家中招待客人。开张庆典要舞狮耍龙，摆放供台，点香祈求保佑。新船下海，要燃放鞭炮，求助平安。生儿育女要设汤饼宴，分送姜醋与邻里或亲友品尝，外省人则分送红鸡蛋。

1. 饮食文化

澳门饮食文化综合了各地的特点，中国菜、日本菜、韩国菜和泰国菜等种类繁多，最具吸引力的属葡国菜。澳门饮食特产有玛嘉烈葡挞、潘荣记金钱饼、黄枝记粥面等；达仔则以海鲜和传统小吃最具代表性；路环有黑沙滩烧烤。

2. 民间艺术

神功戏是中国传统祭神习俗，每逢神祇诞辰时候开演，常在庙前搭建大型竹棚表演神功戏。农历三月廿三是传统的妈祖诞，又称天后诞和娘妈诞，澳门通常会在妈阁庙前演出神功戏。神功戏开锣仪式时常有金龙、醒狮表演，祈福仪式等。

3. 地方特产

澳门特色商品种类繁多，主要有奢侈品、奢华珠宝、伴手礼、护肤品、葡萄酒等。常见的特产有杏仁饼、老婆饼、蛋卷、肉干等。

4. 节日

澳门96%的居民是中国人，中国文化在澳门得以弘扬光大，尤以民间节日文化最为丰富，保持了独特的传统色彩，而且有的节日活动具有国际性。澳门属于民俗的节日有元旦、春节、清明节、端午节、中秋节、重阳节等。在这些节日里，还要举行各种各样的庆贺活动，如清明节踏青、扫墓，重阳节祭祖，端午节吃粽子、划龙船，中秋节吃月饼、摆花灯，春节行花市、派利是等。

属于宗教的节日有复活节、追思节、圣母无原罪瞻礼日、圣诞节等。此外，市政假期有2日，公务员还有2日特别豁免上班的假期。

六、旅游业概况

(一) 旅游业发展情况

澳门的旅游业从20世纪60年代开始全面兴起，发展到现在已经成了澳门的支柱产业，也是澳门特区政府财政收入的主要来源，在澳门经济中有着举足轻重的地位。

澳门发达的博彩业是吸引大批游客来澳的重要原因。澳门号称世界三大赌城之一，被称为"东方蒙地卡罗"。来澳的游客有八九成是为"博彩"而来，博彩旅游与观光旅游的比例为 7∶3，可以说赌博带动了澳门的旅游业，使澳门成为一个多姿多彩的旅游胜地。澳门旅游博彩业是以博彩业和旅游业为主体，以酒店业、饮食业、珠宝金饰业、古玩业及舞厅、浴室、桌球室、电子游戏场所等为辅。

另外，澳门是自由港，大多数进口物品可获免税，价格低廉，是游客的购物天堂，港澳之间每天有水翼船和直升机往来，交通便利，借助发达的香港旅游业，也为澳门招来大批游客。同时，澳门还具有独特的地理位置，它地处珠江三角洲南缘，距香港仅 60 海里，离东南亚各国及日本也都不太远。

近年来，澳门特区政府加快调整产业结构，着重发展旅游业和服务业。为了进一步促进澳门旅游业的发展，澳门兴建了新的旅游景点和文化设施。主要旅游景点有大三巴、妈阁庙、金莲花广场、澳督府、大炮台、东望洋山等。

（二）著名景点

1. 金莲花广场

金莲花广场（图 7-8）位于澳门新口岸高美士街、毕仕达大马路和友谊大马路之间。广场中间的"盛世莲花"雕塑的主体部分是由青铜铸造的，由花茎、花瓣和花蕊构成，栩栩如生。这座金莲花雕塑是有特殊寓意的，它是中央人民政府在 1999 年 12 月澳门回归时送给澳门特别行政区的，祝愿澳门经济永远腾飞。每当著名节日时，澳门特区政府会盛装打扮这朵美丽的金莲花。在特别的日子里，澳门人民会在金莲花广场举行升旗仪式。现在金莲花广场已成为澳门的一个著名地标及旅游景点。

图 7-8　金莲花广场

2. 澳督府

澳督府（图 7-9）位于澳门特别行政区南湾马路上，在历史上曾是澳门的政治中心。它建于 19 世纪中叶，是一栋南欧风格的两层楼房，以麻石为墙基，结构牢固，左右两翼伸出，拱形窗门，镶嵌木质百叶窗，花园在建筑物后面及右侧。整个澳督府富有南欧情调，是澳门的又一特色建筑物。每年 6 月的第一个星期天对外开放。

图 7-9　澳督府

3. 大炮台

大炮台位于澳门半岛中央柿山（又名炮台山）之巅，原为圣保罗教堂的祀天祭台，又名圣保罗炮台、中央炮台或大三巴炮台。昔日曾是军事防御设施的重心，现为澳门历史城区一部分，为澳门的旅游景点之一。大炮台毗邻澳门中区繁荣地段，城市与历史文化遗产近在咫尺，一年一度的音乐盛事澳门国际音乐节也多次选择在大炮台举行。

4. 东望洋山

澳门半岛东北部的东望洋山，海拔 90 多米，在高山家族中，实在是小矮个儿，然而在澳门半岛却是"最高峰"了。山上有一座高十几米的灯塔，叫东望洋山灯塔，它伫立在这儿已超过 140 年，于 1992 年被评为"澳门八景"之一。

在东望洋山的山顶，还有数座炮台堡垒和防空洞。防空洞由四组隧道组成，是从前的军事禁区。洞内有发电机、休息室及贮油池，还有登上灯塔炮台的升降机等。可以领略到真实的防空洞。

5. 大三巴牌坊

在澳门，有一个不太出奇却十分著名的地方，那就是大三巴牌坊（图 7-10），它可是最具代表性的"澳门八景"之一，是圣保罗教堂的前壁遗迹。可惜那幢曾经十分辉煌的建筑被一场大火烧毁。大火后，只剩下光秃秃的教堂前壁，活像中国传统的牌坊，所以叫"大三巴牌坊"。大三巴牌坊虽然是烧毁后的遗迹，不过上面的雕像形态各异、活灵活现。

图 7-10　大三巴牌坊

6. 妈阁庙

在澳门有一座传奇的庙宇——妈阁庙，很受大家欢迎，每年农历除夕、三月二十三日妈祖生辰、九月九日重九节，这里人山人海，热闹非凡。

第三节　台湾

一、地理概况

台湾简称台，省会台北，由台湾岛、澎湖列岛、钓鱼岛、赤尾屿等海岛组成，是中国的第一大岛。台湾位于中国的东南沿海，北临东海，东临太平洋，南临南海，西隔台湾海峡与福建省相望。(图7-11)

图7-11　台湾

(一) 自然地理

台湾地形中间高四周低，山多平原少，山高台水急，河川与山脉形成横谷，多峡谷。台湾有5种地形：平原、台原、山地、盆地及丘陵。其中高山和丘陵面积占了全岛总面积的2/3，东部和中部大部分地区是高山和丘陵。台湾岛位于环太平洋火山地震带上，有许多容易引发地震的地体断层，是中国地震最频繁的地区之一，1914年至2014年一百年间中国共发生的3888起5级及以上地震就有35.9%发生在台湾。

北回归线穿过台湾岛中部，其北部属亚热带季风气候，南部属热带季风气候，年均气温比香港、澳门低得多。台湾虽然纬度不高，可是与香港、澳门相比，河网密布，河谷深邃，加上山地、丘陵众多，境内有高海拔山峰玉山，海拔3952米，冬天还有积雪，气温很低。

台湾是一个各方面都很富有的"宝岛"，它的地质构造复杂，矿藏极其丰富，硫黄、金、铜、天然气和煤是台湾主要的矿产资源，其生物资源种类繁多，森林面积占全岛1/2以上，被称为"绿色宝岛"。岛上有很多世界濒危物种，植物有台湾杉、铁杉；动物有台湾猕猴等。另有消暑佳果莲雾广为种植。台湾降水丰沛，但分布不均。春天有梅雨季，夏秋时午后常有雷阵雨，冬天的台湾北部也有丰沛的雨量，但台湾河川短小流急，许多降水很快流入海洋。且因气候有时不规律，梅雨季时有时无，因此干季末期处于东北季风背风坡的中南部地区时常面临着缺水的问题。

（二）人文地理

1. 人口与民族

自古以来台湾就是中国的神圣领土。从三国时期开始，中国人民便逐渐开拓、经营台湾的领土，到 1885 年正式成立台湾省。台湾是一个多民族省份，汉族约占总人口的 98%。在汉族人口中，主要有闽南人和客家人两大分支。闽南人原籍以福建泉州和漳州人最多，客家人原籍以广东的梅州和潮州人最多。高山族是台湾省最主要的少数民族，约占人口的 2%，是台湾最早的居民。

2. 语言与宗教

现代标准汉语（汉语普通话）和繁体字是台湾地区法律公文、学校教学、主要媒体通用的语言文字，英语在商务中占据重要地位，粤语、闽南语也是十分重要的方言。

台湾是一个宗教信仰多元化的地区，近八成的民众拥有宗教信仰，逾五成民众经常参加各类型的宗教仪式与庆典。佛教、道教在台湾极为盛行且经历长期发展，是台湾信仰人数最多和第二多的宗教。西方常见的基督教、天主教、伊斯兰教等宗教在台湾也拥有不少信众。台湾高山族传统信仰相信万物有灵，包含自然崇拜及祖灵崇拜。高山族人民认为天地世间的万物、自然现象和祖先都有神灵的存在。

二、简史

台湾自古就是中国领土。中国从三国时期开始开疆拓土、经营台湾，到光绪十一年正式建立行省。此时台湾与福建、广东的来往十分密切，中华文化更加全面地传入台湾。

1894 年日本发动甲午战争，中国清政府战败，日本强迫清政府签订丧权辱国的《马关条约》，把台湾割让给了日本。从此，台湾沦为日本的殖民地达 50 年之久。

1945 年 8 月 15 日，日本无条件投降。同年 10 月 25 日，中华民国政府在台北举行台湾省日军受降仪式。台湾省行政长官代表中国政府正式宣告：自即日起，台湾及澎湖列岛所属的一切土地、人民、政事皆置于中国主权之下。

三、经济

台湾是亚洲四小龙之一，对外贸易对台湾经济的发展举足轻重。台湾当局对投资和对外贸易的参与正逐渐减少。截至 2020 年，中国大陆是台湾最大的贸易伙伴和贸易顺差来源地。2020 年，台湾地区完成的名义 GDP 约为 19.76 万亿新台币，剔除物价变动因素后实际增长 2.98%。按全年新台币与美元、人民币的平均汇率折算约为 6648 亿美元，约为 45855.24 亿元人民币，位列中国各省、自治区、直辖市第七名。

🔗 **知识链接**

目前，台湾使用的是新台币，从 1949 年 6 月 15 日开始发行流通，简称为"NT5""NTD"。旧台币已在 50 年代停用。新台币基本单位为"圆"。1 圆等于 10 角等于 100 分。

新台币发行硬币单位包括：5 角、1 圆、5 圆、10 圆、20 圆及 50 圆；而纸钞单位则有：100 圆，200 圆、500 圆，1000 圆与 2000 圆。5 角硬币的发行量少，实际上也较少使用，所以通常现金交易都是以 1 圆作为最小单位。

在汇率方面，1 元人民币约等于 4.43 台币（2024 年 3 月）。

四、文化

（一）教育

台湾现行教育体系由学前教育、学校教育和社会教育三大部分组成。

学前教育：主要与家庭教育相配合，采取自由入园方式，对适龄儿童进行 1 至 2 年的健康教育、生活教育及伦理教育。

学校教育：学校教育由义务教育、中等教育和高等教育三个阶段组成。义务教育包括小学和初中，中等教育包括高级中学、高级职业学校、综合高中和完全中学四类，高等教育包括专科学校、独立学院、大学和研究机构。

社会教育：社会教育涉及范围甚广，包括补习及进修教育、成人教育及博物馆、图书馆、科学馆、文化中心、艺术馆等机构推行的社会教育等。

（二）文学艺术

1. 文学

以诗词古文为主的台湾传统文学源远流长，从明郑一直都有延续发展。明郑时期沈光文的文集、郑经的《东壁楼集》甚为有名，东吟诗社创立开台湾诗社之先河。清初郁永河的《裨海纪游》、黄叔璥《台海使槎录》被叶石涛称为"台湾传统散文的双璧"。

2. 音乐

早期台湾歌曲受到日本歌演的影响，江湖味比较重。1949 年以后闽南语歌曲、国语流行歌曲开始兴起；美式流行文化及摇滚音乐也开始风靡台湾。

20 世纪 70 年代中期，受保钓运动影响的知识青年开始关心本土文化及家国命运，开始了民歌运动，清新的校园民谣风行，同时闽南语流行乐坛，秀场文化盛行，如《外婆的澎湖湾》《龙的传人》都是这一时期的作品。

80 年代随着台湾社会剧烈变化，带着爆发力的音乐作品出现。这时期讲究字正腔圆的汉语老歌风靡亚洲，代表人物有邓丽君和费玉清。受西方摇滚音乐的影响，民歌时期后罗大佑、苏芮等将社会百态写成歌曲如《鹿港小镇》《一样的月光》等，同时李宗盛创作的情歌也广受欢迎。

90 年代后，思想解放给音乐人带来更大的创意空间，台湾歌曲风格向多元活泼化发展。台湾成为华语流行音乐的重要发展地，代表歌手及乐团有周杰伦、张惠妹、五月天等，也吸引其他地区的华人歌手来台发展，代表歌手有林俊杰、陶喆等。近几年台湾已经成为世界华语流行音乐的输出地。

3. 电影

战后台湾电影界在当局扶持下拍摄大量汉语剧情片。以民间故事为题材的台湾电影也悄然兴起。台湾第一部汉语影片是 1949 年的《阿里山风云》，主题曲《高山青》传唱至今。

20 世纪 60 年代健康写实电影成为主流。同时香港电影在台广受欢迎，影响到台湾电影的制作路线，爱情片、武侠片和功夫片成为主流。1962 年华语影坛历史最悠久的电影奖项"台湾电影金马奖"创立。

70 年代末以翻拍作家琼瑶的小说为主的爱情片掀起一阵潮流。

80 年代起一批年轻导演如侯孝贤、杨德昌等人拍了一系列取材于本地、社会现实意味较浓厚的电影作品，如《恋恋风尘》《恐怖分子》等影片开启了"台湾新电影"风潮，1989 年侯孝贤的电影《悲情城市》突破禁忌一刀未减在台上映达到最高潮。

90 年代好莱坞电影大举入侵台湾市场，台湾电影低迷了一段很长的时间，一直到 2008 年的《海角七号》创下超过 5 亿元新台币的空前票房后，又带动新的一波本土电影热潮。

五、民俗风情

台湾民俗堪称中国民俗文化的缩影，台湾少数民族各族群融合了明清时期移居的闽粤移民和二战后来台的外省人的民俗。春节、端午节、中秋节是台湾的三大节日，每逢传统节日，民间也有与大陆相同或类似的庆祝礼俗。

1. 饮食

台湾饮食文化融合各地美食风格，主要由台湾本地高山族饮食文化、闽客饮食文化、宗教信仰的饮食文化等组成，台湾菜有海鲜丰富、酱菜入菜、节令食补等特色，倾向自然原味，调味不求繁复，风格鲜香、清淡。传统名菜主要有菜脯蛋、三杯鸡、花生猪脚等，代表性的特色饮食有蚵仔煎、虱目鱼肚粥、大饼包小饼、万峦猪脚、大肠蚵仔面线、甜不辣等。

以福建闽南饮食文化为主，台湾饮食文化中有著名的"小吃"文化，各式风味小吃云集的夜市是台湾人民生活文化的代表之一，常见的小吃有甜不辣、虾仔煎、炸鸡排、盐酥鸡等，凤梨酥、牛轧糖是台湾的烘焙美食，是知名的伴手礼。

2. 民间艺术

台湾民间艺术丰富无比，保有中国几千年来一脉相承的传统风格，有皮影、陶艺、织布、藤编、传统纸扇、传统灯笼、刺绣、木雕、神像雕刻、传统彩绘、石雕等。

台湾皮影戏又称"皮猴戏"，是我国古老的传统民间戏曲，起源于广东潮州，角色分为生、旦、净、末、丑五大类。台湾皮影戏内容多选自我国传统故事和民间传说，唱腔以潮调为主，其剧目主要分为文戏和武戏两种类型，典型代表剧目有《哪吒闹海》《火焰山》《郑三宝下西洋》等。

3. 地方特产

茶是台湾民众的传统饮品。台湾全境皆产茶，名茶有冻顶乌龙茶、文山包种茶、东方美人茶和铁观音等。最具代表性的属阿里高山茶。高山茶有茶叶柔软、叶肉厚、色泽翠绿鲜活、滋味甘醇、香气淡郁、耐冲泡等特点。

六、旅游业概况

（一）旅游业发展情况

台湾从 20 世纪 50 年代开始发展旅游业，在大中华地区算是最早有计划地发展旅游的区域，台湾旅游业从无到有，从弱到强，走出了一条台岛自身发展旅游的特色之路。

20 世纪六七十年代，台湾旅游业作为"民间外交"的手段，其政治属性表现得十分明显，此时的旅游业主要以接待海外游客来台旅游为主。80 年代台湾当局早已认识到旅游业将成为台湾经济的主要增长源，因此在 1979 年台湾当局有条件地开放台湾居民出岛旅游，1981 年首次把旅游业列入九项"施政重点"，1987 年有条件开放台湾居民赴大陆探亲，台湾旅游业才开始进入较快发展的步伐。

进入 20 世纪，台湾当局才再次把目光转移到旅游业上来。2004 年颁布《服务业发展纲领及行动方案》。2008 年，马英九上台执政，出台了一系列改善两岸关系、发展经济的措施。在其"在九二共识基础上恢复两岸协商"等执政理念的指导下，逐步开放大陆居民赴台观光，帮助台湾"扩大内需"，帮助台湾经济发展提速。2011 年又放开了大陆居民赴台自由行，由此带动了大陆赴台旅游的高潮，台湾旅游业由此进入一个新拐点。

（二）著名旅游城市和景点

1. 台北

（1）台北故宫博物院

台北故宫博物院，又名中山博物院，落座于台北市士林区至善路二段、外双溪地区，于 1965 年 10 月 25 日兴建完工，占地总面积达 16 公顷，风格为中国宫殿式的建筑。

台北故宫博物院收藏了历代文物艺术精粹，大致可分为青铜器、书画、陶瓷器、图书典籍、工艺品和宫廷类文物等。青铜器展品多样，其中较著名的包含毛公鼎、散氏盘、宗周钟等；书画藏品共计约有九千一百二十件，以元朝作为划分点，著名的展品包含郭熙的《早春图》、范宽的《溪山行旅图》以及苏轼的《寒食帖》等；陶器展品以宋代五大名窑瓷器、明代官窑瓷器和清宫旧藏瓷器为大宗，著名的珐琅彩瓷器即为代表；图书典籍部分以宋朝、元朝和明朝的版本较多且完整度高，像文渊阁的《四库全书》、摛藻堂的《四库全书荟要》《宛委别藏》等，都是展品特色所在；工艺品是故宫博物院的最大特色，著名的镇馆之宝翠玉白菜，另外还有漆器、玻璃、金银器和笔墨纸砚等藏品；宫廷类文物则是包含萨满教与藏传佛教的法器、祭器等，是充满宗教色彩的展品。

台北故宫博物院除了展览品丰富以外，还提供中、英、法、德、日、西、韩等七国语言专业导览，并定期举办各类文物研习课程、专题演讲及巡回展出活动，出版一百三十种以上的刊物及专辑，实为世界的文化宝地。（图7-12）

图7-12　台北故宫博物院

（2）台北孔庙

台北孔庙创建于清光绪年间，采用山东曲阜本庙建筑，梁柱门窗都不刻字，门口也没有放置石狮，显得朴实又庄严。台北孔庙以大成殿为主，站在大成殿外，可以看到中间的屋顶上有一对圆筒，叫"藏经筒"。孔庙建有藏经筒，以表达对读书人爱书精神的敬佩。

（3）101大楼

在台北市信义区有一幢摩天大楼——台北101大楼（图7-13），前名台北国际金融中心，又名台北101、台北金融大楼。台北101大楼占地面积30277平方米，其中包含一座101层高的办公楼及6层的商业裙楼和5层地下楼面，每8层楼为1个结构单元，彼此接续、层层相叠，构筑整体，建筑面积39.8万平方米。

图7-13　台北101大楼

大楼高达101层，每层布置各有千秋，要是想一次性全部逛完，估计一天时间都不够。一到夜间，大楼就像被芭芭拉小魔仙施了魔法，变得光芒万丈。每天晚上，大楼都有一个主打色，比如星期一是红色、星期二是橙色等，每天落日时开始点灯，到晚上10点关闭。要是碰上特殊的节日，还会出现以节庆为主题的灯光字或有趣的图形。

（4）京华城

京华城（图7-14）是一个位于台北市松山区八德路四段138号的大型购物中心，于2001年正式开业。目前，这座购物中心内已经进驻了近千家国内外知名厂商，并突破传统业者的经营手法，着重于娱乐方面的主导设计，更提出"无时间障碍"的概念，让各阶层的消费者不因时间的限制而被剥夺享受休闲生活的权利。

图7-14 台北京华城

京华城楼层并不高，地上12层、地下7层，其中15层为商场，以每3个楼层为一主题规划，创造出5个不同主题的购物街景。此外，商场外围还环绕着4000坪户外绿地，可依不同的主题活用每个广场，因此吸引了很多消费者。

京华城拥有贴心完善的服务、宽敞明亮的购物大道以及舒适的环境，已成为台北新消费文化的时尚中心。

（5）圆山饭店

基隆河畔、剑潭山际的圆山饭店（图7-15），是台北市甚至是台湾岛的一道风景，曾被评为世界十大饭店之一。无论什么时候，无论哪个角度，这座雕梁画栋、飞檐翘角，金色琉璃覆顶，高达14层的中国宫殿、庭院式建筑都散发着高贵典雅的气息。而台湾特殊的历史发展过程，又给圆山饭店蒙上了一层神秘色彩。

图7-15 圆山饭店

2. 日月潭

日月潭,位于台湾省南投县鱼池乡,常态面积 7. 93 平方千米,满水位 8.4 平方千米,最大水深 27 米,湖面海拔 748 米,是台湾最大的天然湖泊,是台湾著名的风景名胜区,它被誉为台湾的"天池",拥有"青山拥碧水,明潭抱绿珠"的美景。日月潭位于玉山和阿里山之间的断裂盆地。潭分两部分,北半部形状像日轮,南半部形状像月钩,所以叫"日月潭"。(图 7-16)

图 7-16　日月潭

日月潭之美在于环湖重峦叠嶂,湖面辽阔,潭水澄澈;一年四季,晨昏景色各有不同。7 月平均气温不高于 22℃,1 月不低于 15℃,夏季清爽宜人,为避暑胜地。

潭东水社大山高逾 2000 米,朝霞暮霭,山峰倒影,风光旖旎。潭北山腰有一座文武庙,自庙前远眺,潭内景色尽收眼底。南面青龙山,地势险峻,山麓中有几座寺庙,其中玄奘寺供奉唐代高僧玄奘的灵骨。西畔有一座孔雀园,养有数十对孔雀,能表演开屏、跳舞,使人倍添游兴。东南的部族居民聚落,有专供游客观赏的民族歌舞表演。泛舟游湖,在轻纱般的薄雾中飘来荡去,优雅宁静,别具一番情趣。

3. 阿里山

阿里山是台湾的著名旅游风景区,位于台湾嘉义县东 75 千米。阿里山虽不算高,但以神木、樱花、云海、日出四大胜景而驰誉全球,故有"不到阿里山,不知台湾的美丽"之说。由于山区气候温和,盛夏时依然清爽宜人,加上林木葱翠,是全台湾最理想的避暑胜地。

铁路与"阿里四景"(日出、云海、晚霞、森林)合称"五奇",铁路全长 72 千米,由海拔 30 米上升到 2450 米,坡度之大举世罕见。火车从山脚登峰,似沿"螺旋梯"盘旋而上,绕山跨谷钻隧洞。登山途中,火车穿越热带古木、亚热带阔叶树、温带针叶林、寒带林等植被景观。

4. 澎湖列岛

澎湖列岛(图 7-17)位于台湾海峡东南部,域内岛屿罗列,港湾交错,地势险要,自古以来就是兵家必争之地，也是大陆文化传入台湾的"跳板"，被誉为"东南锁钥"。澎湖列岛风景十分优美，著名的景点有"风柜涛声""鲸鱼洞""玄武岩"等。这里还是一个著名的渔港，盛产鲳鱼、鲣鱼、石花菜、海人草等。

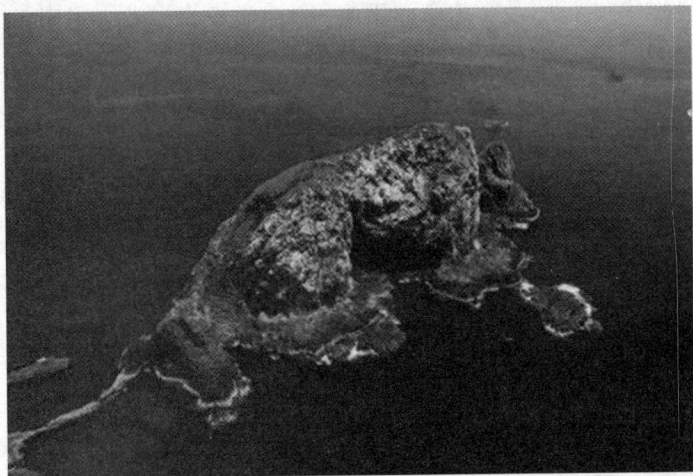

图7-17　澎湖列岛

课后练习

一、知识练习

（一）选择题

1. 下列哪一景点不位于香港岛？（　　）

  A. 太平山   B. 浅水湾

  C. 香港海洋公园   D. 宋城

2. 香港的区花是（　　）

  A. 紫荆花   B. 莲花

  C. 菊花   D. 牡丹花

3. 台湾省的省会是（　　）

  A. 台北   B. 基隆

  C. 高雄   D. 台南

4. 澳门历史城区于哪一年正式成为世界文化遗产城区？（　　）

  A. 2005年7月   B. 2007年5月

  C. 2009年7月   D. 2009年5月

（二）判断题

1. 世界三大金融中心是纽约、香港、伦敦。   （　　）

2. 香港素有"美食天堂"、"东方之珠"和"购物天堂"的美誉。 （　）

3. 台湾地形以山地为主，自然资源丰富，素有"宝岛"之称。 （　）

4. 澳门特别行政区享有行政管理权、立法权、独立的司法权和终审权。 （　）

5. 澳门服务业主要由博彩业、旅游酒店业、饮食业、金融业等组成。 （　）

（三）填空题

1. 香港由 _____，_____，_____ 三部分及 262 个大小岛屿（离岛）组成。

2. 我国于_____年_____月_____日对香港恢复行使主权。

3. 澳门由_____，_____，_____和_____四部分组成。

4. 我国于_____年_____月_____日对澳门恢复行使主权。

5. 台湾由_____岛和_____屿、_____岛和_____岛等 21 个附属岛屿组成。

6. 台湾人口数量最多的少数民族是_____。

7. 台湾地区通用_____语，_____语在商务活动中占据重要地位。

（四）简答题

1. 说说香港区旗和区徽图案所代表的含义。

2. 说说澳门区旗和区徽图案所代表的含义。

二、职业技能训练

1. 某旅行社组织了 30 位游客组成的旅行团至香港开展三日游。请为他们设计旅游线路，并对主要景点进行介绍。

2. 某旅行社组织了 20 位游客组成的旅行团至台湾开展三日游。请为他们设计旅游线路，并列出注意事项。

3. 某旅行社组织了 60 位游客组成的旅行团至澳门开展两日游。请为他们设计旅游线路，并列出注意事项。

参 考 文 献

[1] 席婷婷. 国内外旅游业发展现状和前景分析[J]. 市场论坛,2017(10):69-72.

[2] 刘文海. 世界旅游业的发展现状、趋势及启迪[J]. 中国市场,2012(33):62-65.

[3] 汪姣,杨如安. 中国旅游地理[M]. 武汉:华中科技大学出版社,2017.

[4] 卢丽蓉,李敏. 游客源国和目的地概况[M]. 桂林:广西师范大学出版社,2018.

[5] 侯海博. 中国地理百科[M]. 北京:北京联合出版公司,2015.

[6] 陈楚莹. 欧洲旅游政策与规划研究——以法国和西班牙为例[J]. 科学咨询(教育科研),2020(9).

[7] 李银兰. 欧洲乡村旅游发展经验对提升我国乡村旅游的启示[J]. 武汉轻工大学学报,2019(6).

[8] 陈晓静. 欧盟旅游业发展与经济增长关系研究[D]. 华东师范大学,2015.

[9] 季辉英. 欧洲小镇旅游吸引力探析[N]. 中国旅游报,2011-01-24.

[10] 敖克模,文薇亚. 欧洲旅游文化经验交流启示[N]. 贵州日报,2017-01-22.